ECONOMÍA DE LA EVASIÓN FISCAL

JUDICIALIZACIÓN DE LOS INCUMPLIMIENTOS TRIBUTARIOS

Serie ECONOMÍA, nº 20

GAMAZO CHILLON, Juan Carlos
  Economía de la evasión fiscal : judicialización de los incumplimientos
tributarios / Juan Carlos Gamazo Chillón. - Valladolid : Secretariado de
Publicaciones, Universidad, D.L. 1994

  233 p. ; 24 cm. - (Economía ; 20)
  ISBN 84-7762-428-3

1. FRAUDE FISCAL - España
I. Universidad de Valladolid, ed.

336.2.04 (460)
343.359 (460)

JUAN CARLOS GAMAZO CHILLÓN

ECONOMÍA DE LA EVASIÓN FISCAL

JUDICIALIZACIÓN DE LOS INCUMPLIMIENTOS TRIBUTARIOS

UNIVERSIDAD DE VALLADOLID
SECRETARIADO DE PUBLICACIONES

Caja Salamanca y Soria

© Juan Carlos Gamazo Chillón, Valladolid, 1994
SECRETARIADO DE PUBLICACIONES
UNIVERSIDAD DE VALLADOLID

Diseño de cubierta: Jesús M.ª Alonso
Motivo de cubierta: Detalle de la Justicia. Capilla de Eleonora de Toledo.
                     Palazzo Vecchio, Florencia.

ISBN: 84-7762-428-3
Depósito Legal: S. 506-1994

Composición: J.A.V. Secretariado de Publicaciones. Univ. de Valladolid.

Imprime:
    Gráficas VARONA
    Rúa Mayor, 44. Teléf. (923) 263388. Fax 271512
    37008 Salamanca

PRÓLOGO

En los momentos presentes el análisis económico del derecho, es decir, la aplicación de la metodología económica al estudio de aspectos diversos del ordenamiento jurídico, se muestra como uno de los frentes más dinámicos por los que la ciencia económica avanza de forma más prometedora en el análisis de nuestra compleja y mutante organización social. En los años setenta, algunos de los más brillantes seguidores de este tipo de enfoque como M.G. Alligham y A. Sandmo, lideraron la orientación del análisis económico hacia el estudio de un área problemática y polémica del ordenamiento jurídico: el incumplimiento de las obligaciones tributarias, y más concretamente, la evasión fiscal. Básicamente el objetivo último que se perseguía con esta línea de investigación era la fijación de criterios para el diseño de una fórmula sancionadora de los incumplimientos jurídico-tributarios óptima. Al trabajo pionero de Alligham y Sandmo han venido a sumarse otros trabajos meritorios durante los años ochenta y noventa. Sin embargo, toda innovación no está carente de limitaciones, y en este caso los trabajos realizados hasta la fecha tienen su "talón de Aquiles" en la ignorancia de los efectos que en la actuación evasora ejerce la posibilidad de litigar sobre la sanción que pretenda imponer la administración tributaria. Este es el punto débil de esta línea de análisis que viene a cubrir el presente trabajo del Doctor Gamazo.

Sobre la modelización de la conducta del contribuyente realizada en trabajos previos, el Doctor Gamazo introduce modificaciones pertinentes que tienen en cuenta esa parte de la historia de la evasión fiscal hasta nuestros días totalmente ignorada: la judicialización de la evasión. Ello le permite profundizar como nadie antes lo había hecho en el análisis de este fenómeno social tan importante para la vida del derecho tributario, a la par que le permite sugerir algunas modificaciones del actual ordenamiento jurídico español. Uno puede estar más o menos de acuerdo con las propuestas aquí avanzadas, pero difícilmente puede dejar de reconocer que detrás de las mismas existe un análisis riguroso, congruente y sólido, que supera gran parte de las limitaciones evidenciadas en trabajos precedentes sobre el mismo tema.

Como en tantos otros aspectos del conocimiento humano, el estudio del problema social de la evasión fiscal y las reflexiones en torno a las mejoras potenciales que cabe introducir en el ordenamiento jurídico para su más adecuado tratamiento, no están ni con mucho agotadas. Sin embargo, el trabajo del Doctor Gamazo que tiene el lector ante sí, constituye un paso adelante muy valioso que los interesados a partir de ahora no podrán ignorar.

D. Francisco Javier Salinas Sánchez
Catedrático de Economía Política y Hacienda Pública
Universidad de Valladolid

Valladolid, 26 de Abril de 1.994.

INTRODUCCIÓN

A. Justificación del tema.

La elección de la evasión fiscal como tema de este trabajo de investigación encuentra su mejor justificación en la importancia y actualidad que dicho tema ha adquirido en los últimos años en nuestro país; aunque con retraso, la preocupación por este tema ha llegado a todos los niveles del tejido social español: popular, académico, profesional, administrativo, etc. Aún reconociendo los avances que en el ámbito del cumplimiento fiscal se han producido en los últimos años, sin embargo, son muchos los síntomas que nos muestran un diagnóstico menos optimista, siendo el incumplimiento tributario un problema lejano a su solución. Es más, la propia explicitación realizada por los responsables políticos y burocráticos así lo confirman.

La evasión fiscal, una de las formas más habituales del incumplimiento, se considera una constante en el proceso histórico[1], que muchos han considerado consustancial con nuestra idiosincrasia de país mediterráneo[2]. El fenómeno de la evasión fiscal asociado a países con una cultura social escasamente desarrollada y con comportamientos individuales anárquicos y poco solidarios ha sido uno de los últimos mitos en caer dentro del campo hacendístico[3]. La evasión fiscal es un parámetro ecuménico, un fenómeno social univer-

---

[1]   Vid: García, J., (1.975) "Crítica popular al sistema tributario español", *Hacienda Pública Española*, nº 32, pp.: 57.

[2]   Sin embargo, habría que matizar esta idea puesto que la evasión no sólo es característica de países mediterráneos, sino que también lo es de los países sajones y anglosajones. Los últimos se diferencian de los primeros más por un cierto fariseísmo local que por un cumplimiento voluntario de las obligaciones fiscales. Por lo que no se puede diferenciar entre latinidad fiscal y civismo calvinista. Vid: Alvira, F.; García, J., (1.987) "Los españoles y la fiscalidad: la pérdida de la ilusión financiera", *Papeles de Economía Española*, nº 30/31, pp.: 95.

   También P. Auberger en un estudio comparativo del fraude en Francia y en Suecia comprobó, en contra de la opinión generalizada, que el nivel de evasión era muy similar en ambos países. Este autor sostiene que el nivel de evasión en cada país es función de las posibilidades reales que los ciudadanos del mismo tengan para defraudar. Vid: Auberger, P., (1.984) *L`allergie fiscale*, Colman-Levy, París.

[3]   Como muestra de ello basta con que nos aproximemos a las estimaciones de evasión en distintos países, así:

   - En USA el 18% de la recaudación potencial del impuesto de la renta.

   - En Suiza el 10% de la recaudación potencial del impuesto de la renta.

   - En Francia ese valor se eleva al 23%.

   - En España, según los datos del último informe elaborado por la Comisión para la detección del fraude fiscal, el volumen de base ocultada en el IRPF para el ejercicio fiscal de 1.987 ascendió a 9.3 billones de pesetas, sin incluir en esta estimación los territorios forales.

sal que se encuentra entre las cosas mejor repartidas del mundo[4]. Fenómeno que inexorablemente se acompaña de efectos distorsionantes sobre la eficiencia y equidad del sistema tributario[5], indudablemente la desigualdad de oportunidades ante la evasión fiscal es la fuente de desigualdad ante el impuesto, amén de potenciar el déficit público como consecuencia de la disminución de recaudación que todo acto evasivo conlleva.

El gobierno español, al igual que el del resto de países occidentales preocupado por la maximización del Bienestar Social, ha manifestado en los últimos años un especial interés por este fenómeno. Interés que se ha visto incrementado desde la instauración del sistema democrático, como así se desprende de la actitud que las Administraciones Públicas han adoptado ante el problema de la evasión fiscal[6]. Actitud, sin duda derivada de la alta incidencia social de este problema como se comprueba con los datos recogidos en el CUADRO 1. Del análisis de esos datos se pueden extraer las siguientes conclusiones:

* Tan solo el 55% de la base imponible es declarada, apenas algo más de la mitad.

* Los rendimientos con mayor grado de cumplimiento son los rendimientos de trabajo, con un porcentaje superior al 70%, 15 puntos por encima de la media; mientras que el resto de rendimientos muestran un grado de cumplimiento que no llega ni a la mitad de los rendimientos de trabajo, con tan solo un 30% de sus bases imponibles declaradas. Esa diferencia quizás se explique por el mayor control que se ejerce sobre los primeros a través de las retenciones en la fuente. Pero, simultáneamente, esta diferencia en el grado de cumplimiento entre los diversos tipos de rendimientos es claro ejemplo de la falta de equidad que el problema de la evasión fiscal ocasiona en el sistema tributario.

* Si nos fijamos en la evolución temporal del cumplimiento fiscal comprobamos una mejora, tanto en el número de declarantes, como en el volumen de base fiscal declarada. Mejora debida, entre otras razones, a la política antifraude puesta en funcionamiento.

Vid: Gago, A., (1.991) "El fraude fiscal en España: aportaciones al proyecto de ley del nuevo IRPF", Revista de Derecho Financiero y Hacienda Pública, vol. 61, nº 214, pp.: 751.

[4]   Vid: Martínez, J.C., (1.984) *La fraude fiscale*, Presses Universitaires de France, París, pp.: 74.

[5]   En este punto merece la pena señalar la opinión del profesor Fuentes Quintana, para quien el IRPF no es lo que parece, porque frente a su pretensión de generalidad, tratando de gravar todos los ingresos obtenidos y someter a todos los contribuyentes, la realidad es bien distinta, no grava todo lo que debiera gravar y no es soportado por quienes deberían soportarlo. Vid: Fuentes, E., (1.990) "La imposición de los años 90", *Revista de Economía*, nº 5, pp.: 9-19.

[6]   El profesor Francisco Comín señala que, aún siendo el fraude fiscal una lacra histórica, sólo ha comenzado a preocupar seriamente a los gobiernos cuando la democratización política ha permitido a la mayoría expresar sus preferencias políticas. Vid: Comin, F., (1.991) "Raíces históricas del fraude fiscal", *Hacienda Pública Española*, nº 1, pp.: 192.

CUADRO 1

EVOLUCION EN LOS NIVELES DE CUMPLIMIENTO DEL IRPF.

CONCEPTOS	EVOLUCION DE LOS NIVELES DE CUMPLIMIENTO								
	1979	1980	1981	1982	1983	1984	1985	1986	1987
Declaraciones	52,20	56,90	56,17	56,10	59,37	58,71	60,95	64,09	54,87
Rentas totales	42,90	47,84	48,92	49,57	50,83	50,52	51,95	55,08	55,63
Rendts. trabajo	54,00	62,07	63,42	64,76	66,63	66,66	68,88	71,28	72,27
Otros Rendts.	22,34	24,34	24,56	25,20	23,41	24,60	26,15	30,36	30,02

CONCEPTOS	1979	1980	1981	1982	1983	1984	1985	1986	1987
Declaraciones	100	109,00	107,59	107,47	113,73	112,46	116,76	122,77	105,11
Rentas totales	100	111,51	114,02	115,55	118,49	117,76	121,08	128,39	129,53
Rendts. trabajo	100	114,94	117,45	119,93	123,39	123,44	127,55	130,56	135,61
Otros Rendts.	100	108,95	109,96	112,81	104,81	110,11	117,06	135,92	130,64

Fuente: Comisión del Fraude Fiscal, (1987) "Fraude en el Impuesto sobre la Renta"; y elaboración propia.

Si realizamos un análisis más detallado sobre la naturaleza de la evasión en el IRPF por tipo de actividad, las principales conclusiones a las que se podrían llegar son las siguientes:

a) En las rentas de trabajo el fraude se aproxima al 30%. Dado el control que se ejerce sobre este tipo de rendimientos a través de la retención en la fuente, cabe esperar que las bolsas de fraude estén localizadas en los salarios más elevados perceptores de retribuciones en especie no sometidas a ese control; así, cargos de gestión y dirección con importantes rentas en especie.

b) Para las rentas empresariales, profesionales y artísticas, se estima un nivel de evasión cercano al 75% del total de rendimientos obtenidos, lo cual viene a confirmar el fracaso de los métodos indiciarios aplicados por nuestro impuesto de la renta a este tipo de rentas.

c) En las rentas de capital el nivel de evasión fiscal está cercano a un 70% del total de este tipo de rendimientos. La evolución más favorable es la experimentada por los rendimientos de capital mobiliario, sobretodo a partir de la entrada en vigor de la Ley 14/1.985 sobre Régimen Fiscal de Determinados Activos Financieros. Sin embargo, en los rendimientos de capital inmobiliario la evolución ha sido menos satisfactoria.

Ante esta situación de fraude generalizado se creó, por Orden Ministerial del 1 de Abril de 1.981, la Comisión Nacional para la Detección del Fraude Fiscal. Tal como recoge la citada Orden Ministerial, el objetivo de la creación de esa comisión no era otro que la elaboración de los estudios pertinentes sobre el comportamiento del colectivo sometido al IRPF y que incidieran de forma fundamental en el examen de la evasión fiscal por ocultación, según niveles de renta, fuentes y territorio. En el seno de esta comisión se constituyeron distintos grupos de trabajo encargados de analizar la evasión fiscal en el IRPF. A uno de ellos se le encomendó la misión de efectuar una estimación cuantitativa de la evasión en el citado impuesto. Por Orden Ministerial de Abril de 1.982 el Ministerio de Hacienda insta al Instituto de Estudios Fiscales para que tome las medidas oportunas para que se efectúen regularmente informes sobre el nivel de cumplimiento del IRPF. Así surgió la subcomisión para la evaluación del fraude en el IRPF. Otro hito en la lucha de la Administración contra el fraude lo constituye la Ley del 26 de Abril de 1.985 modificadora de la Ley General Tributaria. En realidad, esa ley había sido proyectada como un texto normativo para la represión del fraude fiscal, pero por razones sistemáticas terminó convirtiéndose en una ley modificadora de la LGT. Dentro de esta medidas antifraude, cabe destacar la incorporación al Código Penal, en los artículos 349, 350 y 350 bis, de los llamados delitos contra la Hacienda Pública por Ley de 29 de Abril de 1.985. Estos delitos vinieron a sustituir la antigua redacción del delito fiscal tipificado en el artículo 319 del mismo cuerpo legal que quedó sin contenido tras esta reforma y cuya inoperancia había sido su nota más característica. Otras medidas legislativas aprobadas en los últimos años para actuar en la lucha contra la evasión han sido las siguientes:

- Ley 14/1.985 sobre Régimen Fiscal de Determinados Activos Financieros.

- Ley 48/1.985 de Reforma Parcial del IRPF. Siendo uno de los objetivos de esta reforma, tal como se recoge en su Exposición de Motivos, la lucha contra la evasión fiscal.

- Ley 3/1.990 en la cual se recoge la creación de la Agencia Estatal de la Administración Tributaria.

- R.D. 33/1.985, de 15 de Marzo, sobre normas de gestión tributaria, recaudatoria y contable.

- R.D. 2402/1.985, de 18 de Diciembre. Regula el deber de expedir y entregar factura.

- R.D. 338/1.990, de 9 de Marzo. Regula la forma de utilización del Número de Identificación Fiscal.

Nadie se cuestiona en nuestros días la importancia y necesidad del estudio académico de la evasión fiscal[7], e incluso podemos ir un poco más lejos y afirmar que la evasión fiscal es uno de los temas con más futuro en el campo de la investigación hacendística[8]. El conocimiento de los efectos de la tributación en el comportamiento económico no estaría completo si no se consideran los casos de reacción de los contribuyentes ante la carga tributaria[9].

B. Delimitación del tema.

El primer problema que se nos plantea al estudiar el fenómeno de la evasión fiscal es el de su definición. Problema que se ha agravado en las ultimas décadas al generalizarse los seminarios, conferencias y discusiones en torno a la evasión fiscal; pues en ellos se habla de manera vaga e imprecisa de evasión, elusión, evitación, resistencia, economía de opción, remoción, remisión, simulación, fraude de ley, etc. Dando a todos estos términos una identidad conceptual que, cuando menos, es cuestionable académicamente.

---

[7]   Así, Cowell hace una férrea defensa del estudio académico de la evasión fiscal. Vid: Cowell, F.A., (1985a) "The economic analysis of tax evasion", *Bulletin of Economic Research*, vol. 37, nº 3, pp.: 164.

[8]   Vid: Albi, E., (1.990) "Elusión y evasión fiscales: la investigación económica", *Hacienda Pública Española*, vol. 115, nº 1, pp.: 251.

[9]   Vid: Albi, E., (1.990), Op. Cit., p.: 251.

Esta ambigüedad terminológica nos obliga a precisar lo que en el presente trabajo entendemos por evasión fiscal[10]. Deberemos elaborar un concepto que nos permita determinar qué conductas de resistencia fiscal pueden ser consideradas como evasión fiscal y cuáles no.

La mayoría de la doctrina entiende por evasión fiscal aquella forma voluntaria e ilegal de reducir o evitar la carga tributaria mediante la ocultación, total o parcial, de la base imponible.

De la anterior definición se desprende que no existirá evasión fiscal en aquellos comportamientos que, aún cuando persigan la evitación del impuesto mediante las oportunas deficiencias y vacíos legales, no incurren en la transgresión de la norma legal. Este tipo de comportamientos en los que el contribuyente logra sustraerse del pago de la deuda tributaria, a través de mecanismos legales, reciben la denominación de elusión fiscal.

No faltan autores, sin embargo, que engloban dentro del concepto de evasión tanto las conductas legales como las ilegales. Llegando a incluir dentro del término de evasión fiscal figuras como exenciones, bonificaciones, deducciones, e incentivos fiscales[11]. Postura ésta que no será seguida en la presente investigación, dada la excesiva generalidad que se concede al término evasión fiscal.

Nuestro concepto de evasión fiscal será más limitado que el admitido por la mayoría de la doctrina, ya que en los modelos que estudiaremos nos ceñiremos a la evasión fiscal en el impuesto sobre la renta, cometida mediante la ocultación, total o parcial, de la base imponible.

La elección del estudio de la evasión fiscal en el IRPF se debe a que dicha figura impositiva constituye uno de los pilares centrales sobre los que descansan los sistemas tributarios modernos. Prueba de esa última afirmación es la recaudación que la Hacienda española obtiene a través de éste tributo tal como aparece recogido en el **CUADRO 2**, así en 1.991 se recaudaron más de cuatro billones de pesetas en concepto de IRPF, lo que representa un 7.5% del Producto Interior Bruto estimado para ese año. En el **CUADRO 3** podemos observar como esa recaudación era en 1.988 superior al 70% de los impuestos directos, y en el **CUADRO 4** apreciamos como en el mismo año, 1.988, lo recaudado por IRPF suponía un 21% del total de ingresos no financieros. En este último cuadro podemos observar como los porcentajes en el resto de países de la OCDE, exceptuando Grecia y Francia, son superiores al caso español.

---

[10]   Esta confusión terminológica se agrava si acudimos a comparaciones internacionales. Así, Jean-Claude Martínez, se sorprende de que el término inglés "tax evasion" no se corresponda con el francés "evasion" sino con "fraude", mientras que el término inglés "tax avoidance" designa las mismas conductas que el francés "evasion". Vid: J.C., Martínez, (1.984), Op. Cit., pp.: 11.

[11]   Vid: Seligman, E.R., (1.959) "Introduction to the shifting and incidence of taxation", en *Readings in the Economics of Taxation*, ed. R.A. Musgrave & C.S. Shoup, pp.: 521.

CUADRO 2

RECAUDACION ANUAL POR IMPUESTO SOBRE LA RENTA DE LAS PERSONAS FISICAS.

CONCEPTO	1.988	1.989	1.990	1.991
RETENCIONES DE TRABAJO.	1.652.101	2.009.508	2.467.850	2.953.026
RETENCIONES DE CAPITAL.	369.597	491.063	691.551	795.350
PAGOS FRACCIONADOS	260.645	301.177	317.547	326.654
CUOTA DIFERENCIAL NETA.	321.409	498.143	19.822	16.641
TOTAL DE LA RECAUDACION.	2.603.752	3.229.891	3.457.126	4.091.671

Fuente: Dirección General de Inspección Financiera y Tributaria (1.988-1.991) "Memoria de la D.G.I.F.T. 1.988 (1.989, 1.990 y 1.991)"; y elaboración propia.

NOTAS:
1. Las cantidades están evaluadas en millones de pesetas.
2. No se incluyen las recaudaciones correspondientes a los territorios forales.

CUADRO 3

PARTICIPACION PORCENTUAL DE LOS IMPUESTOS DIRECTOS.

CONCEPTO	1.985	1.986	1.987	1.988
I.R.P.F.	76,33	76,22	74,55	73,74
I. SOCIEDADES	20,26	20,26	21,96	23,30
I. SUPRIMIDOS	0,17	0,14	0,02	0,00
I. SUCESIONES	0,47	0,52	0,27	0,16
I. PATRIMONIO	0,43	0,49	0,41	0,45
OTROS	2,29	2,37	2,79	2,35
TOTAL	100,00	100,00	100,00	100,00

Fuente: Secretaría de Estado de Hacienda (1.991) "Boletín de información de la Dirección General de Tributos", nº 7.

CUADRO 4
PORCENTAJE DEL I.R.P.F. SOBRE LOS INGRESOS FISCALES TOTALES

PAIS	1.984	1.985	1.986	1.987
AUSTRALIA	44,70	45,10	47,00	45,40
AUSTRIA	22,60	23,10	23,30	22,70
BELGICA	34,70	34,10	33,60	32,70
CANADA	33,80	35,50	37,00	38,70
DINAMARCA	49,80	50,20	48,00	49,20
FINLANDIA	46,00	46,60	48,10	45,60
FRANCIA	13,30	12,70	12,80	12,70
ALEMANIA	27,90	28,70	28,60	29,00
GRECIA	14,50	14,00	13,10	12,30
IRLANDA	30,80	31,30	32,60	34,60
ITALIA	26,20	26,70	27,80	26,30
JAPON	24,50	24,80	25,00	24,00
LUXEMBURGO	27,40	26,30	26,50	25,30
REINO UNIDO	26,50	26,00	28,00	26,60
EE.UU	35,20	35,70	35,40	36,20
ESPAÑA	22,70	22,60	17,30	21,30
O.C.D.E.	31,50	31,10	31,20	30,70

Fuente: Secretaría de Estado de Hacienda (1.991) "Boletín de Información de la Dirección General de Tributos", nº 7.

Por otro lado, el IRPF es posiblemente uno de los impuestos cuya administración resulta más costosa y compleja, precisamente debido a la necesidad de controlar el comportamiento de los contribuyentes para con sus deberes fiscales[12]. No olvidemos el hecho de que éste impuesto descansa en las autoliquidaciones efectuadas por los propios contribuyentes y que con la adopción del sistema de autoliquidación, se ha producido un trasvase de costes de la Administración Tributaria a los contribuyentes. En los cuadros: CUADRO 5 y CUADRO 6 recogemos los costes de gestión (gastos en los que incurre el Estado para poder obtener los ingresos impositivos) y los costes de cum-

[12] Vid: Musgrave, R.P.; Musgrave, P.B., (1983) *Hacienda Pública: teórica y aplicada*, Instituto de Estudios Fiscales, Madrid, pp.: 428-430.

plimiento (lo que le cuesta al contribuyente pagar sus impuestos, además de la cuota que debe ingresar en el Tesoro Público). La existencia del sistema de autoliquidación hace que, junto a la motivación económica por minimizar la cuota a pagar, el contribuyente soporte unos costes de cumplimiento, y, en suma, un estímulo adicional para la evasión. El normal funcionamiento recaudatorio va a depender de la capacidad de la Administración Tributaria para conseguir que el comportamiento de los contribuyentes siga las pautas establecidas por las leyes fiscales.

CUADRO 5
COSTES DE CUMPLIMIENTO

PAIS	AÑO	COSTES CUMPLIMIENTO/ RECAUDACION
USA	1.984	7%
IRLANDA	1.985	18.5%
REINO UNIDO	1.989	3.6%
CANADA	1.989	2.5%
AUSTRALIA	1.990	7.9%-10.8%
ESPAÑA	1.991	3.3%

Fuente: Díaz, C.; Delgado, M.L., (1.992) "El coste de cumplimiento en el IRPF", Cuadernos de Actualidad, vol. 7, pp.: 185.

Un último argumento para limitar el estudio de la evasión fiscal al IRPF es que el 60% de las actas incoadas por los órganos inspectores en 1990 lo fueron por este impuesto. Descubriéndose en este impuesto un 52% del total de la deuda tributaria descubierta. **CUADRO 7** y **CUADRO 8**.

Delimitando aun más el concepto de evasión fiscal, decir que englobaremos dentro de este término aquellos comportamientos ilegales de ocultación de ,toda o parte, la base imponible, cuya motivación sea fundamentalmente económica.

La decisión de evadir o no, por parte del contribuyente, va a conllevar un auténtico cálculo económico, para valorar los beneficios y costes de esa conducta. El contribuyente será considerado como un sujeto racional que actúa en base a criterios de oportunidad económica (maximizar la utilidad esperada, o la renta disponible).

CUADRO 6
COSTES DE GESTION

PAIS	AÑO	COSTES GESTION/ RECAUDACION
USA	1.988	0.55%
CANADA	1.987	1.18%
REINO UNIDO	1.988	1.47%
ESPAÑA	1.988	0.63%
ESPAÑA	1.989	0.86%
ESPAÑA	1.990	0.96%

Fuente: Díaz, F.; Martínez, I., (1.991) "La Agencia Estatal de la Administración Tributaria: un avance en la modernización de las Administraciones Publicas", Cuadernos de Actualidad, vol. 1, pp.: 5; y elaboración propia.

CUADRO 7
ACTAS DE INSPECCION INCOADAS POR LA INSPECCION EN LOS DISTINTOS TRIBUTOS

	Conformidad	Disconformidad	Prueba Preconstituida	Comprobado y Conforme	TOTAL
IRPF	70976	4176	114	9176	84442
I.S.	7307	757	7	1300	9371
I.Sucesiones	44	15	0	0	59
I.E.P.	14434	535	1	5853	20823
I.V.A.	9511	804	505	3318	14138
I.T.E.	1515	123	4	470	2112
Licencias fiscales	1353	45	1731	3	3132
Otros conceptos	539	17	22	14	592
TOTAL	106342	6533	2389	20821	136085

Fuente: Inspección General del Ministerio de Economía y Hacienda, (1990) "Memoria de la gestión de las Delegaciones de hacienda 1990" y elaboración propia.

CUADRO 8
DISTRIBUCION DE LA DEUDA TRIBUTARIA DESCUBIERTA
POR LA INSPECCION EN LOS DISTINTOS TRIBUTOS

CONCEPTO	1986	1987	1988	1989	1990
I.R.P.F.	48,8	49,1	37,6	30	52
I.S.	12,3	20,3	31,4	43	28
I.P.	0,7	0,8	0,5		
I.V.A.	1,7	2,8	6,7	10	12
I.G.T.E.	31,2	23,1	17,7	13	5
Otros	5,3	3,9	6,1	4	3

Fuente: Dirección general de Inspección Financiera y Tributaria, (1988-1990) "Memoria de la D.G.I.F.T. 1988 (1989 y 1990)"; y elaboración propia.

Que duda cabe que, junto a motivaciones de carácter económico, pueden existir otras causas que influyan en la decisión del contribuyente. Así: honestidad personal, sentimiento de injusticia tributaria, opinión a cerca del estado, etc. Pero todas ellas, como veremos en capítulos posteriores, de mucha menor importancia que las causas económicas[13].

No nos puede extrañar, por tanto, que frente a aquellos enfoques de la evasión fiscal preocupados por precisar el alcance jurídico del problema, sean aquellos otros que destacan la naturaleza básicamente económica de los móviles que la ocasionan, los que prevalecen en los debates y propuestas de reforma fiscal de nuestros días.

Este breve recorrido, en torno al término de evasión fiscal, nos ha servido para delimitar el concepto que mantendremos en lo sucesivo. De este modo, entenderemos por evasión fiscal toda forma voluntaria e ilegal de reducir o evitar la carga tributaria, mediante la ocultación, total o parcial, de la base imponible del impuesto de la renta, y cuyo móvil principal sea de naturaleza económica.

[13] Vid: Lewis, A., (1.979) "An empirical assessment of tax mentality", *Public Finance*, vol. 34, nº 2, pp.: 254.

C. Objetivos de la obra.

Hasta ahora, el análisis de la evasión fiscal, y en cierta medida la política pública, ha estado centrado en evaluar las ventajas e inconvenientes derivados de la utilización de los distintos instrumentos disuasorios de la evasión y en formular propuestas de política disuasoria óptima. Los dos ejes teóricos sobre los que ha venido gravitando el estudio de esta materia hasta el presente consisten en la teoría económica de las actividades ilícitas y la teoría económica de la información y del riesgo. La primera síntesis de estas dos grandes corrientes, producida a finales de los sesenta, ha sido seguida por diversos desarrollos teóricos y por algunas contrastaciones empíricas que intentan definir la relación que con la evasión pudieran tener: los tipos impositivos, la probabilidad de detección, el tamaño de la sanción y, en menor medida, la percepción de los contribuyentes sobre los beneficios del gasto público y la equidad del sistema, amnistías fiscales, así como algunos otros elementos. En estos modelos, extensibles en buena medida a otros ilícitos administrativos o penales, la modificación de los tipos impositivos actúa sobre los beneficios potenciales de dicha conducta mientras que el tamaño de la sanción y la probabilidad de su imposición afectan al coste esperado de infringir.

No obstante, los análisis precedentes sobre disuasión óptima de la evasión fiscal versan sobre los efectos que en la decisión de evadir puedan tener las actuaciones de la Administración Tributaria *hasta el momento de la detección y suponen, con frecuencia, que todas las evasiones detectadas son sancionadas*, sin abordar el estudio de las consecuencias que sobre la efectividad de las sanciones y sobre el nivel de evasión fiscal tiene el proceso administrativo y jurisdiccional que viene tras la detección[14]. En otras palabras, creemos que el análisis y la política disuasora de la evasión fiscal *precisa una inserción adecuada del sistema jurídico*. Más concretamente, exige conocer las consecuencias que se derivarían de la posible existencia de estrategias de negociación y del sistema de recursos administrativos y contenciosos. Sólo llevando a cabo este análisis podremos identificar el papel que juegan los incentivos establecidos por el sistema jurídico en la motivación de las distintas conductas de los contribuyentes y, en su caso, sugerir las correcciones que procedan.

Para el evasor potencial, enfrentado al conjunto de decisiones representado en el diagrama adjunto, es importante no sólo el hecho posible de ser detectado sino, en caso de serlo, lo que puede pasar ulteriormente, por ejemplo, si podrá posponer el pago, impugnar la sanción establecida por la Adminis-

---

[14] Una de las escasas excepciones a esa identificación aparece recogida en el trabajo de Yitzhaki & Yakneen de 1.989. Vid: Yitzhaki, S.; Yakneen, V., (1.989) "On the shadow price of tax inspector", *Public Finance*, vol. 3, pp.: 492-506.

tración Tributaria y, en su caso, en cuántas fases, con qué coste, con qué probabilidad de perder... Todas estas son preguntas relevantes "ex ante" y "ex post" para el evasor. También lo son para la Administración Tributaria, porque de la respuesta a aquéllas se derivan implicaciones capitales para la propia administración traducibles en distintos grados de evasión y en distintos costes de las correspondientes políticas frente a los mismos.(**VER DIAGRAMAS DECISIONALES ADJUNTOS**)

ARBOL DE DECISION DEL CONTRIBUYENTE POTENCIAL EVASOR

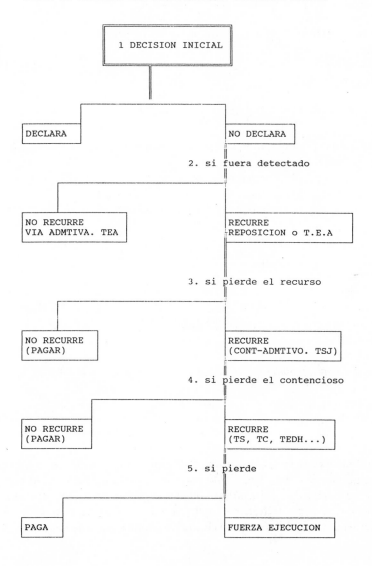

ARBOL DE DECISION DE LA ADMINISTRACION TRIBUTARIA

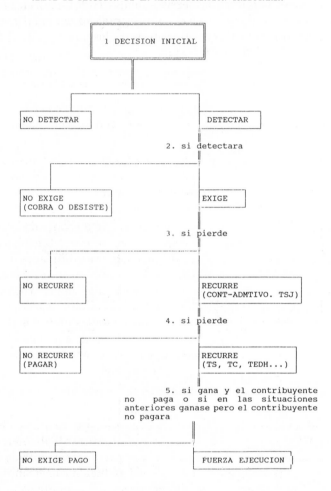

Apenas existe literatura que contemple conjuntamente la evasión fiscal y la litigación. En esta línea sólo cabe señalar la existencia de algunos sub-productos derivados del análisis de los aspectos relativos al cumplimiento efectivo del sistema tributario hasta el momento de la detección. El estudio de esta dimensión del sistema tributario español es, que sepamos, inexistente.

En este contexto, entendemos que existe todavía una amplia labor por realizar consistente, básicamente, en:

I. analizar teóricamente los incentivos que gobiernan las decisiones concernientes al cumplimiento de las obligaciones tributarias en lo que tiene que ver con las estrategias de negociación adoptables por las partes, y con el sistema de recursos administrativos y contenciosos;

II. examinar la realidad española en busca de evidencias o pruebas que nos indiquen cómo están actuando esos incentivos. En este proceso hay que determinar:

a) en qué consisten las distintas estrategias seguidas por la Administración tributaria y los particulares y cuáles son las consecuencias derivadas de las mismas,

b) y de qué factores dependen dichas estrategias. Si las mismas guardan o no alguna relación con la posibilidad de interponer un recurso administrativo, un recurso contencioso-administrativo, o ulteriores recursos ante el Tribunal Supremo, Tribunal Constitucional u otro tribunal.

Para conseguir estos objetivos tendríamos que disponer de los valores de algunas de las variables más importantes de cuantas afectan a las decisiones de los sujetos involucrados en estos litigios. Las probabilidades de detección, nivel de evasión fiscal, número de recursos administrativos y contenciosos, costes de detección, costes de llegar a acuerdos negociados (o sus equivalentes) y costes de resolver recursos administrativos o contenciosos, así como los costes de la dilación que conlleva la resolución de los distintos recursos y el signo de los fallos de aquellos recursos. Los valores de aquellas variables que no pudiéramos conocer, los obtendríamos a través de la economía experimental.

Vamos a adelantar alguna hipótesis que posteriormente trataremos de comprobar:

1. Parece obvio que los potenciales evasores anticiparán y descontarán una serie de acaecimientos que pueden tener lugar tras la detección del fraude. Esto se traducirá finalmente en que una parte importante de la sanción esperada, en caso de detección, se puede ver reducida como consecuencia de que se pueda generar una cadena de recursos y un conjunto de fallos beneficiosos. Así como, por la posibilidad de posponer temporalmente los pagos. La estrategia consistente en recurrir sistemáticamente, e incluso forzar la ejecución de las decisiones firmes, apuntaría en esa dirección. De ser esto así, habría que reconocer que el sistema jurídico contiene incentivos "perversos" (no pretendidos) que no desaniman la evasión.

2. Si lo anterior fuera corroborado, había que plantearse si la estructura del sistema de sanciones debiera modificarse, aumentando su valor esperado mediante unas multas superiores o mediante mayores probabilidades de imposición.

3. La teoría de la litigación y la evidencia comparada muestran que en ciertos supuestos sería beneficioso para las partes de un recurso administrativo o contencioso-administrativo tributario llegar a una solución negociada en lugar de seguir adelante con un recurso o con un pleito. Las normas que regulan estas situaciones no permiten, sin embargo, dichos arreglos. En la medida en que así fuere habría que considerar la oportunidad de una reforma legislativa que incorporase estas estrategias de negociación y conciliación de una forma sistemática, no velada ni excepcional.

4. Estudios previos[15], referidos a contextos no muy lejanos, han demostrado que, más allá de ciertos límites, no tiene sentido subsidiar los costes de litigación a ninguna de las partes involucradas en un pleito. Esto es aplicable, mutatis mutandis, al entorno tributario. Las desviaciones que parecen existir de este principio, lo que ha de ser examinado, aconsejarían moverse justamente en la dirección contraria.

5. Reducir la dilación tiene, entre otros efectos beneficiosos, el de desincentivar recursos estimulados por el descuento (y, en su caso, la inflación). Para contrarrestar los efectos negativos de la demora se pueden establecer también los oportunos intereses por demora. Alternativamente, puede fijarse una adecuada penalización por litigar temerariamente, aunque la aplicación efectiva de esta vía parece enfrentarse a costes notables.

D. Estructura

De acuerdo con los objetivos perseguidos en este trabajo, ya señalados en la sección anterior, consideramos que la estructura que mejor se adapta a los mismos y que, a su vez, nos va a posibilitar la comprensión de todo cuanto rodea al estudio económico de la evasión fiscal, es aquella que se ajusta al esquema que recogemos a continuación.

En el primer capítulo realizamos una sinopsis de las aportaciones que sobre el estudio de la evasión fiscal se han realizado desde un enfoque económico a partir de los años setenta. El propósito de esta primera parte es doble, por un lado presentamos el estado actual en el que se encuentra el estudio del análisis económico de la evasión fiscal; y por otro lado, demostramos la oportunidad del presente trabajo de investigación al comprobar como en todos los estudios realizados sobre este tema se han venido equiparando la detección de la evasión con la imposición y efectivo pago de la sanción, sin aludir en ningún caso a la posibilidad de recurrir de la que goza todo ciudadano al que la Administración le impone algún tipo de sanción, entrando dentro de lo posible la absolución judicial del potencial evasor.

---

[15]   Vid: Pastor, S., (1989) *Sistema Jurídico y Economía. Una introducción al Análisis Económico del Derecho*, Tecnos, Madrid.

En un primer lugar analizamos las distintas aproximaciones que desde un enfoque económico se han acercado a la evasión fiscal: tradicional, macroeconómico, teoría de juegos y de la agencia, economía constitucional, etc. Recogiendo en cada caso las principales aportaciones que conlleva cada una de esas aproximaciones.

Posteriormente abordamos los principales trabajos empíricos que se han llevado a cabo en este campo, bien sea a través de encuestas, o bien a través de estudios econométricos. En esta sección dedicada al trabajo empírico incluimos también las aportaciones realizadas a la evasión fiscal desde la economía experimental.

Para analizar en secciones posteriores la relación entre la evasión fiscal y las variables más significativas: nivel de renta, tipo impositivo, sanción esperada, percepción de los contribuyentes sobre los beneficios del gasto público, amnistías fiscales, etc. Mencionamos, sin detenernos en más detalle, los distintos métodos utilizados para tratar de medir el volumen de evasión fiscal.

Cerramos este primer capítulo con una breve referencia a los planteamientos no estrictamente económicos y a los intentos analíticos por incluir variables que recojan causas morales del incumplimiento tributario en los modelos tradicionales de evasión fiscal.

En el capítulo segundo fijamos una modelización de la conducta del contribuyente enfrentado a la decisión de evadir o no. Iniciamos este apartado apoyándonos en el modelo seminal de Allingham & Sandmo. En el posterior desarrollo de este capítulo vamos aumentando la capacidad explicativa de este modelo básico, aún cuando ello lleve aparejado un considerable incremento de su complejidad. Sustituimos el tipo impositivo proporcional por otro progresivo; pasamos de considerar la probabilidad de detección como una variable exógena a hacerlo como una variable endógena; se incorpora el mercado de trabajo; se considera una variable sancionadora dependiente de la cantidad de cuota líquida evadida, etc.

A partir de la modelización realizada en el segundo capítulo, en el tercero acometemos una adecuada inserción del sistema jurídico en el modelo básico de evasión fiscal, principal novedad de esta obra. En una primera sección vemos cuáles son los factores que influyen en la decisión del contribuyente de recurrir o no la sanción que la Administración Tributaria le imponga. Con este propósito elaboramos una teoría de la litigación que, aplicable a este campo tributario, nos sirva como teoría explicativa de los factores que inciden en la decisión del contribuyente sobre litigar o no.

En la siguiente sección recuperamos el modelo básico de evasión fiscal visto en el segundo capítulo e incorporamos la posibilidad de litigar del contribuyente detectado, integrando de este modo la teoría económica de la evasión fiscal y la teoría de la litigación. Para ello introducimos nuevas variables: costes de litigar, posibilidad de litigar y probabilidad de perder el litigio; y ampliamos el ámbito decisional del potencial evasor, ya que en el caso de que su base ocultada sea descubierta por los órganos inspectores tendrá que decidir si recurre o no la sanción impuesta.

Incluimos también en este capítulo una sección donde analizamos como se ve afectada la política de disuasión óptima de la evasión fiscal cuando relajamos la hipótesis que establece que todas las conductas evasoras detectadas son efectivamente sancionadas.

En una sección posterior, dentro de este capítulo, intentamos demostrar empíricamente las principales proposiciones alcanzadas en nuestro modelo teórico. Para ello, y dada la ausencia de datos reales sobre los que poder contrastar nuestro modelo, generamos datos por la vía de la economía experimental y sobre ellos aplicamos un modelo econométrico.

La presente obra se cierra con un capítulo cuarto que, bajo el titulo de "Conclusiones", recoge de forma muy breve los principales resultados alcanzados.

Con el permiso de los lectores, y el de los editores, me gustaría cerrar esta introducción dando las gracias a las personas que más me han ayudado en la elaboración de la presente obra.

El primer reconocimiento es para quien ha sido mi maestro, D. Francisco Javier Salinas Sánchez, Catedrático de Hacienda Publica de la Universidad de Valladolid. Mi deuda para con él va mucho más allá de la mera relación maestro-discipulo, pues desde un primer momento su amistad y aliento impidieron que el desánimo que en mí hacían presa significase el abandono del presente trabajo.

Otra deuda, y no de menor importancia, que este autor ha contraído a lo largo de los años de elaboración de este trabajo ha sido con D. Santos Pastor Prieto, Catedrático de Economía Aplicada en la Universidad Carlos III de Madrid. Su generosidad para conmigo, sólo comparable con la paciencia que mostró ante este inexperto investigador, fue, sigue y espero que seguirá siendo, una de las máximas culpables del desarrollo de mi actvidad investigadora. Si las enseñanzas y consejos de los profesores Javier Salinas y Santos Pastor no han conducido a los resultados que cabría esperar, se debe tan solo a mi escasa capacidad para sacar de ellos todos sus frutos.

Quiero también expresar mi agradecimiento a D. Avelino García, D. José María Martínez, D. Alejandro Menéndez, D. José Manuel Guirola, D. Jesús Ruiz-Huerta, D. Pedro Delicado, D. Alfredo Ibáñez, D. Juan Mora, D. Daniel Díaz, ..., por todos sus valiosos comentarios (espero que aquellos a los que no nombre sepan disculparme, no obstante pueden estar seguros que sus nombres estan grabados en mi corazón); a D.Carlos Navarro, Dñª. Ana María Serrador, D. J. Benito Guede y D. Eugenio Fernández, por todas las correcciones y sugerencias; así como a todo el personal del Servicio de Publicaciones de la Universidad de Valladolid, muy especialmente a D. Jesús María Alonso.

Quiero expresar de viva voz mi gratitud a mis padres y hermanos, para quienes esta deuda adquiere mayor dimensión. Su constante ánimo y apoyo han permitido el continuar mi trabajo cuando en realidad lo que más me apetecía era descansar en su compañía, ellos no solo entendieron mi "reclusión" sino hicieron todo lo posible para que tal aislamiento resultara lo más fructífero posible.

Por último, darte las gracias a ti, querido lector, pues eres tú el máximo culpable de que este libro y de que todos los conocimientos que en él se contienen hayan podido ver la luz; y pedirte perdón, al mismo tiempo, por los numerosos errores que pudieran existir, errores solo achacables a este autor y en ningún caso a las personas nombradas líneas arriba.

CAPITULO I

ANTECEDENTES Y ESTADO ACTÚAL DE LA INVESTIGACION SOBRE EL ANALISIS ECONOMICO DE LA EVASION FISCAL

A. Introducción.

En este estudio del análisis económico de la evasión fiscal mostramos, por un lado, las distintas herramientas que desde el enfoque económico se han empleado en el acercamiento a la evasión fiscal: instrumentos microeconómicos, macroecónomicos, de teoría de juegos y de teoría de la agencia; por otro, los principales resultados teóricos alcanzados y la discusión de los estudios empíricos que avalen o rechacen cada uno de esos resultados; apuntamos también, cuáles son las cuestiones abiertas a futuros trabajos; incluimos el trabajo realizado por hacendistas españoles, destacando sobremanera: Raymond, Argimon, Lagares, Albi, etc. Dado que el eje central de la presente investigación es el análisis económico de la evasión fiscal en el impuesto sobre la renta, estudiaremos, muy sucintamente, las principales aportaciones realizadas en la evasión de la impuestos indirectos, Marelli y Virmani[1] principalmente, y en el impuesto sobre los beneficios, Wang y Kreutzer entre otros[2].

Existen varios ejemplos de una presentación panorámica de la investigación llevada a cabo en la evasión fiscal. Destaca el survey realizado por Cowell[3] que, a diferencia del que aquí presentamos, va acompañado de un complejo análisis gráfico que intenta explicar los efectos de la variación de los distintos parámetros fiscales en la evasión.

---

[1]   Vid: Marelli, M., (1989) "On indirect tax evasion", *Journal of Public Economics*, vol. 25, pp.: 181-196.

Virmani, A., (1989) "Indirect tax evasion and production efficiency", *Journal of Public Economics*, vol. 39, nº 2, pp.: 223-237.

[2]   Vid: Kreutzer, D.; Lee, D.R., (1986) "On taxation and understated monopoly profits", *National Tax Journal*, vol. 39, pp.: 241-243.

Wang, L.F.S., (1990) "Tax evasion and monopoly output decisions with endogenous probability of detection", *Public Finance Quaterly*, vol. 18, nº 4, pp.: 480-487.

[3]   Vid: Cowell, F. A., (1.985a) "The economic analysis of tax evasion", *Bulletin Economic Research*, vol 37, nº 3, pp.: 163-193.

Dentro de un estudio más amplio en el que se examina la economía sumergida, Pyle[4] dedica los últimos capítulos de su obra al estudio de la evasión fiscal, recogiendo en los capítulos IV y V las aportaciones teóricas realizadas en este campo y los estudios empíricos acometidos. A pesar de la claridad de su lenguaje y de la sencillez en su exposición, este survey no esta exento de rigor matemático, cuando éste es necesario, y de análisis gráfico, cuando la explicación del tema así lo requiere.

En la literatura española tenemos las presentaciones de Albi[5] y de Olivella[6]. En cuanto a la del primero, su propósito es el fijar un mapa de situación más que de resumir el trabajo realizado[7]. Por lo que respecta al estudio del profesor Olivella, su objetivo no es tanto el recoger las principales aportaciones realizadas en la investigación de la evasión fiscal, sino el estudio de la evasión fiscal desde una perspectiva novedosa: la teoría de la agencia, como así reza en el título del documento de trabajo donde se recoge.

B. Distintos enfoques económicos del análisis de la evasión fiscal.

En el estudio de la evasión fiscal desde un enfoque económico se parte de la hipótesis de que el objetivo de la conducta del contribuyente racional, conocedor de la probabilidad de inspección y la magnitud de la sanción, es maximizar su renta disponible una vez pagados los impuestos[8]. El antecedente de este enfoque lo encontramos en los trabajos de G.S. Becker[9], sobre el análisis económico de las conductas delictivas, y en los trabajos de K.J. Arrow[10] y J.W. Pratt[11], sobre actividades con riesgo e incertidumbre. A partir de estas dos líneas de investigación surgieron, a comienzos de los setenta, diversos trabajos sobre el análisis económico de la evasión fiscal, y desde entonces

---

[4]   Vid: Pyle, D.J. (1.989) *Tax evasion and the black economy*, McMillan, Londres.

[5]   Vid: Albi, E., (1.990) "Elusión y evasión fiscales: la investigación económica", *Hacienda Pública Española*, nº 1, pp.: 251-264.

[6]   Vid: Oivella, P., (1.989) "Un estudio de la evasión desde la perspectiva de las relaciones principal-agente", *Papel de Trabajo del Instituto de Estudios Fiscales*.

[7]   Vid: Albi, E., (1.990), Op. Cit., pp.: 251.

[8]   Este es el caso del modelo de Srinivasan; mientras que existen otros planteamientos alternativos, como el modelo de Allingham & Sandmo, en los que se parte de la hipótesis del contribuyente racional maximizador de la utilidad esperada.

[9]   Vid: Becker, G.S., (1.968) "Crime and punishment: an economic approach", *Journal of Political Economy*, vol. 76, nº 2, pp.: 169-217.

[10]   Vid: Arrow, K.J., (1.970) *Essays in the theory of risk bearing*, Amsterdam: North Holland.

[11]   Vid: Pratt, J.W., (1.964) "Risk-aversion in the small and the large", *Econometrica*, vol. 32, pp.: 122-136.

hasta nuestros días han sido numerosas las aportaciones que sobre este tema han visto la luz en revistas especializadas[12] y en congresos internacionales[13].

Desde el artículo seminal publicado por Allingham & Sandmo[14] en 1972, han sido muchos los artículos que han abordado este enfoque, novedoso entonces, para estudiar el fenómeno universal y atemporal[15] de la ocultación de ingresos al Estado. Muchos también han sido los autores que han vertido sus opiniones al respecto, y, como cabría esperar, la falta de acuerdo en la mayoría de las cuestiones tratadas es la nota dominante, llegándose a la paradoja de extraer resultados diametralmente opuestos aun partiendo de la misma realidad observable.

Esta diversidad de opciones dentro del enfoque económico es la que da pie a esta sección, en la que se examinan las diversas herramientas de las que se ha servido el análisis económico para estudiar el fenómeno de la evasión fiscal. De entre ellas hemos destacado los siguientes:

- Instrumentos microeconómicos tradicionales.
- Instrumentos macroeconómicos.
- Desde la perspectiva del coste.
- Aproximación desde la óptica de la elección de cartera.
- Teoría de juegos y teoría de la agencia.

1. Aproximación tradicional.

El punto de partida de los estudios teóricos de la evasión fiscal, en la imposición directa sobre la renta desde un enfoque microeconómico, lo constituye el modelo de M. Allingham & A.Sandmo[16]. Este trabajo pionero se acerca al fenómeno de la evasión desde un modelo de elección bajo incertidumbre. En él se evalúa la utilidad marginal esperada para el supuesto de la no detección del acto fraudulento, con la desutilidad marginal esperada por las sanciones que acompañan a la detección. Estos autores establecen las siguientes hipótesis:

- La renta real del contribuyente se considera una variable exógena, la cual solo es conocida por dicho contribuyente.

[12] Destacando sobremanera: "Journal of Public Economics" y "Public Finance". A nivel experimental señalar los trabajos publicados en "Journal of Economic Psychology". En España los escasos trabajos que han abordado el fenómeno de la evasión se han publicado en "Hacienda Pública Española", "Revista Española de Economía" y "Revista del ICE".

[13] Así la XVI Asamblea del Centro Interamericano de Administradores Tributarios cuyo tema de discusión fue la evasión de impuestos, en la XXI Asamblea de éste mismo organismo se expusieron distintos ponencias sobre educación e información del contribuyente.

[14] Vid: Allingham, M.G.; Sandmo, A., (1.972) "Income tax evasion: a theoretical analysis", *Journal of Public Economics*, nº 1, pp.: 323-338.

[15] Vid: Martínez, J.C., (1984) *La Fraude Fiscale*, Presses Universitaires de France, París; pp.: 74-75.

[16] Vid: Allingham, M.G.; Sandmo, A., (1.972), Op. Cit.

- El contribuyente puede ser inspeccionado y *si se descubre la ocultación automáticamente será sancionado*. La probabilidad de detección se supone constante y exógena.

- La sanción es proporcional a la cuantía de la base imponible ocultada y actuará como un tipo impositivo penalizador que recae sobre la base no declarada.

- La conducta del contribuyente se ajusta a los axiomas de Von Neumann-Morgenstern sobre las conductas de los individuos en situaciones bajo incertidumbre.

- Una función de utilidad cardinal con un único argumento: la renta del contribuyente[17].

- Utilidad marginal positiva y estrictamente decreciente, lo que implica un contribuyente con aversión al riesgo.

- Sujeto racional que tiene por objetivo de su actuación el maximizar la utilidad esperada de su renta, una vez pagados los impuestos y las posibles sanciones.

- Un impuesto proporcional; es decir, un tipo impositivo constante.

Una primera predicción que se obtiene de este modelo es que los contribuyentes decidirán ocultar parte de sus ingresos en el caso de que la sanción esperada, entendida como el producto de la probabilidad de detección de la ocultación por el tipo sancionador, sea inferior al tipo impositivo[18].

Una vez que los contribuyentes han decidido ocultar parte de su base imponible al Fisco, habrá que estudiar cómo afecta a esa decisión de evadir modificaciones en la renta real, en el tipo impositivo y en el resto de parámetros de la política tributaria. Así, bajo la hipótesis plausible de aversión absoluta al riesgo decreciente, y sólo si el tipo sancionador es mayor o igual a uno (mayor o igual al cien por cien si lo expresamos en tantos por ciento en lugar de hacerlo en tantos por uno), si la renta real de los contribuyentes aumenta también lo hará la cuantía de la base declarada por estos[19].

Más interesante que la relación anterior resulta aquella que liga la renta real y la fracción de esa renta realmente declarada. A través de la modelización de la conducta del contribuyente que acometen estos autores, comprobamos como al aumentar la renta real de los contribuyentes, la fracción de base tributaria declarada aumentará (permanecerá constante) (disminuirá) si los contribuyentes presentan una aversión relativa al riesgo creciente (constante) (decreciente) en función de su renta[20].

---

[17] Hipótesis que para Allingham y Sandmo va a implicar el trabajar con una función de utilidad indirecta con precios constantes. Vid: Allingham, M.G.; Sandmo, A., (1972) Op. Cit., pp.: 324.

[18] Vid: Allingham, M.G.; Sandmo, A., (1972), Op. Cit., pp.: 326.

[19] Vid: Allingham, M.G.; Sandmo, A., (1972), Op. Cit., pp.: 328.

[20] Vid: Allingham, M.G.; Sandmo, A., (1972), Op. Cit., pp.: 329.

Con este modelo no resulta posible establecer una relación definitiva entre el tipo impositivo y la base impositiva declarada, dado que de esta relación se desprenden dos efectos que actúan en sentido contrario:

* Efecto sustitución: tenderá a disminuir la renta declarada, ya que este efecto eleva la rentabilidad de la evasión al aumentar el tipo impositivo.

* Efecto renta: manteniendo la hipótesis de aversión absoluta al riesgo decreciente, un aumento en el tipo impositivo empobrece al contribuyente reduciendo su renta disponible para cada nivel declarado.

El signo del efecto total, suma del efecto sustitución y del efecto renta, resulta indeterminado[21].

Menos complicado resulta determinar la relación entre base imponible declarada y probabilidad de detección, por un lado; y base imponible declarada y tipo sancionador, por otro. En ambos casos existe una relación inequívocamente positiva, por lo que aumentos en dichos parámetros de la política fiscal ocasionan aumentos en la cuantía de la base declarada por los contribuyentes al Fisco[22].

En un intento por hacer más operativo el presente modelo se intenta analizar la conducta del contribuyente desde una vertiente dinámica[23], incluyendo a tal efecto la variable tiempo y alcanzándose los siguientes resultados:

a) Para un período t_0 las conclusiones a las que se llega con un modelo dinámico son similares a las conclusiones alcanzadas para uno de carácter estático.

b) Para un período de tiempo determinado no existirá evasión fiscal alguna.

c) La fracción declarada de renta aumenta con el tiempo. A medida que los contribuyentes toman en cuenta los efectos futuros de sus declaraciones de ingresos actuales, mayor será la fracción de base declarada.

Este modelo ha tenido que soportar severas críticas con prontitud. Así, un año después a su publicación, se le censuró su perspectiva puramente microeconómica y excesivamente privatista desde la que se aborda el análisis económico de la evasión. Amén de no haber considerado conjuntamente la decisión de la evasión fiscal y de la demanda de bienes públicos[24].

Respecto de la primera crítica (perspectiva puramente microeconómica y excesivamente privatista) se argumenta que lo realmente importante para la Hacienda Pública es la recaudación final que se obtenga de un determinado impuesto, y sólo en menor medida lo es el grado de cumplimiento de un contribuyente en particular. La Hacienda Pública se preocupa, no tanto por la recaudación esperada de un individuo, como por la recaudación media que

[21]   Vid: Allingham, M.G.; Sandmo, A., (1972), Op. Cit., pp.: 329-330.
[22]   Vid: Allingham, M.G.; Sandmo, A., (1972), Op. Cit., pp.: 330.
[23]   Vid: Allingham, M.G.; Sandmo, A., (1972), Op. Cit., pp.: 332-337.
[24]   Vid: Kolm, S.C., (1.973) "A note on optimum tax evasion", *Journal of Public Economics*, vol. 2, nº 12, pp.: 265-270.

obtendrá de cada contribuyente[25]. En cuanto a la segunda crítica (no considerar conjuntamente evasión fiscal y suministro de bienes públicos) se razona que si el contribuyente se comporta como un homo economicus, esté deberá tener en cuenta no sólo lo que deja de pagar gracias a su actividad evasora, sino lo que puede dejar de recibir a través de los gastos públicos como consecuencia de la minoración en los ingresos obtenidos por el Fisco producida por la evasión fiscal[26].

Para corregir esas deficiencias, S.C. Kolm, propone que en la función objetivo del ciudadano se recoja, no solo la utilidad que le reportan los bienes privados, sino también la de los bienes públicos. Multiplicando tal función por el número de ciudadanos, se obtendrá la utilidad esperada para toda la sociedad y a partir de esa función de utilidad social se podrá obtener los valores óptimos para las variables: probabilidad de detección, tipo impositivo y tipo sancionador.

Casi simultáneamente a la elaboración del modelo de Allingham & Sandmo, el Ministro de Finanzas indio, T.R. Srinivasan[27], realiza su propia formalización de la conducta de los contribuyentes, alcanzando conclusiones similares a las obtenidas por los primeros y con una metodología similar. No obstante lo dicho, este trabajo presenta diferencias significativas con el anterior y por ello vamos a dedicarle unas breves líneas.

En primer lugar, en el modelo de Srinivasan se considera que el objetivo de los contribuyentes no es tanto el maximizar sus utilidades, como la maximización de sus rentas esperadas una vez pagados los impuestos y las posibles sanciones. Esto supone trabajar con una hipótesis muy fuerte: contribuyentes neutrales al riesgo; a diferencia del modelo de Allingham & Sandmo en el cual, al trabajar con utilidades marginales estrictamente decrecientes, implica contribuyentes con aversión al riesgo. Consecuentemente, en el modelo de Srinivasan, al no incluir funciones de utilidad, no es posible utilizar los índices de aversión al riesgo de Arrow y de Pratt. En segundo lugar, en la formalización de la conducta del contribuyente se considera no sólo un sistema impositivo proporcional sino que se da cabida a un impuesto progresivo. Y en tercer lugar, Srinivasan trabaja con una sanción que es función convexa y creciente de la fracción de base ocultada[28].

Sirva lo anteriormente expuesto, en cuanto a la puntualización de las diferencias dé construcción entre ambos modelos. En cuanto a los resultados a los que llega Srinivasan, podemos destacar los siguientes:

1º A medida que aumenta la renta real del contribuyente, esté reaccionará aumentando su fracción de base ocultada. Esto acontecerá con una fun-

25   Vid: Kolm, S.C., (1973), Op. Cit., pp.: 265.
26   Vid: Kolm, S.C., (1973), Op. Cit., pp.: 267.
27   Vid: Srinivasan, T.N., (1.973) "Tax evasion: a model", *Journal of Public Economics*, nº 2, pp.: 339-346.
28   Vid: Srinivasan, T.N., (1973), Op. Cit., pp.: 340-341.

ción impositiva progresiva y siempre que la probabilidad de detección sea independiente del nivel de renta[29].

2º Siempre y cuando los contribuyentes sigan una estrategia de ocultación óptima, en términos de recaudación será más beneficioso para la administración un impuesto proporcional que uno progresivo[30].

3º Con una probabilidad de detección dependiente del nivel de renta, ante un impuesto proporcional la fracción de base no declarada disminuye a medida que aumenta la capacidad contributiva de los individuos. Si la función impositiva fuese progresiva, no se podría afirmar lo anterior con carácter definitivo[31].

4º Una política inspectora óptima sería aquella que se centrará en aquellos contribuyentes con mayores niveles de renta. Aun cuando esta afirmación es defendible tanto para un impuesto proporcional como para un impuesto progresivo, los éxitos son más seguros con una imposición proporcional que con una progresiva[32].

5º Un impuesto proporcional que, en el caso de no haber evasión, consiga recaudar una cantidad de ingresos fiscales equivalente a la que se obtendría con un impuesto progresivo, en caso de existir evasión permitiría obtener una mayor cantidad de ingresos fiscales[33].

Un tercer modelo que se debe encuadrar en esta sección es el acometido por Yitzhaki[34]. Este modelo, como reza en su propio título, no deja de ser una mera puntualización al modelo de Allingham & Sandmo, pero una puntualización con importantes consecuencias, principalmente en lo referente a la relación entre el tipo impositivo y la base imponible declarada. Mientras en el modelo de Allingham & Sandmo existe una relación ambigua entre ambas variables, en el modelo que estamos tratando se demuestra, en contra de la presunción general, cómo al aumentar los tipos impositivos aumenta la base declarada. La única modificación que se introduce para alcanzar tan controvertido resultado es el considerar que la sanción recaiga sobre la cuota evadida y no sobre la base ocultada[35]. La introducción de esta hipótesis (no olvide-

---

[29]   Vid: Srinivasan, T.N., (1973), Op. Cit., pp.: 341.

[30]   Vid: Srinivasan, T.N., (1973), Op. Cit., pp.: 344.

[31]   Vid: Srinivasan, T.N., (1973), Op. Cit., pp.: 341.

[32]   Vid: Srinivasan, T.N., (1973), Op. Cit., pp.: 344-345.

[33]   Nayak, a su vez, demostró la superioridad de un impuesto regresivo, existiendo evasión, frente a un impuesto proporcional.
Vid: Nayak, P.B., (1.978) "Optimal income tax evasion and regressive taxes", *Public Finance*, vol. 33, nº 3, pp.: 358-366.

[34]   Vid: Yitzhaki, S., (1.974) "A note on income tax evasion: a theoretical analysis", *Journal of Public Economics*, vol. 3, pp.: 201-202.

[35]   Sin embargo, Singh demuestra la superioridad técnica de un sistema de sanciones aplicables sobre la base ocultada, frente aquel en el que las sanciones recaen sobre la cuota evadida. Vid: Singh, B., (1.973) "Making honesty the best policy", *Journal of Public Economics*, vol. 2, pp.: 257-263.

mos que en la mayoría de los países occidentales la multa que se impone al evasor es función directa de la cuantía de la cuota liquida que se ha dejado por ingresar) provoca que el efecto sustitución sea nulo, al ser sanción y tipos impositivos proporcionales; mientras que el efecto renta mantiene su carácter positivo, pues al aumentar el tipo impositivo el contribuyente ve reducido su nivel de renta, se empobrece, y con aversión absoluta al riesgo decreciente decidirá aumentar la cuantía de base imponible declarada.

En este modelo se estudia también la relación entre base imponible declarada y renta real, obteniendo resultados similares a los alcanzados por Allingham & Sandmo, y así se comprueba como el volumen de base declarada aumenta en menor medida en que lo hace el nivel de renta personal del contribuyente.

Otros modelos económicos de evasión fiscal que podemos englobar en esta sección son, entre otros, el de McCaleb[36] y el de Koskela[37], que no hacen más que modificar algunas de las hipótesis iniciales del modelo de Allingham & Sandmo, al igual que ocurría con el modelo de Yitzhaki visto anteriormente. Así, el primero en lugar de centrar su trabajo sobre la base imponible ocultada lo centra en la cuota líquida evadida. Este cambio se debe a la pretensión del autor de analizar las distintas posibilidades de evasión que presentan los diferentes tipos de rendimientos: rendimientos de capital versus rendimientos de trabajo. Las conclusiones alcanzadas con este modelo, al analizar las relaciones de la cuota tributaria con los distintos parámetros de la política tributaria, son prácticamente idénticas a las que se llegan cuando se estudia el tipo de relación de dichos parámetros con la base imponible. El resultado más novedoso al que se llega con este modelo, proviene de considerar la probabilidad de detección dependiente, no de la base ocultada como establecen Allingham & Sandmo, sino del tipo sancionador, en cuyo caso obtiene unas relaciones ambiguas.

La modificación que introduce Erkki Koskela con respecto al modelo originario de Allingham & Sandmo, es la incorporación en su formalización del comportamiento del contribuyente de una función impositiva lineal en lugar del tipo impositivo proporcional, con el que hasta entonces se venía trabajando. El resultado más llamativo que se alcanza en este modelo es que sólo con una función impositiva lineal regresiva, aumentos en la renta real de los contribuyentes producirán aumentos en la fracción de base declarada por estos a la Administración Tributaria.

[36]   Vid: McCaleb, T.S., (1.976) "Tax evasion and the differential taxation of labor and capital income", *Public Finance*, vol. 31, nº 2, pp.: 287-293.

[37]   Vid: Koskela, E., (1.983a) "A note on progression, penalty schemes and tax evasion", *Journal of Public Economics*, vol. 22, pp.: 127-133.

En España, y dentro de esta sección, podemos destacar la aportación realizada por el profesor Lagares[38]. En este trabajo se recogen los modelos de Allingham & Sandmo y Srinivasan, las contribuciones de Kolm, y, lo que es más importante y novedoso a mi entender, se realiza una aplicación de esos modelos al caso concreto español. Los resultados más significativos de este trabajo hacen referencia a este último punto. Así, se afirma que la conducta maximizadora del contribuyente respecto de su renta esperada será la ocultación casi completa de sus ingresos. En otro punto se señalan las deficiencias del sistema sancionador español en materia tributaria: falta de graduación suficiente de la multa respecto de la cuantía de base imponible ocultada, la no exigencia de los intereses debidos por las bases ocultadas, etc.[39] Todo ello hace, en palabras del autor, que la evasión tributaria en España sea un excelente "negocio" con elevadas probabilidades de "éxito económico".

2. Aproximación a la evasión desde la perspectiva del coste.

Durante los últimos veinte años ha aparecido mucha literatura abordando el fenómeno de la evasión fiscal desde un enfoque microeconómico. La mayoría de las aportaciones no han hecho más que modificar y puntualizar aspectos concretos del trabajo seminal de Allingham & Sandmo. En la última década apareció, sin embargo, lo que a primera vista podría parecer una aproximación diferente al problema de la ocultación de renta. En esta aproximación novedosa se especifica a priori una función del coste de la evasión, o función de encubrimiento de la evasión, y esa función pasa a utilizarse como un mecanismo evaluador del impacto de los programas de imposición en el bienestar social. Así, los trabajos de Mayshar[40] y Usher[41].

Sin embargo, dentro de esta literatura han existidos intentos conciliadores de estas dos aproximaciones: la que considera al evasor fiscal como un jugador que intenta ocultar aquel nivel de renta que maximice su nivel de utilidad, y la que parte de especificar una función para el coste de la evasión[42]. Demostrándose la complementariedad entre estas dos aproximaciones a través del posible uso del coste de la evasión, para analizar la elección del "jugador-fiscal" entre las opciones de: "evasión fiscal" y "elusión-fiscal", co-

[38] Vid: Lagares, M.J., (1.974) "Hacia una teoría económica de la evasión tributaria", *Hacienda Pública Española*, vol. 28, pp.: 37-54.
[39] Vid: Lagares, M.J., (1974), Op. Cit., pp.: 251-254.
[40] Vid: Mayshar, J., (1.986) "Taxation with costly administration" *Papel de Trabajo de Wisconsin*.
[41] Vid: Usher, D., (1.986) "Tax evasion and the marginal cost of public funds", *Economic Inquiry*, vol. 24, nº 4, pp.: 563-586.
[42] Vid: Cowell, F.A., (1.990b) "Tax sheltering and the cost of evasion", *Oxford Economic Papers*, vol. 42, nº 1, pp.: 133-161.

mo estrategias posibles que tiene el evasor como jugador para reducir su carga tributaria.

En esos trabajos conciliadores se define el coste de la evasión como la cantidad monetaria que un individuo estaría dispuesto a pagar para que se le garantizase que su evasión no sería descubierta[43].

3. La evasión fiscal como una decisión de cartera.

En los modelos microeconómicos anteriormente presentados se consideraba la evasión fiscal como una decisión bajo incertidumbre, en la que los parámetros que determinan la elección óptima de los contribuyentes son: sanción esperada, tipo impositivo, nivel de ingresos, y la actitud individual hacia al riesgo.

Todos estos modelos consideran la evasión fiscal como una decisión con riesgo, pero independiente de otras decisiones con riesgo que el individuo debe adoptar. Esta nueva aproximación asemeja la evasión fiscal a un activo con riesgo, una inversión con riesgo si se prefiere, y analiza esta decisión como una más dentro de la elección de cartera de cada individuo. El contribuyente, al igual que decide sus inversiones en activos con riesgo, debe elegir la cantidad de impuestos a evadir dentro de ese conjunto de inversiones con riesgos que se verá obligado a acometer. Por tanto, el evasor tiene que adoptar dos tipos de decisiones: qué cantidad de su renta dedicar a activos con riesgo, y qué cantidad de renta destinar a una inversión con riesgo en la evasión.

La evasión fiscal, sin embargo, tiene ciertas peculiaridades que la diferencian del resto de inversiones. Así, podemos destacar las siguientes[44]:

- La magnitud de la evasión esta limitada por la renta disponible.

- La evasión fiscal no requiere ninguna inversión inicial.

- Los riesgos y beneficios de la actividad evasora no los determina el mercado de capitales, sino la autoridad fiscal.

---

[43] Expresado de manera más formal
$$U(C_1-C) = pU(C_0) + (1-p)U(C_1)$$
$$C_0 = (1-t)Y-ste$$
$$C_1 = (1-t)y-te$$

C	coste de la evasión.	e	renta oculta.
U	función utilidad.	C_0	consumo si el evasor es detectado y castigado.
t	tipo impositivo.	C_1	consumo si el evasor no es detectado.
p	probabilidad de detección.	Y	nivel de ingresos.
s	sanción que recae sobre el impuesto evadido.		

[44] Vid: Landskroner, Y.; et. al., (1.990) "Tax evasion and portfolio decisions", *Public Finance*, vol. 45, nº 3, pp.: 409-422.

En esta aproximación[45] se establecen como variables decisionales del contribuyente:

a) los beneficios y riesgos de esa actividad con riesgo,

b) la aversión al riesgo del individuo,

c) el tipo impositivo legal,

d) y los parámetros de política tributaria: probabilidad de detección, y actividad sancionadora.

En alguno de los trabajos que han utilizado esta aproximación para analizar la evasión fiscal, se ha estudiado la elección conjunta, por parte de los contribuyentes, de la renta a evadir y de la renta a eludir, llegando a la conclusión de que los contribuyentes declararán una mayor cantidad de renta:

a) cuando se encarezca la elusión fiscal,

b) cuando no sepan con seguridad qué leyes fiscales les van a afectar,

c) y cuando exista incertidumbre respecto a posibles inspecciones fiscales[46].

4. La evasión fiscal desde la perspectiva de la teoría de juegos y teoría de la agencia.

En las secciones anteriores se ha analizado el comportamiento de los contribuyentes sin tener en cuenta la posible influencia que en su conducta pudiera tener la actuación de las autoridades fiscales. En lo modelos anteriores se consideraba el punto de vista de las autoridades fiscales como un dato, la política tributaria se suponía exógenamente dada. Para salvar este inconveniente, distintos autores comenzaron a hacer uso de la teoría de juegos. A través de la misma se intentaba determinar la política tributaria maximizadora de la recaudación, para aproximarse al fenómeno de la evasión fiscal. Entre otros: Sandmo[47], Greemberg[48], Benjamini - Maital[49], Schlicht[50],

45   Vid: Landskroner, Y.; et. al. (1.990), Op. Cit., pp.: 409-410.

46   Vid: Alm, J.; McCallin, N.J., (1.990) "Tax avoidance and tax evasion as a joint portfolio choice", *Public Finance*, vol. 45, n⁰ 2, pp.: 193-200.

47   Vid: Sandmo, A., (1.981) "Income tax evasion, labour supply and the equity-efficiency trade-off", *Journal of Public Economics*, vol. 16, pp.: 255-288.

48   Vid: Greenberg, J., (1.984) "Avoiding tax avoidance: a (repetead) game-theoretic approach" *Journal of Economic Theory*, vol. 32, pp.: 1-13.

49   Vid: Benjamini, Y.; Maital, S., (1.985) "Optimal tax evasion and optimal tax evasion policy: behavioural aspects", en *The economics of the shadow*, Gaertner & Wenig (eds.), Springer-Verlag, Berlin.

50   Vid: Shlicht, E., (1.985) "The shadow economy and morals: a note", en *The economics of the shadow*, Gaertner & Wenig (eds.), Springer-Verlag, Berlin.

Mookherjee-P`NG[51], Reinganum-Wilde[52], Graetz-Reinganum-Wilde[53] Scotchmer[54], Bordel-Sobel[55], etc.

En el marco de esta teoría se analiza la evasión fiscal como un juego con dos jugadores: contribuyente y estado, cada uno de los cuales tiene que optar por estrategias puras. Las del contribuyente son: evadir o no, y las de la autoridad fiscal: investigar o no. A través de esta formalización se llega a la conclusión de que no existe equilibrio en las estrategias puras. Sin embargo, con estrategias mixtas se llega a un equilibrio del tipo de Nash en el que los impuestos pagados por el contribuyente igualan a los impuestos establecidos por el Estado. En estos casos, a medida que aumente el nivel de presión fiscal también lo hará el volumen de impuestos recaudados por la autoridad tributaria[56].

Mientras que el análisis anterior estudia la interacción entre conductas del contribuyente y conductas de la autoridad tributaria, encauzando la teoría de los juegos en otra dirección otros trabajos se han centrado en la interacción entre contribuyente-evasor con el resto de contribuyentes. Por esta vía se demuestra que la propensión de una persona a practicar la evasión fiscal esta directamente relacionada con la proporción de contribuyentes que ya evaden[57].

La mayoría de los trabajos que se han acercado a la evasión fiscal desde esta aproximación centran su atención en la actividad inspectora de la autoridad tributaria[58]. Así, se destaca la importancia de la información asimétrica: cada contribuyente conoce su renta real, la cual sólo puede ser conocida por el fisco por medio de inspecciones. Se llega a la conclusión de que, en una situación de equilibrio, los contribuyentes con niveles superiores de renta declarada ocultarán menos renta que aquellos con niveles inferiores de renta declarada, por lo que el esfuerzo de inspección debería reducirse en los tra-

---

[51]   Vid: Mookherjee, D.; Png, I., (1.989) "Optimal auditing, insurance, and redistribution", *Quarterly Journal of Economics*, vol. 54, pp.: 399-416.

[52]   Vid: Reinganum, J.F.; Wilde, L.L., (1.985) "Income tax compliance in a principal-agent framework", *Journal of Public Economics*, vol. 26, pp.: 1-18.

[53]   Vid: Graetz, M.J.; et. al., (1.986) "The tax compliance game: toward an interactive theory of law enforcement", *Journal of Law, Economics and Organization*, vol. 2, nº 1, pp.: 1-32.

[54]   Vid: Scotchmer, S., (1.987) "Audit classes and tax enforcement policy", *American Economic Review*, vol. 77, pp.:229-233.

[55]   Vid: Border, K.; Sobel, J., (1.987) "Samurai account: a theory of auditing and plunder", *Review of Economic Studies*, vol. 54, pp.: 525-540.

[56]   Vid: Corchon, L.C., (1.990) "A note on tax evasion", *Papel de Trabajo del Instituto de Valenciano de Investigaciones Económicas*, nº 91.

[57]   Vid: Benjamini, Y.; Maital, S., (1.985), Op. Cit..

       También Shlicht, E., (1.985), Op. Cit..

[58]   Vid: Reinganum, J.F.; Wilde, L.L., (1.985) "Equilibrium verification and reporting policies in a model of tax compliance", *International Economy Review*, vol. 27, pp.: 739-760.

       También Graetz, M.J.; et. al., (1.986) "The tax compliance game: toward an interactive theory of law enforcement", *Journal of Law, Economics and Organization*, vol. 2, nº 1, pp.: 1-32.

mos superiores de renta y ampliarse en los niveles inferiores de renta declarada[59].

Siguiendo una línea de investigación similar se comprueba que, dadas las restricciones presupuestarias que impiden a las autoridades fiscales el inspeccionar a todos los contribuyentes, la actividad inspectora óptima sería la inspección máxima de los tramos inferiores de renta·declarada[60].

Se ha llegado incluso a elaborar algún modelo que utiliza la historia fiscal del contribuyente para tratar de determinar la política inspectora óptima. Para ello se propone dividir a los contribuyentes en tres grupos:

1. G_0 Contribuyentes con una pequeña probabilidad de ser inspeccionado.

2. G ` Contribuyentes con una probabilidad mucho menor que la anterior.

3. G ` ` Contribuyentes que siempre serán inspeccionados.

El desarrollo de este juego es como sigue: si el contribuyente está en G_0 y se detecta evasión pasará a G `. Si el contribuyente está en $G$ ` y se descubre evasión se la pasa automáticamente al tercer grupo G ` `, y si no hubiese evadido se le pasa al primero G_0. Una vez que el evasor es descubierto y pasa a G ` ` permanecerá en él para siempre. Por tanto, el contribuyente tratará por todos los medios de impedir acabar en ese tercer grupo, de modo que existirá un incentivo para ser honesto temporalmente. De forma que puede seguir la estrategia de ocultar ingresos hasta el momento de ser detectado, pero cuando tal detección se produce le corresponde ser honesto para evitar caer en el pozo sin fondo de G ` `[61]. **GRAFICO 1.**

Dado que cada persona esta obligada a ingresar a la Hacienda Pública una cantidad determinada por una tarifa impositiva aplicable a los ingresos obtenidos durante el ejercicio fiscal; esta función delegada que realiza el contribuyente nos de pie a considerar la relación entre la Hacienda y el contribuyente como una relación principal-agente: la potestad liquidadora la tiene por ley la Hacienda Pública quien la delega en el contribuyente[62].

Siguiendo el enfoque de la teoría de la agencia han sido varios los trabajos que han intentado diseñar políticas de inspección fiscal óptimas. Vamos a detenernos en alguno de ellos.

---

[59]   Vid: Reinganum, J.F.; Wilde, L.L., (1.985), Op. Cit..

[60]   Se propone que la Administración Tributaria inspeccione a todos los contribuyentes que declaren por debajo de un nivel de renta determinado, dejando sin inspeccionar a todos aquellos que declaren por encima de ese nivel. Obviamente la actividad inspectora se centraría principalmente en los niveles inferiores de renta declarados. Vid: Graetz, M.J.; et. al., (1.986), Op. Cit..

Estos autores demuestran analíticamente como los ingresos fiscales serían mayores con esta política de inspección que con una inspección aleatoria.

[61]   Vid: Greenberg, J., (1.984), Op. Cit..

[62]   Vid: Grafe, F., (1989) "Un modelo para una política de inspección fiscal", Economía Pública, pp.: 46.

GRÁFICO 1

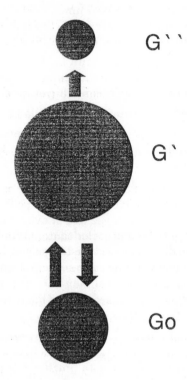

En alguno de estos trabajos se demuestra que con una estrategia inspectora de auditar todas las declaraciones por debajo de un determinado nivel de renta declarado y ninguna por encima, se obtienen mejores resultados que con una norma de auditación de probabilidad constante[63].

Según el trabajo de Pau Olivella[64], en el fenómeno de la evasión fiscal, con el gobierno como principal y el contribuyente como agente, la política inspectora teórica óptima es que se inspeccione un número elevado de declaraciones y puesto que el gobierno no puede comprometerse a poner en marcha esta política dada su restricción presupuestaria, la mejor estrategia operativa sería la de no inspeccionar al contribuyente una vez que este se supone honesto. Puesto que podríamos encontrarnos ante la paradoja de que todas las inspecciones se realicen sobre contribuyentes que no evaden y, por lo tanto, el gobierno no obtendría ninguna recaudación adicional por las sanciones

63   Vid: Reinganum, J.F.; Wilde, L.L., (1.986), Op. Cit..
64   Vid: Olivella, P., (1.990), Op. Cit.

que los evasores deberían pagar. En este sentido la inspección sería un gasto despilfarrador. Sin embargo, es un coste necesario para que el nivel de evasión no sea desmedido.

En otro trabajo diferente se establece una diferenciación entre Administración Fiscal y Gobierno; mientras que la primera intenta maximizar los ingresos líquidos, el segundo intenta maximizar el bienestar social, pudiendo ambos fines entrar en colisión[65].

5. Análisis de la evasión fiscal desde la perspectiva de la Economía Política Constitucional.

En las aproximaciones al análisis económico de la evasión fiscal hasta ahora vistas surgen cuestiones difíciles de resolver:

- Se obvia el efecto de la evasión sobre la recaudación fiscal, ya que según estas aproximaciones el gobierno pretende recaudar una cantidad fija de ingresos.

- Se supone que el objetivo de la sociedad es maximizar el bienestar tanto de los evasores como de los no evasores. En el sentido de que todo sistema económico tan solo debe valorarse por sus logros en el campo redistributivo.

- Los modelos, a la hora de cuantificar los costes y beneficios de la evasión, ignoran todo coste psíquico que surge de la actividad evasora.

Los partidarios de esta aproximación estiman que estas dificultades son salvables desde una óptica constitucional de la evasión fiscal[66].

Antes de entrar en el análisis de la evasión que se hace desde esta óptica, debemos destacar el hecho de que la Economía Política Constitucional no tiene primordialmente pretensiones explicativas, no se intenta explicar como sociedades concretas desarrollan históricamente su Constitución Fiscal; sino que ofrece una base normativa para valorar las reglas e instituciones fiscales a través de una legítima unión entre individuo-estado, tales reglas e instituciones podrían emerger hipotéticamente de un acuerdo unánime entre individuos racionales. Esos individuos deberán diseñar una Constitución Fiscal para una sociedad en la que tienen una alta incertidumbre sobre su posición final.

Dentro de esta aproximación algunos encuentran operativo modelizar al Estado como un Leviathan, un monstruo explotador de los contribuyen-

---

[65] Vid: Cremer, H.; et. al. (1.990) "Evading, auditing and taxing: the equity-compliance trade-off", *Journal of Public Economics,* vol. 43, nº 1, pp.: 67-92.

[66] Vid: Spicer, M.W., (1.990) "On the desirability of tax evasion: conventional versus constitutional economic perspectives", *Public Finance,* nº 1, pp.: 118-127.

tes[67]. Las restricciones electorales existentes no serían efectivas, por lo que la maximización de ingresos fiscales surgiría como un producto natural del discurrir del proceso político. Los individuos a la hora de diseñar la constitución fiscal presentan aversión al riesgo, y por lo tanto designarán reglas e instituciones no tanto que limiten el tipo de gobierno que ellos esperan, sino más bien que limiten el tipo de gobierno que ellos temen. Con esta perspectiva constitucional más que suponer los ingresos fiscales como constantes, reconoce que la evasión conduce a unos ingresos menores y se centra en la deseabilidad o no de esa pérdida de recaudación.

Con esta aproximación constitucional a la evasión fiscal se evita el problema de discutir si las actividades evasoras deben ser recogidas en la función de Bienestar Social, esto es así porque las preferencias individuales se toman en cuenta sólo en el período de decisión preconstitucional. Y por último, en ese período de decisión preconstitucional no hay costes psíquicos, aunque sí una vez establecida la Constitución Fiscal algún contribuyente decide evadir impuestos estaría incurriendo en unos elevadísimos costes psíquicos.

6. Análisis de la evasión fiscal desde una perspectiva macroeconómica.

Las aportaciones que vamos a englobar en esta sección tienen la característica de que su objeto de análisis no es tanto la evasión en sí, ni la toma de decisiones del contribuyente, sino los efectos macroeconómicos de la evasión fiscal, sobretodo, los efectos sobre la recaudación fiscal.

Podemos considerar el articulo de Peacock & Shaw[68] como uno de los pioneros en el estudio de la evasión fiscal desde este punto de vista macroeconómico. Según el modelo de estos autores, las pérdidas de recaudación fiscal serán cero cuando la propensión marginal a consumir de la renta evadida sea igual a uno. Si tuviéramos en cuenta no sólo la imposición directa, sino también la indirecta, se podría demostrar como la recaudación fiscal no sólo no tiene porque disminuir, sino que incluso podría aumentar. El razonamiento de estos autores es el siguiente: la evasión fiscal lleva consigo un aumento en la renta disponible de los contribuyentes y consiguientemente un mayor consumo agregado, por lo que la recaudación fiscal por la imposición indirecta aumentaría[69].

Años más tarde el modelo de Peacock & Shaw, de gasto-renta con un solo sector, se amplia y se pasa de un modelo keynesiano puro a un modelo IS-LM

[67]　Vid: Brennan, G.; Buchanan, J.M., (1.980) *The power to tax*, Cambridge University Press.
[68]　Vid: Peacock, A; Shaw, G.K., (1.982) "Tax evasion and tax revenue loss", *Public Finance*, vol. 37, nº 2, pp.: 269-278.
[69]　Vid: Peacock, A.; Shaw, G.K., (1982), Op. Cit., pp.: 275 y 276.

en el que se incorpora el sector monetario[70]. Un supuesto fundamental en esos modelos es que la demanda de dinero es función de la renta disponible, por lo que un aumento en la evasión fiscal, que lleva aparejado un incremento en la renta disponible, va a ocasionar un aumento en la demanda de dinero y teniendo en cuenta que la oferta monetaria es rígida, el equilibrio solo podrá establecerse con aumentos en los tipos de interés que tiendan a compensar los efectos expansivos de la evasión sobre los ingresos[71]. Así se demuestra que, en el caso de poder diferenciar entre propensión marginal a consumir de la renta declarada y no declarada, y si esta última fuera la unidad, se va a producir un aumento en el P.N.B.. Sin embargo, conviene no olvidar que, a las consecuencias expansivas de la evasión sobre el gasto, habría que añadir las implicaciones restrictivas del sector monetario[72]. Por tanto, podemos afirmar que si en el modelo de Peacock & Shaw introducimos el sector monetario el comportamiento de los evasores no necesariamente conduce a un efecto renta positivo que provoque un aumento en la recaudación fiscal.

En trabajos posteriores se incorpora, al modelo de Peacock & Shaw, el efecto de la evasión sobre la oferta de trabajo[73], obteniendo resultados semejantes a los alcanzados por aquél. Es decir, el aumento en el volumen de evasión podría llevar aparejados aumentos en el nivel de recaudación fiscal[74].

Resultados similares se alcanzan al estudiar los efectos macroeconómicos de la evasión fiscal en un modelo en el que coexisten un impuesto indirecto junto a uno directo[75]. Se comprueba que cuando la propensión marginal a consumir de la base declarada es la unidad, independientemente de la propensión marginal a consumir del resto de la renta disponible, la recaudación fiscal aumentara con aumentos en la cantidad evadida[76].

---

[70] Vid: Ricketts, M., (1.984) "On the simple macroeconomics of tax evasion: an elaboration of the Peacock-Shaw approach", *Public Finance*, vol. 39, nº 3, pp.: 420-424.

[71] Vid: Ricketts, M., (1.984), Op. Cit., pp.: 423.

[72] Vid: Ricketts, M., (1.984), Op. Cit., pp.: 422-423.

[73] Vid: Lai, Ch.; Chang, W.Y., (1.988) "Tax evasion and tax collections: an aggregate demand-aggregate supply analysis", *Public Finance*, vol. 43, nº 1, pp.: 138-146.

[74] Vid: Lai, Ch.; Chang, W.Y., (1.988), Op. Cit., pp.: 143.

[75] Vid: Zameck (Von), W., (1.989) "Tax evasion and tax revenue loss: another elaboration of the Peacock-Shaw approach", *Public Finance*, vol. 44, nº 2, pp.: 308-315.

[76] Vid: Zameck (Von), W., (1.989), Op. Cit., pp.: 313-314.

C. Contrastaciones empíricas.

1. Introducción.

Desde que Allingham & Sandmo publicaran su artículo sobre el análisis económico de la evasión fiscal los trabajos teóricos han proliferado. Como hemos visto en el epígrafe anterior, dentro del enfoque económico, el fenómeno de la evasión ha sido analizado desde puntos de vista muy diversos; así, desde la teoría de juegos a los modelos microeconómicos más tradicionales, desde la teoría de la agencia a aspectos macroeconómicos, etc. Pero mientras han sido muchos los trabajos teóricos que han visto la luz desde principios de los setenta, los trabajos empíricos han sido muchos más escasos. Indudablemente, esta falta de aplicación no se debe a su no necesidad. Recordar a este respecto como muchos de los resultados a los que se llegan con los modelos teóricos son ambiguos, por lo que requieren contrastaciones empíricas en uno u otro sentido. Una de las principales razones de la falta de trabajos empíricos en la evásión fiscal reside en la propia naturaleza del problema, y es que el conocimiento de datos fiables sobre el fenómeno de la evasión resulta difícil. Aunque, como veremos en secciones posteriores, han sido múltiples los instrumentos ideados para intentar cuantificar la magnitud del fraude, pero no dejan de ser aproximaciones a unos datos, prácticamente, imposibles de obtener. A esto hay que añadir el hecho que preguntar directamente a los individuos sobre la evasión fiscal u otros comportamientos ilegales es algo muy "delicado". Los individuos suelen ser muy reacios a colaborar, o pueden incluso llegar a falsear la información proporcionada.

Señaladas las dificultades con que los autores se han encontrado a la hora de realizar estudios empíricos de la evasión, pasamos a establecer las principales aportaciones realizadas en este campo. Siguiendo a Cowell[77], vamos a clasificar estos trabajos en función de la metodología que han empleado:

1) Encuestas de los contribuyentes sobre sus actitudes ante la imposición en general y ante la evasión fiscal en particular.

2) Enfoque experimental. Utilización de juegos de simulación en los que se proporciona una información determinada a los participantes y se les pregunta entonces cual sería su declaración de ingresos que realizarían al fisco.

3) Modelos econométricos.

---

[77]   Vid: Cowell, F.A., (1.985a), Op. Cit., pp.: 110-112.

2. Encuestas sobre las actitudes de los contribuyentes.

Con el fin de evitar que la presente sección resulte excesivamente tediosa en su lectura, intentaré obviar, en la mayor medida de lo posible, la explicitación de la metodología seguida en cada trabajo que analizamos. En términos generales el procedimiento seguido por estas encuestas, como ya todos conocerán, consiste en una serie de preguntas que se realizan a los contribuyentes con el fin de intentar descubrir sus opiniones sobre una serie de temas: equidad fiscal, tipos impositivos, creencia personal sobre la extensión del fraude fiscal, etc. Ni que decir tiene, que a este tipo de trabajos se les puede achacar las mismas críticas que a cualquier tipo de encuesta, así problemas de muestreo, posibles preguntas sesgadas..., entre otras. Problemas estos que se presentan en este campo de forma más acentuada, si cabe.

Uno de los primeros trabajos empíricos en que se utilizó esta metodología fue el llevado a cabo por Spicer & Lundstedt[78] con una muestra de 130 elementos realizada en Ohio (USA). En dicho estudio se introdujeron multitud de variables: edad, educación, tipo de ocupación, severidad de las sanciones que acompañan al acto evasor, grado de satisfacción por los servicios públicos recibidos, anteriores experiencias con los órganos de inspección, etc. Por tanto, no se consideran exclusivamente factores coercitivos, también entran en juego relaciones de intercambio Estado-Contribuyente y cuestiones relativas a la implementación de las normas. Una curiosidad muy llamativa del presente estudio es que, para tratar de obtener resultados más fiables, no se informó a los encuestados de que su finalidad era el estudio de la evasión fiscal. De entre los principales resultados obtenidos destacar los siguientes:

- A mayor probabilidad de ser sancionados menor será el nivel de evasión.

- A mayor edad menor volumen de evasión. Así, los jóvenes no solo perciben más oportunidades para evadir, sino que además son más propensos al riesgo y temen menos las sanciones, tanto las formales procedentes de las autoridades, como las sanciones informales procedentes de amigos, familiares, compañeros, etc.

- Curiosamente, la experiencia con inspecciones anteriores alentaban a cometer evasión. Puede que la razón de ello radique en lo embarazoso que la inspección resulta, o en la severidad con que los inspectores calculan lo defraudado, o incluso en que el contribuyente detecta personalmente las limitaciones obvias de la actividad inspectora.

- En los niveles superiores de renta es menor la propensión marginal a evadir. Este dato lo explican los autores en base a que es en estos tramos

[78] Vid: Spicer, M.W.; Lundstedt, S.B., (1.976) "Understanding tax evasion", *Public Finance*, vol. 31, pp.: 295-305.

más elevados de renta donde con mayor frecuencia se utilizan los mecanismos de elusión fiscal[79].

- Existe una relación positiva entre nivel de renta declarado y la satisfacción individual por los servicios públicos[80].

Por el contrario, Vogel[81], en un trabajo sobre una encuesta realizada en
Suecia, obtiene una relación positiva entre nivel de renta y evasión fiscal, y
comprueba cómo la gente adulta es menos proclive a evadir que los jóvenes.
En este trabajo se desaconseja el incremento de la presión fiscal que el Estado debería aprobar para intentar compensar la pérdida de recaudación debida a la evasión fiscal, pues lo único que se conseguiría sería aumentar aun
más la propensión a evadir. Se comprobó así mismo, cómo aquellos individuos que admitían una mejora en su situación económica, también admitían
haber evadido más que aquellos otros que consideraban que su situación financiera había empeorado. Se encontró también una correlación positiva, y
bastante elevada, entre el conocimiento de personas con conductas evasoras
y la admisión por parte de aquellos de haber evadido.

En otros trabajos se intentó medir la predisposición ética hacia las obligaciones fiscales[82]. A través de una encuesta de 640 individuos, realizada en
Carolina del Norte, se comprobó como el 88% de los encuestados defendían el
carácter delictivo de la evasión, aunque no mucho más serio que el robo de
una bicicleta, pero solo el 30% se sentía en la obligación de denunciar los evasores a las autoridades tributarias. Del análisis de esta encuesta se desprende que serán los contribuyentes con mayores niveles de renta y mayor grado
de educación los que presenten una mayor ética fiscal[83]. Aquellos otros que se
sienten marginados por las actuaciones estatales presentan una menor ética
tributaria. En términos generales, las personas tienen un escaso conocimiento o comprensión de su relación de intercambio con el estado a través de los
impuestos. Además, informar a los ciudadanos cuesta dinero. Los contribuyentes están mejor informados y son más conscientes de los aspectos impositivos que de las prestaciones que pueden recibir a cambio. Así, mientras que
el dinero destinado al pago del impuesto sobre la renta es tangible, los bene-

---

[79]   Vid: Strumpel, B.; et. al., (1.969) *Human behavior in economic affairs*, Washington: Jossey-
Bass.

[80]   Afirmación ésta no contrastada por todos los trabajos acometidos sobre el tema; vid: Westat,
Inc. (1.980) *Individual income tax compliance factors study qualitative research results*,
Rockville.

[81]   Vid: Vogel, J., (1.974) "Taxation and public opinion in Sweden: an interpretation of recent
survey data", *National Tax Journal*, vol. 27, pp.: 499-513.

[82]   Vid: Song, Y.; Yarbrough, T.E. (1.978) "Tax ethics and taxpayer attitude: a survey", *Public
Administration Review*, vol. 38, pp.: 442-452.

[83]   Esto no parece haber sido cierto en la historia de España donde ha existido una relación
positiva entre educación y evasión fiscal. La evasión no era un problema de incultura, sino de
posibilidades de hacerlo. Así, J. Calvo Sotelo, Ministro de Hacienda en la dictadura de Primo de
Rivera, afirmaba "la evasión fiscal es planta maldita e inextinguible en España. Y, lamentable
paradoja, florece excepcionalmente entre los contribuyentes más cultos". Vid: Comin, F., (1991)
"Raíces históricas del fraude fiscal en España", *Hacienda Pública Española*, nº 1, pp.: 192.

ficios obtenidos son difíciles de percibir si consideramos que generalmente no se hace uso de todos ellos. Por lo que la gente es más consciente del lado negativo (lo que pagan) que del lado positivo (lo que reciben a cambio), de ahí la oposición de los individuos a pagar dicho impuesto. Otro resultado significativo es el que relaciona la edad con la ética fiscal: los contribuyentes con una edad comprendida entre 40 y 65 años son los que presentan mayores niveles de ética fiscal.

En otra encuesta acometida en Bath (Reino Unido) con una muestra de 260 individuos se preguntaba sobre la evasión fiscal, los tipos impositivos, la elusión fiscal, la cantidad de impuestos a pagar, etc[84]. La mayoría de los encuestados abogaban por una mano de hierro contra los grandes evasores, mientras que la respuesta legal para los pequeños evasores debería ser más benigna. Se comprueba además, en contra de los resultados del trabajo empírico anterior, que es en los tramos más altos de renta donde se considera el nivel existente de presión fiscal como excesivo. Un resultado altamente significativo al que se llega con esta encuesta es la creencia de que la reducción de la presión fiscal no reduciría la evasión fiscal. En relación a este tema, Waneryd & Walerud, han mostrado que los contribuyentes que están descontentos con sus tipos marginales, por considerarlos excesivamente altos, tienden a evadir en mayor medida que el resto de contribuyentes. Esto puede deberse, en parte, a que raramente los contribuyentes conocen con exactitud cual es el nivel de los tipos marginales y por el contrario mantienen una idea bastante vaga y general sobre los mismos, tendiendo además a considerar que ellos y los suyos son los más perjudicados por el sistema impositivo. Waneryd & Walerud encontraron que las variables que mejor explican la mayor posibilidad de evasión son: ser empresario, ser artesano, el riesgo a ser detectado y castigado y la edad[85].

En un trabajo posterior realizado en Fife (Reino Unido) sobre una muestra de 414 individuos se estudió la posible correlación entre la opinión sobre la ineficiencia del sector público y el nivel de evasión[86]. En una parte de esta encuesta se preguntaba por los motivos de la evasión: para algo más del 25% la principal razón estriba en el elevado nivel de presión fiscal que soportan los sufridos ciudadanos, para un 10% el motivo más relevante reside en la injusticia del sistema impositivo[87], y para el resto de los encuestados las razones hay que buscarlas en otros motivos económicos.

[84]   Vid: Lewis, A., (1.979) "An empirical assessment of tax mentality", *Public Finance*, vol. 34, nº 2, pp.: 245-257.

[85]   Vid: Warneryd, K.E.; Walerud, B., (1982) "Taxes and economic behavior: some interview data on tax evasion in Sweden", *Journal of Economic Psychology*, vol. 2, pp.: 187-211.

[86]   Vid: Dean, P.N.; et. al., (1.980) "Taxpayer`s attitudes to income tax evasion: an empirical study", *British Tax Review*, nº 1, pp.: 28-54.

[87]   En este mismo sentido en España ver las encuestas de la Fundación FIES (1.985 y 1.986); CISS (1.987); Alvira y García (1.977, 1.981, 1.987, y 1.989). Así, estos últimos autores resumen

Dentro de este enfoque, destacar un trabajo bastante peculiar en el que se compara los resultados de dos encuestas realizadas con un intervalo de cinco años en U.S.A.[88]. En ese período temporal se observa cómo aumentan las respuestas favorables a algún tipo de evasión y cómo disminuyen las opiniones que entienden el sistema impositivo como justo. Otro resultado que llama la atención de este trabajo es la conclusión a la que llegan los autores de que a mayores niveles de ingresos menor probabilidad de incurrir en evasión. Un resultado, este último, bien distinto al que se obtiene con la encuesta del Centro de Investigaciones Sociológicas en 1.987 en nuestro pais, donde la creencia generalizada de los encuestados es que "cuanto más dinero se tenga más fácil resulta escurrir el bulto y pagar menos impuestos".

De mayor interés que el trabajo anterior lo es el llevado a cabo sobre una encuesta realizada en Bélgica con una muestra de 300 individuos[89]. Las principales conclusiones a las que se llegaron las podemos reducir a cuatro. Primera: obtienen una relación de sustitución entre elusión y evasión fiscal. Segunda: una política antievasión adecuada debería intentar reducir los sentimientos de inequidad e incrementar la creencia en las leyes y en las instituciones encargadas de su aplicación, y es que son estas limitaciones las que legitiman el comportamiento evasor. Tercera: se observa cómo la probabilidad de detección tiene un efecto negativo sobre la propensión a evadir; mientras que, curiosamente, la cuantía de las sanciones no tiene influencia negativa apreciable sobre el volumen de la evasión. Cuarta: resulta casi imposible establecer una relación entre la presión fiscal y la evasión.

Por otra parte, en un estudio acometido sobre los datos de una entrevista realizada en Noruega en 1.980, se intentó relacionar los parámetros tributarios con incidencia en la evasión fiscal con la oferta de trabajo. El resultado más significativo alcanzado por ese trabajo es que para la oferta de trabajo masculina, un aumento en la probabilidad de detección de un 10% reduce las horas trabajadas en la economía sumergida en un 20%[90].

En nuestro país, y para no ser excesivamente prolijos, vamos a ceñirnos a uno de los últimos trabajos realizados en este ámbito[91]. El trabajo de campo del mismo se efectuó en 1.991, el tamaño de la muestra es 2.406 individuos, y

de este modo la opinión pública española respecto del sistema fiscal español: "sentimiento generalizado de aumento de la presión fiscal, bajo grado de realización de la idea de justicia fiscal, fraude generalizado, falta de transparencia en las normas de los impuestos y en el beneficio por los servicios recibidos, crítica hacia el funcionamiento de la Administración por la gestión de recursos, y distanciamiento entre la imagen y el ideal del gasto público"

[88]   Vid: Mason, R; Calvin, L.D., (1.978) "A study of addmited income tax evasion", *Law and society Review*, vol. 13, pp.: 73-89.

[89]   Vid: Geeroms, H.; Wilmots, H., (1,985) "An empirical model of tax evasion and tax avoidance", *Public Finance*, vol. 40, pp.: 190-209.

[90]   Vid: Isachsen, A.J.; et. al., (1.982) "The hidden economy in Norway", en *The underground economy in the United States and abroad*, Tanzi (ed.).

[91]   Vid: Chocano, A.J., (1.992) "Cómo perciben los declarantes del IRPF distintas dimensiones fiscales", *Cuadernos de Actualidad*, Vol. 10, pp.: 294-304.

la población objeto de estudio esta constituido por todos los declarantes de IRPF. Los resultados alcanzados en este trabajo los podemos resumir en los siguientes:

1) El 83.5% de los individuos encuestados opinan que la evasión fiscal sería mayor si no fuera por el miedo a la inspección. Una amplia mayoria (64%) percibe que Hacienda es eficaz en la lucha contra la evasión.

2) El 62% de los encuestados opinan que Hacienda no es muy severa con los defraudadores que descubre.

3) Se comprueba que la probabilidad percibida de detección tiene un mayor efecto disuasor que la severidad percibida por la sanción formal.

4) El 42% de los declarantes opina que el volumen de evasión ha ido dismimuyendo en los últimos años.

5) Un 40% estiman que pagan los impuestos que les corresponden, frente a un 52% que opinan que pagan más, y frente a un 15% que creen que pagan menos de lo que les correspondería en justicia.

6) El 8% de los contribuyentes opinan que los bienes y servicios públicos que reciben supera a lo que personalmente paga vía impuestos, frente a un 67% que opinan lo contrario.

Sirvan los trabajos citados como ejemplo de la utilización de la encuestas para el estudio de la evasión fiscal. Junto a estos citados existen otros similares que por considerarlos de menor interés para el objetivo del presente trabajo de investigación se han obviado, así: Groenland & Van Veldhom[92], Schmolders[93], etc.

3. Economía experimental.

Frente a las limitaciones a las que se enfrentan, por un lado, las formalizaciones analíticas (debido al gran número de restricciones que se establecen en los diferentes modelos con el objetivo de alcanzar resultados no ambiguos), y por otro, las encuestas (las grandes reservas con las que han de admitirse los resultados que de ellas se derivan por culpa del diseño de los cuestionarios y, principalmente, por la sinceridad con que estos son cumplimentados); frente a estas limitaciones, muchos autores han abogado por acercarse al fenómeno de la evasión fiscal desde los juegos de simulación, que a grandes rasgos podemos considerar como una combinación de las dos modalidades anteriores.

---

[92] Vid: Groenland, E.A.G.; Van Veldhoven, G.M., (1.983) "Tax evasion behaviour. A psychological framework", *Journal of Economic Psychology*, vol. 3, pp.: 129-144.

[93] Considerado por toda la doctrina como el padre de la psicología financiera. Entre sus aportaciones podemos destacar:

- (1.959) "Fiscal psychology. A new branch of Public Finance", *National Tax journal*, vol. 12, pp.: 340-345.

- (1.965) *Lo irracional en la Hacienda Pública*, Derecho Financiero, Madrid.

La estructura de esta modalidad de análisis conocida como juegos de simulación suele ser muy similar en todos los casos. A los individuos participantes se les da al principio de cada período en los que se divide el experimento una cantidad de dinero, y deberán decidir que cantidad de ese dinero declarar. La renta declarada estará sometida a un tipo impositivo determinado, y la base ocultada, obviamente, no. Si esa base ocultada fuese detectada, el individuo deberá pagar una sanción. Este proceso se repite varias veces, y al final del experimento, para conseguir más seriedad y realismo, a cada participante se le paga una cantidad de dinero en función de su renta acumulada[94]. Con esta gratificación se trata de evitar el efecto "Hawthorne", según el cual la gente actúa de forma diferente en la vida real que en los juegos de simulación por el mero hecho de que estos últimos son simples juegos[95]. Aun reconociendo, como señala Spicer, que la elección entre el cumplimiento y la evasión de las obligaciones es más compleja que las de una mera forma de juego[96], hemos de reconocer que en un campo como este, donde los datos relevantes son difíciles de obtener, dichos experimentos pueden arrojar luz sobre los factores determinantes del comportamiento evasor.

Friedland, Maital & Rutemberg[97] examinan a través de un juego de simulación, con 15 estudiantes de la Universidad de Tel Aviv de 25 años de edad media, las variables: tipo impositivo y probabilidad de detección. Demostrando que un sistema de sanciones elevadas resulta más efectivo que una alta probabilidad de inspección. Este resultado se opone a los resultados de Schwartz & Orleans[98], según los cuales las llamadas a la conciencia fiscal solían ser más efectivas que las sanciones legales.

Otros resultados de Friedland, Maital & Rutemberg es que los tipos impositivos elevados, junto a un sistema sancionador no muy riguroso, conducen a un mayor nivel de evasión que tipos impositivos reducidos y sistema sancionador riguroso. Incrementos en los tipos impositivos ocasionan aumentos, tanto en la probabilidad de que exista evasión, como en la cantidad de la cuota evadida. Por otro lado, las mujeres defraudan con más frecuencia que los hombres (69% frente a 61%) pero en una cuantía muy inferior a aque-

---

[94] Baldry comprobó a través de un experimento con dos grupos de personas, a unos se les pagaba por participar y a los otros no, cómo era necesario dar algún tipo de gratificación a los participantes en el experimento en función de sus resultados. Vid: Baldry, J.C., (1.987)"Income tax evasion and the tax schedule. Some experimental results", *Public Finance*, vol. 42, nº 3, pp.: 362.

[95] Vid: Webley, P.; Halstead, S., (1.986) "Tax evasion on the micro: significant simulations or expedient experiments?", *Journal of Interdisciplinary Economics*, vol. 1, pp.: 87-100.

[96] Vid: Spicer, M.W., (1975) "New approaches to the problem of tax evasion", *British Tax Review*, pp.: 152.

[97] Vid: Friedland, N.; et. al., (1.978) "A simulation study of tax evasion", *Journal of Public Economics*, vol. 8, pp.: 107-116.

[98] Vid: Schwartz, R.D.; Orleans, S., (1.967) "On legal sanctions", *Chicago Law Review*, vol. 34, pp.: 274-300.

llos (31% frente a un 51%), y los casados cumplen más "fielmente" con sus obligaciones tributarias.

Otros autores[99] que utilizaron esta técnica de juegos de simulación trataron de examinar la relación entre la evasión fiscal y la percepción de un tratamiento fiscal injusto. Con la participación de 57 estudiantes de la Universidad de Colorado (USA), se comprueba que el nivel de evasión sería mayor en aquellos individuos a quienes se les dice que su tipo impositivo es superior a la media aplicable al resto de contribuyentes. El nivel de evasión de aquellos a quienes se les dice que su tipo impositivo es más reducido, evadiran en menor cuantía. También, al igual que en el trabajo anterior, se llega al resultado de que es mayor el porcentaje de evasión en los hombres que en las mujeres.

Utilizando esta técnica de juegos de simulación se ha intentado también examinar la relación entre la evasión y la percepción que se tenga de que otros evadan, y entre la evasión y la experiencia con inspecciones pasadas[100]. No encontrándose ninguna evidencia empírica que garantizase que la ocultación de rentas de algún contribuyente alentase la evasión de otros contribuyentes. Otro resultado, que se obtuvo por medio de este experimento, es que el número de inspecciones pasadas desincentivaba la evasión. Coincidiendo con el experimento anterior, el presente trabajo también demostró que los hombres tendían a evadir más impuestos que las mujeres.

La relación entre la retención de impuestos y la evasión fiscal se analizó por medio de un juego de simulación con 71 estudiantes, y se confirmaron dos predicciones teóricas. Primera: tener que pagar más impuestos después de que el estado compruebe la insuficiencia de la recaudación fiscal con retención en la fuente, conduce a una mayor evasión que en el caso de recibir un reembolso después de habersele retenido demasiado. Segunda: una mayor facilidad para la evasión de impuestos sin riesgo de detección, conduce a un aumento en los niveles de evasión[101].

A través de un experimento similar se pudo comprobar que mientras un aumento en la incertidumbre de la probabilidad de ser inspeccionado puede reducir la probabilidad de evasión de los contribuyentes, sin embargo es menos probable que tenga un efecto relevante sobre la cantidad de impuestos realmente evadida[102].

Aunque en un principio pudiera pensarse lo contrario, también con los trabajos experimentales se pueden obtener resultados contradictorios. Así,

[99] Vid: Spicer, M.W.; Becker, L.A., (1.980) "Fiscal inequity and tax evasion: an experimental approach", *National Tax Journal*, vol. 33, nº 2, pp.: 171-175.

[100] Vid: Spicer, M.W.; Hero, R.E., (1.985) "Tax evasion and heuristics. A research note", *Journal of Public Economics*, vol. 26, pp.: 263-267.

[101] Vid: Robben H.S.J.; et. al. (1.990) "Decision frames, opportunity and tax evasion: an experimental approach", *Journal of Economic Behavior and Organization*, vol. 14, pp.: 353-361.

[102] Vid: Spicer, M.W.; Thomas, J.E., (1.982) "Audit probabilities and the tax evasion decision: an experimental approach", *Journal of Economic Psychology*, vol. 2, pp.: 241-245.

mientras que a través del trabajo anterior se demostró que los hombres eva-dían más que las mujeres y que la propensión de una persona a evadir no esta relacionada con la evasión que realicen sus conciudadanos[103], en otros experi-mentos se comprobó cómo las mujeres evaden más que los hombres y la pro-pensión de una persona a practicar la evasión fiscal parece estar fuertemente relacionada con el número que de hecho la practican[104]. A través de este últi-mo juego de simulación se evidenció también que los tipos impositivos eleva-dos conducen a mayores volúmenes de evasión.

La finalidad del enfoque experimental no es otra que la de comprobar la veracidad de los resultados alcanzados por medio de los modelos teóricos, y así se buscó, por ejemplo, la contrastación de los siguientes resultados teóri-cos:

a) Si la evasión fuera un juego beneficioso todos los contribuyentes inten-tarían, en alguna ocasión al menos, ocultar parte de sus ingresos.

b) Si la sanción por la evasión esta proporcionalmente relacionada con la cuota evadida intentada, un cambio en el tipo impositivo marginal no tendrá ningún efecto sobre la evasión intentada.

c) La magnitud de evasión intentada estará positivamente relacionada con la renta disponible del individuo una vez pagado el impuesto.

Lográndose únicamente probar la veracidad de la última predicción y no las otras dos[105].

En otros experimentos se comprueba cómo los individuos sobreestiman las bajas probabilidades de inspección, lo que les conduce a declarar una base imponible mayor que la estimada por la teoría de la utilidad esperada[106]. Asi-mismo, la toma en consideración de un bien público financiado con los im-puestos reducen el nivel de evasión; reducción que sería aún mayor si fuesen los contribuyentes quienes decidiesen el destino de sus impuestos[107]. Las re-compensas a los buenos contribuyentes tienen un importante efecto positivo para el cumplimiento fiscal[108]. Y, por último, una amnistía fiscal aumenta la evasión fiscal si ésta no está bien diseñada[109].

---

[103]   Vid: Spicer, M.W.; Hero, R.E., (1.985), Op. Cit., pp.: 265 y 266.

[104]   Vid: Benjamimi, Y.; Maital, S., (1.985) "Optimal tax evasion and optimal tax evasion policy: behavioral aspects", en *The Economics of the Shadow Economy*, Wenig, A., & Gaertner, W. (eds.), Springer, Verlag.

[105]   Vid: Baldry, J.C., (1.987) "Income tax evasion and the tax schedule: some experimental results", *Public Finance*, vol. 42, nº 3, pp.: 357-383.

[106]   Vid: Alm, J.; et. al., (1.992) "Why do people pay taxes?", *Journal of Public Economics*, vol. 48, pp.: 21-38.

[107]   Vid: Alm, J.; et. al., (1.991) "Deterrence and beyond: toward a kinder gentler IRS", en *Tax compliance an tax law enforcement*, ed. Slemrod, J., University of Michigan Press. También Becker, W.; et. al., (1.987) "The impact of public transfer expenditures on tax evasion: an experimental approach", *Journal of Public Economics*, vol. 34, pp.: 243-251.

[108]   Vid: Alm, J.; et. al., (1.991). Op. Cit..

Resumiendo, los estudios experimentales sugieren las siguientes conclusiones:

I. Los individuos declaran menos renta cuando los tipos impositivos aumentan.

II. Incrementos en los tipos sancionadores reducen el nivel de evasión fiscal.

III. Aumentos en la frecuencia de la inspección reducen también el nivel de evasión fiscal.

IV. Muchos contribuyentes sobreestiman las probabilidades de inspección, estimando una probabilidad muy superior a la real.

V. La evasión aumenta cuando los contribuyentes se sienten injustamente tratados con respecto de otros, independientemente esa injusticia proceda de la vertiente de los gastos o de la vertiente de los ingresos.

VI. Los contribuyentes evaden menos cuando reciben algo a cambio de sus impuestos.

VII. Los contribuyentes evadirán menos cuando sus impuestos se destinen a algún tipo de programa público con el que sean partidarios.

VIII. La evasión se puede reducir tanto a través de sanciones, como de premios o recompensas al cumplimiento.

IX. La introducción de políticas fiscales inciertas reduce la evasión en ausencia de gastos públicos y la aumenta con su presencia.

X. Las amnistías fiscales acompañadas de aumentos en las sanciones esperadas post-amnistía reducen el nivel de evasión.

4. Modelos econométricos.

Como se señala líneas arriba, con los juegos de simulación se corre el peligro de que los individuos se comporten de manera diferente cuando participen en la vida misma que cuando lo hacen en estos juegos. Es preferible estudiar el comportamiento real de los individuos, para lo cual se suele utilizar los datos individualizados que se obtienen de las declaraciones de los impuestos; aunque lo normal sea utilizar este tipo de datos individualizados en los últimos años han surgido diversos estudios que se han servido de datos agregados para realizar los análisis econométricos correspondientes.

Un ejemplo de este tipo de análisis lo tenemos en el estudio que, basándose en los datos de una entrevista realizada por el Norwegian Occupational Life History Study y en los obtenidos a través de las declaraciones fiscales, intentó examinar la relación, si es que existía alguna, entre la renta real del contribuyente y su renta declarada[110]. De dicho análisis se desprende que la mayor parte de los ingresos no declarados proceden de los individuos con in-

---

[109] Vid: Alm, J.; et. al., (1.990) "Amazing grace: tax amnesties and compliance", *National Tax Journal,* Vol. 43, pp.: 23-37.

[110] Vid: Mork, K.A., (1.975) "Income tax evasion. Some empirical evidence", *Public Finance,* vol. 30, nº 1, pp.: 70-76.

gresos más elevados, lo cual es achacado a la existencia de un sistema impositivo progresivo, por lo que los recursos asignados por el estado a la detección del fraude se deberían concentrar en los sujetos con mayores niveles de renta[111]. El hecho de que la fracción de renta declarada disminuya al aumentar el nivel de renta real, muy posiblemente se deba, por un lado, al sistema impositivo progresivo, y, por otro, a que la mayor parte de los ingresos no declarados no procedan de salarios, sino de otros tipos de rendimientos para los que la evasión es más difícil de controlar[112].

El análisis econométrico más conocido es obra de Clotfelter[113]. En dicho trabajo se examinó la relación entre tipo impositivo y renta declarada. Se estudiaron 47.000 declaraciones fiscales y los datos obtenidos por los órganos inspectores del I.R.S. (Internal Revenue Service) de esas mismas declaraciones. La renta ocultada se entendió como la diferencia entre las dos magnitudes anteriores. El principal resultado al que se llega con este análisis econométrico es que la evasión aumenta al hacerlo la renta disponible después de impuestos[114] y al hacerlo el tipo impositivo marginal[115]. Otros resultados significativos de este estudio es que los casados son más propensos a evadir que los solteros, y los jóvenes parecen evadir más que la gente mayor.

Esta importante aportación de Clotfelter, a pesar de haber alcanzado un reconocido y merecido prestigio en el mundo académico, no se ha podido salvar de ciertas críticas; así se le achaca el hecho de no considerar en su modelo variables tan significativas como la probabilidad de detección y la severidad de las sanciones. Se advierte también que es posible la existencia de multicolinearidad en este desarrollo econométrico[116].

Claro ejemplo de las voces discordantes que se alzaron contra el estudio de Clotfelter es un análisis econométrico posterior que, con 23.111 declaraciones procedentes de una muestra del I.R.S., no consiguió demostrar una correlación positiva entre los tipos impositivos y la cuantía de la evasión[117]. Sin

---

[111]   Vid: Mork, K.A., (1.975), Op. Cit., pp.: 72.

[112]   Vid: Mork, K.A., (1.975), Op. Cit., pp.: 74 y 75.

[113]   Vid: Clotfelter, C.T., (1.983) "Tax evasion and tax rates: an analysis of individual returns", *Review of Economics and Statistics*, vol. 65, nº 3, pp.: 363-373.

[114]   Variando la elasticidad de ingresos no declarados de 0.29 para personas físicas a 0.66 para personas jurídicas. Vid: Clotfelter, C.T., (1.983), Op. Cit., pp.: 368.

[115]   En este caso la elasticidad de ingresos no declarados varía de 0.515 a 0.844. Vid: Clotfelter, C.A., (1.983), Op. Cit., pp.: 368.

[116]   Para un estudio crítico más exhaustivo vid: Baldry, J.C., (1.984) "The enforcement of income tax law efficiency implications", *Economic Record*, vol. 60, pp.: 156-159.

    También: Selmrod, J., (1.985) "An empirical test for tax evasion", *Review of Economics and Statistics*, vol. 67, nº 3, pp.: 232-238.

[117]   Vid: Slemrod, J., (1985), Op. Cit., pp.: 232-238.

    Sin embargo, Raymond considera que los resultados a los que llega Slemrod son más débiles que los alcanzados por Clotfelter, al trabajar este último con datos reales, mientras que Slemrod aproxima el nivel de evasión según una distribución de contribuyentes en estratos de renta siguiendo un modelo teórico. Vid: Raymond, J.L., (1987) "Tipos impositivos y evasión fiscal en España: un análisis empírico", *Papeles de Economía Española*, vol. 30/31, pp.: 154-169.

embargo, si se logró demostrar una relación directa entre la probabilidad de detección y la ocultación de la renta. Así mismo, otros resultados significativos, y coincidentes con los obtenidos por Clotfelter, son que los casados y los viejos son más propensos a evadir que los solteros y los jóvenes.

Otros estudios econométricos se dirigen al examen de la relación entre sanciones y probabilidad de detección con el nivel de ingresos declarados[118]. Utilizando los mismos datos que Clotfelter, los principales resultados a los que se llegan son los siguientes. Primero: mayores probabilidades de inspección están asociadas a un mayor nivel de cumplimiento fiscal. Segundo: incrementos en las sanciones provoca disminuciones en los volúmenes de evasión. Tercero: la relación entre el nivel de renta y la ocultación de ingresos es compleja. Hasta unos tres millones de pesetas por año, un mayor nivel de renta va acompañada por una disminución en la fracción de base ocultada. A partir de esa cantidad, un mayor nivel de renta genera un mayor nivel de evasión. Cuarto: los contribuyentes con mayor fracción de rendimientos de trabajo en sus ingresos totales cumplen en mayor medida con sus obligaciones fiscales que aquellos otros en los que la fracción de rendimientos laborales en los ingresos totales sea menor. Quinto: los jóvenes tienden a evadir más que los adultos, y los desempleados, y aquellos que tengan un menor grado de educación, más que los empleados y los que gozan de mejor educación.

Estas conclusiones han sido cuestionadas en trabajos posteriores. Así, se logró demostrar cómo aumentos en los tipos impositivos y en los niveles de renta van acompañados de menores volúmenes de evasión[119].

Como señalamos al principio de este epígrafe otros estudios econométricos a la hora de abordar el problema de la evasión fiscal en lugar de trabajar con datos individuales lo han hecho con datos agregados sobre la evasión fiscal. Sirviéndose de estos datos macroeconómicos se examina la relación entre cumplimiento fiscal y tipos impositivos para los rendimientos procedentes de las ganancias de capital. Apreciándose una relación negativa entre ambas variables, pues al subir los tipos impositivos se detecta un descenso en el grado de cumplimiento fiscal[120].

Con ese mismo tipo de datos se analiza también los efectos de la inflación en la evasión fiscal. Los resultados a los que se llegan son los siguientes. Primero: la evasión en términos relativos y absolutos esta relacionada positivamente con el nivel de inflación. Segundo: la evasión desciende cuando aumenta la probabilidad de detección, las sanciones, y la participación de la

---

[118] Vid: Witte, A.D.; Woodbury, D.F., (1.985) "The effect of tax laws and tax administration on tax compliance: the case of the US individual income tax", *National Tax Journal*, vol. 38, pp.: 1-13.

[119] Vid: Dubin, J.A.; et. al., (1.987) "Are we a nation of tax cheaters? New econometric evidence of tax compliance", *American Economic Review*, vol. 77, nº 2, pp.: 240-245.

[120] Vid: Poterba, J.M., (1.987) "Tax evasion and capital gains taxation", *American Economic Review*, vol. 77, nº 2, pp.: 217-240.

renta de trabajo en el total de ingresos. Tercero: la evasión aumenta en términos absolutos, pero disminuye en términos relativos, cuando aumenta la renta real de los contribuyentes[121].

Mención destacada merece la aportación española en este campo de investigación. Así, trabajos como los de Valdes[122]; Raymond y Valdes[123]; García, Raymond y Valdes[124]; Raymond[125]; y más recientemente Isabel Sánchez[126], han conseguido mantener viva la llama del estudio económico de la evasión fiscal en nuestro país; si bien, todo hay que decirlo, con escasa difusión a nivel internacional de sus trabajos. Como es obvio, estos trabajos se centran en una realidad muy concreta: la española, que ni sociológica, ni administrativa, ni legislativamente coincide con la realidad de otros trabajos mencionados previamente.

Los resultados más significativos sugeridos por la literatura española son los siguientes:

a) Los contribuyentes que soportan tipos impositivos elevados presentan una probabilidad elevada de defraudar. Para tipos marginales superiores al 50%, la probabilidad de evadir sin ser detectado se aproxima al 90% para rendimientos de trabajo, al 97% para rendimientos de actividades profesionales, y prácticamente al 100% para rentas empresariales[127].

b) Los contribuyentes enfrentados a altos tipos marginales presentan una tendencia a evadir una mayor proporción de su renta; sin embargo, no es posible determinar si ese mayor volumen de evasión se debe a que las rentas son elevadas o a los altos tipos impositivos marginales que soportan[128].

c) Se recomienda a los órganos inspectores la inspección de aquellas declaraciones con mayor probabilidad de evasión, los contribuyentes con mayores niveles de renta[129].

---

[121]　Vid: Crane, S.E.; Nouzard, F., (1.986) "Inflation and tax evasion: an empirical analysis", *Review of Economics and Statistics*, vol. 68, nº 2, pp.: 217-233.

　　En un trabajo posterior estos mismos autores estudiaron de que manera la evasión y el tipo de interés están directamente relacionados bajo la hipótesis de aversión absoluta al riesgo creciente. Vid: Crane, S.E.; Nouzard, F., (1990) "Tax rates and tax evasion from California amnesty data", *National Tax Journal*, vol. 43, nº 2, pp.: 189-199.

[122]　Vid: Valdes, T., (1.982) "Los métodos del análisis discriminante como herramienta al servicio de la inspección fiscal", *Instituto de Estudios Fiscales*, monografía nº 21.

[123]　Vid: Raymond, J.L.; Valdes, T., (1.985) "Aplicación de modelos de elección discreta para la detección del fraude en la imposición sobre la renta", *Papeles de Economía Española*, nº 23, pp.: 372-381.

[124]　Vid: García, J.; et. al., (1.986) "La detección del fraude en la imposición sobre la renta: un análisis microeconometrico", *Cuadernos Económicos del ICE*, nº 34, pp.: 45-63.

[125]　Vid: Raymond, J.L., (1.987), Op. Cit..

[126]　Vid: Sánchez, I., (1.990) "Evasión fiscal, regulación y mecanismos óptimos de inspección", *Cuadernos Económicos del ICE*, vol. 45, pp.: 121-145.

[127]　Vid: Raymond, J.L., (1.987), Op. Cit., pp.: 168.

[128]　Vid: Raymond, J.L., (1.987), Op. Cit., pp.: 168 y 169.

[129]　Vid García, J.; et. al., (1.986), Op. Cit., pp.: 60.

Dentro de las aportaciones españolas debemos señalar también la tarea llevada a cabo por la Comisión para evaluar el fraude en el IRPF compuesta por Lagares, Quevedo, Castellano, Raymond, Pereira y Sanchis. En sus informes, que abarcan el período comprendido entre 1.979-1.987, se trató de determinar el grado de cumplimiento tributario en el IRPF, relacionando para ello magnitudes económicas y fiscales. Las principales conclusiones alcanzadas en el último informe elaborado por la comisión son las siguientes:

1º El número de declaraciones presentadas evolucionó de forma creciente en el periodo 1.979-1.986, pasando de 5.205.300 declaraciones a 7.023.700. El fuerte incremeto en el número de declaraciones presentadas en 1.985-1.986 lo justifica la Administración Tributaria como una mejoría en el cumplimiento de los contribuyentes y una mayor eficacia en la gestión administrativa. En el año 1.987 se produce un descenso pronunciado en este índice, interpretado por la comisión como un agotamiento de la capacidad de captación de nuevos contribuyentes en el IRPF. **CUADRO 9, GRAFICO 2 y 3**.

2º Que el grado de cumplimiento es, en general, creciente, pues parte del 42.9% en 1.979 para llegar al 55.6% en 1.987, con un crecimiento de casi 13 puntos. Pero de cualquier modo, existe una profunda divergencia entre las magnitudes económicas y las fiscales, diferencia que al final de 1.987 puede cifrarse en 9.444.000 millones de pesetas. **CUADRO 10, GRAFICO 4 y 5**.

3º Los rendimientos de trabajo se declaran en mayor porcentaje que ningún otro tipo de rendimiento. Y además, existe una evolución creciente en este indicador, pasando del 54% en 1.979 al 72.2% en 1.987. Tan solo en 1.984 no se experimento un grado de cumplimiento superior al del año anterior (1.983/1.979: 118.49; 1.984/1.979: 117.76). **CUADRO 11, GRAFICO 6, 7 y 8**.

4º En lo que se refiere al comportamiento seguido por la declaración de los rendimientos no derivados del trabajo resaltar lo significativamente reducido del valor alcanzado por el nivel de cumplimiento tributario de estos rendimientos. Resulta cuando menos sorprendente que el valor del nivel de cumplimiento oscile para estos rendimientos entre el 22.3% en 1.979 y el 30% en 1.987. En todo el periodo estudiado (1.979-1.987) el nivel de cumplimiento para los "otros rendimientos" no alcanza en ninguno de los años considerados ni tan siquiera la mitad del valor que toma el valor de cumplimiento en los rendimientos derivados del trabajo. Lo cual pone de manifiesto una grave discriminación tributaria carente de toda justificación. Así, en el ejercicio fiscal de 1.990 el 76.12% de la base imponible correspondía a los rendimientos de trabajo, frente a un 9.7% de rendimientos de capital, frente a un 7.5% de rendimientos de actividades profesionales, y frente a un 1.3% de rendimientos de actividades agrarias **(CUADRO 12)**. Parece evidente que las mayores bolsas de ocultación de base se sitúan en las rentas distintas a las de trabajo.

CUADRO 9
DECLARACIÓN DEL IRPF EN TERRITORIO DE REGIMEN COMÚN.

Ejercicio	Unidades obligadas a declarar	Declaraciones presentadas	Diferencia	Indice de cumplimiento
1979	9971000	5205300	4765800	52,21
1980	10400500	5918100	4482400	56,91
1981	10336400	5805700	4530700	56,17
1982	10786100	6051100	4735000	56,11
1983	9599400	5699300	3900200	59,37
1984	10116500	5939400	4177100	58,71
1985	10520600	6412700	4108000	60,95
1986	10954300	7023700	3930700	64,12
1987	10959300	5994500	5014800	54,24

Fuente: Comisión del Fraude Fiscal, (1987) "Fraude en el Impuesto sobre la Renta"; y elaboración propia.

CUADRO 10
DECLARACIÓN DE RENTA EN TERRITORIO DE REGIMEN COMÚN.

Ejercicio	Ingresos constitutivos de renta tributaria	Ingresos netos computables en declaraciones del IRPF	Diferencia	Indice de cumplimiento
1979	9253000	3974000	5279000	42,94823
1980	10826200	5179200	5647000	47,83950
1981	11780300	5762600	6017700	48,91726
1982	13613900	6748900	6865000	49,57360
1983	14721600	7483400	7238200	50,83279
1984	16546400	8359500	8186900	50,52156
1985	18474900	9610500	8864400	52,01923
1986	20650600	11398500	9252100	55,19694
1987	21285300	11841300	9444000	55,63135

Fuente: Comisión del Fraude Fiscal, (1987) "Fraude en el Impuesto sobre la Renta"; y elaboración propia.

GRÁFICO 2

DECLARACIONES DE IRPF
(EN TERRITORIO DE REGIMEN COMUN)

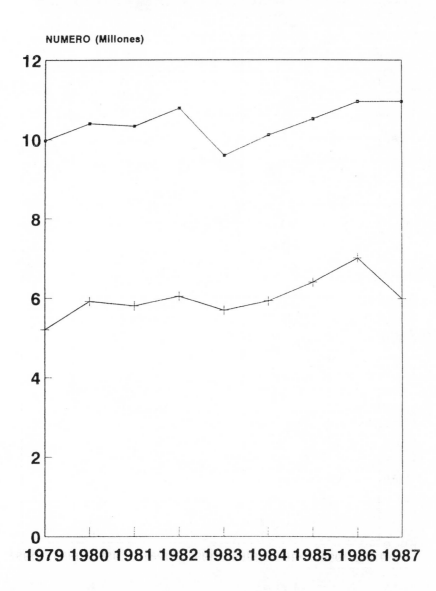

NUMERO (Millones)

→ UNIDADES OBLIGADAS + DECLARACIONES PRSEN

GRÁFICO 3

INDICE DE CUMPLIMIENTO
EN EL NUMERO DE DECLARACIONES

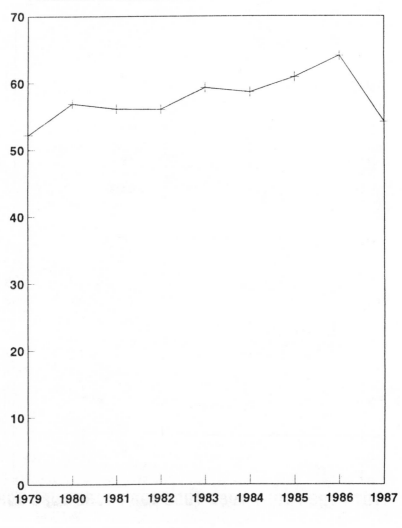

PORCENTAJE DE DECLARACIONES

+ INDICE DE CUMPLIMTO

GRÁFICO 4

DECLARACION DE INGRESOS POR IRPF
(TERRITORIO DE REGIMEN COMUN)

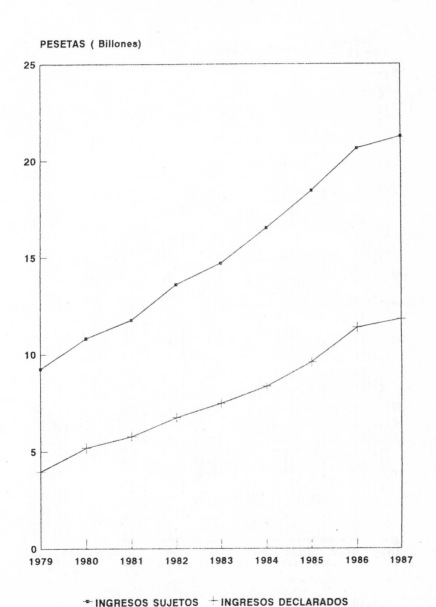

PESETAS (Billones)

-■-INGRESOS SUJETOS   +INGRESOS DECLARADOS

GRÁFICO 5

EVOLUCION DE LOS NIVELES DE CUMPLIMIENTO EN EL IRPF

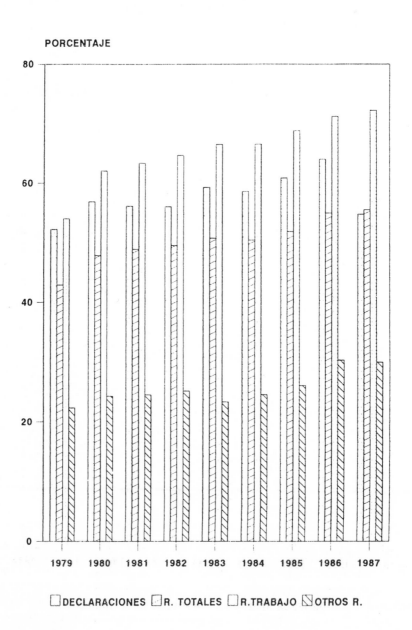

PORCENTAJE

DECLARACIONES   R. TOTALES   R.TRABAJO   OTROS R.

CUADRO 11

EVOLUCION EN LOS NIVELES DE CUMPLIMIENTO DEL IRPF.

CONCEPTOS	EVOLUCION DE LOS NIVELES DE CUMPLIMIENTO								
	1979	1980	1981	1982	1983	1984	1985	1986	1987
Declaraciones	52,20	56,90	56,17	56,10	59,37	58,71	60,95	64,09	54,87
Rentas totales	42,90	47,84	48,92	49,57	50,83	50,52	51,95	55,08	55,63
Rendts. trabajo	54,00	62,07	63,42	64,76	66,63	66,66	68,88	71,28	72,27
Otros Rendts.	22,34	24,34	24,56	25,20	23,41	24,60	26,15	30,36	30,02

CONCEPTOS	1979	1980	1981	1982	1983	1984	1985	1986	1987
Declaraciones	100	109,00	107,59	107,47	113,73	112,46	116,76	122,77	105,11
Rentas totales	100	111,51	114,02	115,55	118,49	117,76	121,08	128,39	129,53
Rendts. trabajo	100	114,94	117,45	119,93	123,39	123,44	127,55	130,56	135,61
Otros Rendts.	100	108,95	109,96	112,81	104,81	110,11	117,06	135,92	130,64

Fuente: Comisión del Fraude Fiscal, (1987) "Fraude en el Impuesto sobre la Renta"; y elaboración propia.

GRÁFICO 6

EVOLUCION DE LOS NIVELES DE CUMPLIMIENTO EN EL IRPF

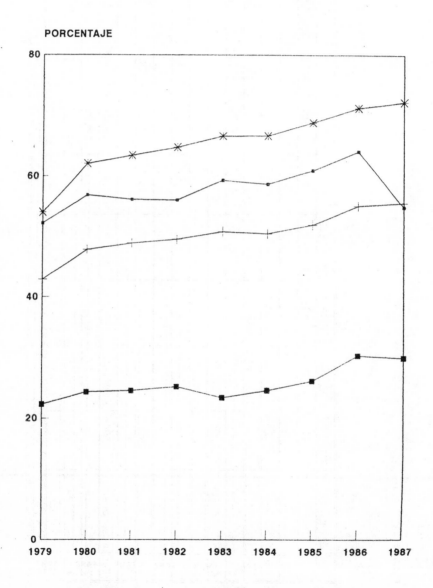

PORCENTAJE

⟵ DECLARACIONES + R. TOTALES ⁕ R.TRABAJO ▬ OTROS R.

GRÁFICO 7

RENDIMIENTOS DE TRABAJO DECLARADOS Y OBLIGADOS A DECLARAR EN EL IRPF

BILLONES DE PESETAS

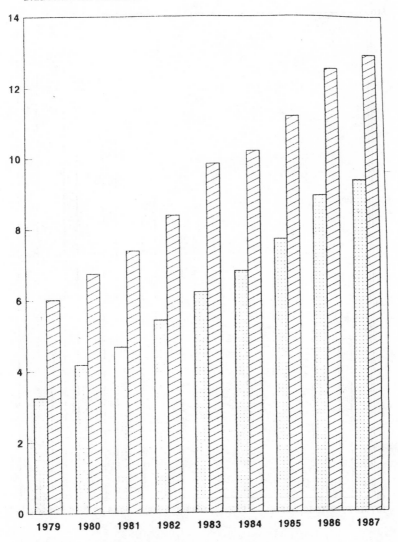

□ R.T.DECLARADOS   ▨ R.T. OBLIGADOS

Juan Carlos Gamazo Chillón

GRÁFICO 8

OTROS RENDIMIENTOS DECLARADOS Y OBLIGADOS A DECLARAR EN EL IRPF

BILLONES DE PESETAS

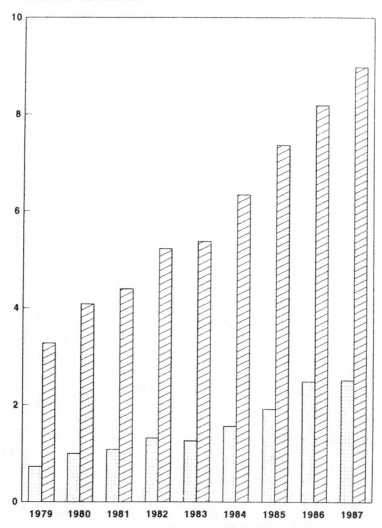

☐ OTROS R. DECLARADOS ☐ OTROS R. OBLIGADOS

CUADRO 12

EVOLUCION DE LA BASE IMPONIBLE Y DE SUS COMPONENTES.

EJERCICIO	BASE IMPONIBLE	RENDIMIENTOS DE TRABAJO	RENDIMIENTOS DE CAPITAL MOBILIARIO	RENDIMIENTOS DE CAPITAL INMOBILIARIO	RENDIMIENTOS DE ACTIVIDADES EMPRESARIALES	RENDIMIENTOS DE ACTIVIDADES PROFESIONALES	RENDIMIENTOS DE ACTIVIDADES AGRARIAS
1981	5783190	4846496	353456	109561	270179	200309	
1982	6749535	5553254	434333	129549	380576	254843	
1983	7652979	6365002	527377	119953	409237	263272	40884
1984	8480627	6910115	570048	128112	547081	279936	99179
1985	9892610	7799885	650679	159968	727606	325548	134420
1986	11857665	9027354	699455	247345	1023439	400227	206043
1987	13250687	9992912	825415	194232	1149844	492453	237429
1988	14989281	11265400	1024785	170154	1303137	538179	271379
1989	17634938	13386518	1315687	184236	1447953	636434	276929
1990	21171973	16117115	1843798	213262	1601646	749609	288262

Fuente: Secretaría de Estado de Hacienda, (1984-1991) "Memoria de la Administración Tributaria 1984 (1985, 1986, 1987, 1998, 1989, 1990, y 1991)"; y elaboración propia.
Nota: cantidades expresadas en millones de pesetas.

D. Principales variables en el estudio de la evasión fiscal.

1. La evasión fiscal y el nivel de renta.

Del epígrafe anterior se deducen importantes limitaciones en el trabajo empírico. Así, en relación con los juegos de simulación parece cuestionable el inferir los resultados de los mismos al total de la ciudadanía, ni consecuentemente, deducir de los mismos el comportamiento de los contribuyentes. En lo referente a las encuestas, también les es aplicable el hecho de tratar de explicar comportamientos de toda la población a partir del comportamiento de muestras reducidas. Y en cuanto a los estudios econométricos, la dificultad de los mismos estriba en encontrar datos fiables sobre los que trabajar. Una crítica común a los tres es que los resultados alcanzados no ambiguos, son los mismos a los que se había llegado con los modelos microeconómicos; mientras que el resto de resultados no sólo no resuelven las ambigüedades obtenidas a nivel teórico sino que en muchos casos se llega a acrecentar aquéllas[130]. Por todo lo cual, creemos necesario el analizar la relación de las variables más significativas del fenómeno de la ocultación de ingresos, tales como: renta real, tipos impositivos, régimen de sanciones, probabilidad de detección, inflación, tipo de interés, etc; con la cantidad de renta evadida.

Comenzamos esta sección con el análisis de la relación entre renta real y cuota evadida. Esta relación es analizada con más o menos profundidad por todos los autores que se han adentrado en el análisis económico de la evasión. Por ello nos veremos obligados a realizar una selección de las principales aportaciones realizadas sobre este tema, sin que dicha selección tenga que seguir un determinado orden cronólogico.

Hay opiniones para todos los gustos, siendo quizás la más extrema aquella que aboga por la no inclusión de la variable renta real en el modelo de evasión, ya que entienden que la renta solo influye en la evasión a través del tipo impositivo marginal y de la aversión al riesgo[131].

Vimos en los inicios de este capítulo el modelo teórico de Allingham & Sandmo, según el cual al crecer la renta real del contribuyente aumenta la renta evadida, siempre que el tipo sancionador sea mayor a la unidad y bajo

---

[130] Por ejemplo, mientras Song & Yarbrough (1978) y Spicer & Lundstedt (1976) encuentran una relación negativa entre nivel de renta y tendencia a evadir impuestos; Vogel (1979) sugiere, sin embargo, la existencia de una relación positiva entre ambas magnitudes. Ejemplos como éste podemos encontrar muchos y variados.

[131] Vid: Geeroms, H.; Wilmots, H., (1.985) "An empirical model of tax evasion and tax avoidance", *Public Finance*, vol 40, pp.: 190-209. "The income variable doesn`t enter directly in the tax evasion equation because it only influences evasion trough the marginal tax rate and the risk aversion..."

un supuesto de aversión absoluta al riesgo decreciente[132]. Si se considera como varia la fracción de renta declarada al hacerlo la renta real se obtiene una relación directa, bajo la hipótesis de aversión relativa al riesgo decreciente[133]. Si se considera al contribuyente como maximizador de la renta esperada una vez pagados los impuestos en vez de maximizador de la utilidad esperada se obtienen conclusiones similares[134]. Sin embargo, relajando la hipótesis de un impuesto proporcional y con la variable de renta real endógena, la idea de que incrementos en la renta real originan un descenso en la fracción de renta declarada descansa sobre premisas muy frágiles[135].

Si en el modelo original incorporamos el mercado de trabajo; es decir, consideramos la renta real como una variable endógena, este cambio va a tener importantes efectos en otras variables, como las sanciones y la probabilidad de detección; y es que, al endogenizar la renta real no queda muy claro que un aumento en esos parámetros de política tributaria originen un aumento en la renta declarada por los contribuyentes al Fisco[136].

A través de los primeros estudios econométricos se comprobó cómo la mayor parte de los ingresos no declarados procedían de los individuos con ingresos más elevados[137]. Y sin embargo, no ha sido posible determinar si este mayor volumen de evasión se debe a que estamos ante niveles de renta muy altos o a los tipos impositivos marginales que soportan[138].

En esta misma dirección se analizó la diferente imposición de las rentas de trabajo y capital, así como sus implicaciones en la evasión. Llegando a la conclusión de que existe una diferencia significativa en el comportamiento evasor entre los perceptores de distintos tipos de ingresos[139].

Por medio de juegos de simulación también se comprobó la existencia de una relación positiva entre la renta verdaderamente obtenida y la cantidad de renta evadida[140]. Lo cual pudiera parecernos bastante obvio, e incluso mu-

---

[132]   Vid: Allingham, M.G.; Sandmo, A., (1.972), Op. Cit., pp.: 328.

[133]   Vid: Allingham, M.G.; Sandmo, A., (1.973), Op. Cit., pp.: 329.

[134]   Vid: Srinivasan, T.N., (1.973), Op. Cit., pp.: 345-346.

[135]   Vid: Pencavel, J.H., (1.979) "A note on income tax evasion, labour supply and nonlinear tax schedules", *Journal of Public Economics*, vol. 12, pp.: 115-124.

[136]   Vid: Cowell, F.A., (1.985b) "Tax evasion with labour income", *Journal of Public Economics*, vol. 26, pp.: 19-34.

Esta ambigüedad también fue detectada por :

- Andersen, P., (1.977) "Tax evasion and labor supply", *Scandinavian Journal of Economics*, vol. 79, pp.: 375-383.

- Baldry, J.C., (1.979) "Tax evasion and labour supply", *Economics Letters*, vol. 3, pp.: 53-56.

- Sandmo, A., (1.981) "Income tax evasion, labour supply and the equity-efficiency trade-off", *Journal of Public Economics*, vol. 16, pp.: 265-288.

[137]   Vid: Mork, K.A., (1.975), Op. Cit., pp.: 74.

[138]   Vid: Raymond, J.L., (1.987), pp.: 154-169.

[139]   Vid: McCaleb, T.S., (1.976), Op. Cit., pp.: 287-293. También en: Clotfelter, C.T., (1983), Op. Cit., pp.: 368-371.

[140]   Vid: Baldry, J.C., (1.987), Op. Cit., pp.: 370-376.

chos se podrían llegar a plantear el porqué de un experimento para demostrar algo tan lógico. Al respecto, decir que no puede ser catalogado como de innecesario todo intento de demostrar empíricamente predicciones alcanzadas teóricamente y a las que *presumiblemente* nadie cuestiona su validez, y se subraya presumiblemente, pues ocurre que esta predicción no es defendida por la totalidad de los autores. Hay que señalar que no faltan tratadistas para quienes las mayores bolsas de fraude, en términos relativos, se encuentran en los contribuyentes que declaran menores niveles de renta[141]. Mientras que para otros autores, el efecto del nivel de renta sobre la renta evadida es bastante complejo, puesto que un aumento en la renta en unos ingresos de hasta tres millones de pesetas por año disminuiría el nivel de evasión, pero a partir de ese nivel al aumentar la renta aumentaría la evasión[142].

La relación renta real/evasión se ha analizado también a través de modelos en los que se considera, no sólo la vertiente de los ingresos del Sector Público, sino también la vertiente de los gastos públicos, más concretamente, los pagos en transferencias[143]. De estos modelos se desprende que la propensión a evadir aumenta al hacerlo la renta real, pero una vez que el contribuyente decide evadir no se observa ninguna relación significativa entre evasión y nivel de renta[144].

La capacidad explicativa del modelo original de Allingham & Sandmo se puede ampliar mediante la introducción de la variable inflación. Si tomamos en cuenta la variación de precios tenemos que:

a) la evasión aumenta en términos absolutos y desciende en términos relativos cuando la renta real aumenta[145],

b) la ocultación de los ingresos aumenta en términos tanto absolutos, como relativos, cuando aumenta la fracción de renta salarial en la renta total[146],

c) y con una función impositiva progresiva, una función sancionadora aplicable sobre la cuota evadida, aversión absoluta al riesgo decreciente y aversión relativa al riesgo creciente; aumentos en el nivel de ingresos obtenidos por el contribuyente ocasionan reducciones en la porción de renta no declarada[147].

141 Vid: Reinganum, J.F.; Wilde, L.L., (1.985), Op. Cit., pp.: 1-18.
142 Vid: Witte, A.D.; Woodbury, D.F., (1.985), Op. Cit., pp.: 1-13.
143 Vid: Becker, W; et. al., (1.988) "The impact of public transfer expenditure on tax evasión: an experimental approach", *Journal of Public Economics*, vol. 34, pp.: 243-252.
144 Vid: Becker, W.; et. al., (1.988), Op. Cit., pp.: 248-249.
145 Vid: Crane, S.E.; Nouzard, F., (1.986), Op. Cit., pp.: 222.
146 Vid: Crane, S.E.; Nouzard, F., (1.986), Op. Cit., pp.: 222.
147 Vid: Fishburn, G., (1.979) "Tax evasion and inflation", *Australian Economic Papers*, vol. 20, nº 37, pp.: 325-332.

2. La evasión fiscal y los tipos impositivos.

A pesar de la afirmación de Barone: "el impuesto elevado excita el fraude de la ocultación tributaria"[148], del estudio de los modelos teóricos no se puede afirmar de manera concluyente que un aumento en los tipos impositivos produzca, de manera inmediata, un aumento en el nivel de evasión[149].

La ambigüedad de la relación entre tipo impositivo y nivel de evasión detectada en los modelos teóricos no aparece cuando se considera a los contribuyentes neutrales al riesgo y sanción aplicable sobre la cuota evadida; para estos individuos, aumentos en los tipos impositivos van ir acompañados de aumentos en la bases declaradas y, consecuentemente, de reducciones en el nivel de evasión[150]. A conclusiones muy distintas se llega cuando se considera que los contribuyentes presentan aversión al riesgo, pues en esos casos los cambios en los tipos impositivos provocan un efecto sustitución y un efecto renta, y mientras que el efecto sustitución ante una subida del tipo impositivo provoca un incremento de la evasión al hacerla más rentable; el efecto renta va a estar en función de la actitud de los individuos hacia el riesgo. Si mantenemos la hipótesis de aversión absoluta al riesgo decreciente, el efecto renta ante subidas en los tipos impositivos produce un emprobecimiento en los contribuyentes que hará que la renta evadida sea menor. El efecto final del cambio en el tipo impositivo sobre la evasión dependerá del peso relativo del efecto renta y del efecto sustitución; de modo que, si el efecto sustitución es mayor que el efecto renta, elevaciones en los tipos impositivos conducirían a incrementos en la evasión[151].

Desarrollos teóricos posteriores han demostrado que la ambigüedad en el modelo seminal de Allingham & Sandmo es consecuencia del hecho de que la sanción recae sobre la base imponible ocultada. Al considerar una función impositiva creciente respecto de la cuota evadida, por lo tanto tipo sancionador y tipo impositivo proporcionales, el efecto sustitución desaparece y con él la posible ambigüedad: todo aumento en los tipos impositivos ocasionaría disminuciones en los niveles de evasión[152]. Introduciendo en este modelo una nueva variable: la responsabilidad fiscal de los contribuyentes, se puede

---

[148] Barone, E. (1.912) "Studi di Econnomia Financiera II: Teoría General dell'Imposta", *Giornale degli Economiste,* Vol. XIIV.

[149] Vid: Allingham, M.G.; Sandmo, A., (1972), Op. Cit., pp.: 330.

E incluso en otros trabajos no se pudo obtener ningún tipo de relación, ni ambigua por tanto, entre ambas variables; así:

- Geeroms, H; Wilmots, H, (1.985), Op. Cit., pp.: 190-209.

- Keppler, S.; Nagin, D, (1.989) "The anatomy of tax evasion", *Journal of Law, Economics and Organization,* vol. 5, nº 1, pp.: 1-24.

[150] Vid: Yitzhaki, S., (1974), Op. Cit., pp.: 201-202.

[151] Vid: Allingham, M.G.; Sandmo, A., (1.972), Op. Cit., pp.: 329-330.

[152] Vid: Yitzhaki, S., (1.974), Op. Cit, pp.: 201-202.

comprobar teóricamente que una elevación en el tipo impositivo conduciría a una reducción de los ingresos ocultados a la Administración Fiscal[153].

Si ampliamos este modelo aun más, sustituyendo el impuesto proporcional por uno progresivo e incorporamos el mercado de trabajo, los resultados se vuelven más ambiguos[154].

Fijémonos ahora en la diferente imposición existente sobre los rendimientos de trabajo y los rendimientos de capital. Se puede demostrar que la aplicación de mayores tipos impositivos para estos últimos no garantiza que terminen pagando más impuestos cuando sea posible la evasión fiscal[155]. La recomendación que por tanto se podría hacer a las autoridades fiscales es que la utilización del parámetro sancionador es preferible a una política de diferenciación en los tipos impositivos[156].

Si incorporamos la vertiente de los gastos públicos en el modelo originario de evasión se llega a la conclusión que un incremento en el tipo impositivo, tendrá efecto positivo o negativo sobre la cantidad de renta evadida dependiendo de que los bienes públicos se suministren en cuantía suficiente o no. De modo que la escasez en la provisión de bienes públicos podría conducir a incrementos en la evasión fiscal como consecuencia de aumentos en los tipos impositivos[157].

Del análisis conjunto de la evasión y la elusión fiscal, como formas de reducir la responsabilidad de los contribuyentes, se desprende que sería defendible la reducción de los tipos impositivos como el instrumento más eficaz para luchar contra las dos actividades, ya que hace a ambas ser menos atractivas para los contribuyentes[158].

Kesselman afirma que en la mayoría de los modelos teóricos elaborados sobre la evasión fiscal llegan a la conclusión de que la política más adecuada para reducir la evasión debería incluir incrementos en los tipos impositivos. Opinión está que no compartimos, pues de la lectura de los trabajos citados anteriormente se desprende una opinión bien distinta.

---

[153]　Vid: Christiansen, V., (1.980) "Two coments on tax evasion", *Journal of Public Economics*, vol. 13, pp.: 389-393.

[154]　Vid: Pencavel, J.H., (1.979) "A note on income tax evasion, labour supply and nonlinear tax schedules", *Journal of Public Economics*, vol. 12, pp.: 115-124.

"... las predicciones de la teoría sobre que tipos impositivos más elevados inducen a un menor nivel de evasión y que incrementos en la renta real provocan caída en la fracción de renta declarada descansan en premisas muy débiles..."

Conclusiones similares son destacadas en Sandmo, A., (1.981), Op. Cit., en cuyo trabajo incorpora la evasión fiscal al análisis de la imposición óptima, y en el que también se considera el mercado de trabajo.

[155]　Vid: McCaleb, T.S., (1.976), Op. Cit., pp.: 287.

[156]　Vid: McCaleb, T.S., (1.976), Op. Cit., pp.: 291-292.

[157]　Vid: Cowell, F.A.; Gordon J.P.F., (1.988) "Unwillingness to pay: tax evasion and public good provision", *Journal of Public Economics*, vol.36, nº 3, pp.: 305-321.

[158]　Vid: Alm, J., (1.988) "Compliance costs and the tax avoidance - tax evasion decisión", *Public Finance Quarterly*, vol. 16, nº 1, pp.: 31-66.

Por lo hasta aquí visto, podemos afirmar que no hay resultados definitivos en estos modelos teóricos que nos aclaren la relación existente entre tipo impositivo y evasión fiscal, por lo que resulta necesario acudir a trabajos empíricos para que nos resuelvan esta duda.

En las primeras estimaciones econométricas, que se realizaron sobre la relación entre tipo impositivo y evasión, se encontró una relación positiva entre ambas variables[159]. Se estimó una elasticidad positiva entre tipo impositivo y evasión fiscal comprendida entre 0.5 y 3[160]. Sin embargo, muy pronto se empezó a cuestionar estos resultados, así se destacó la excesiva simplicidad en el modelo de predicción de la conducta del posible evasor[161]. Incluso algún autor llegó a afirmar que no existía evidencia empírica alguna de los efectos de los tipos impositivos sobre el cumplimiento fiscal[162]. Otros autores aducen que los tipos impositivos marginales no tienen ningún efecto por sí mismos sobre la evasión. Tan sólo se encuentra algún efecto del tipo impositivo sobre la evasión, pero no directamente, sino a través del nivel de renta real[163]. Y es que, mientras a nivel empírico, resulta sumamente difícil el poder diferenciar si los contribuyentes situados en los tramos superiores de renta (y por dicha razón sujetos a elevados tipos impositivos marginales) tienen una mayor propensión a evadir sus impuestos porque los tipos impositivos son elevados o porque lo es el nivel de renta; sin embargo, a nivel teórico, el efecto del tipo impositivo puede justificarse en base a la conducta del contribuyente racional que tiene que elegir entre evadir o no, comparando para ello los beneficios y costes esperados que tal actividad fraudulenta conlleva[164].

Otros tratadistas que estudiaron la relación entre ambas variables, tipo impositivo y nivel de evasión, a diferencia de los trabajos empíricos anteriores, que podíamos catalogar como microeconométricos, utilizaron datos agregados de series temporales. La principal conclusión a la que se llegó con este tipo de análisis es que la evasión agregada aumenta, tanto en términos absolutos como en términos relativos, cuando se elevan los tipos impositivos marginales[165].

[159] Vid: Clotfelter, C.T., (1.983), Op. Cit., pp.: 372.

[160] Vid: Clotfelter, C.T., (1.983), Op. Cit., pp.: 368.

[161] Vid: Clotfelter, C.T., (1.983), Op. Cit., pp.: 372.

[162] Vid: Cox, D., (1.984) "Raising revenue in the underground economy", *National Tax Journal*, vol. 37, pp.: 283-289.

[163] Vid:
- Baldry, J.C., (1.987), Op. Cit., pp.: 358.
- Slemrod, J., (1.985), Op. Cit., pp.: 238.

164 Vid: Raymond, J.L., (1.987), Op. Cit., pp.: 167-168.

165 Vid: Crane, S.E.; Nouzard, F., (1.986), Op. Cit., pp.: 221.
A la misma conclusión llegaron años más tarde en un trabajo en el que utilizaron datos procedentes de las amnistías fiscales. Vid: (1.990) "Tax rates and tax evasion from California amnesty data", *National Tax Journal*, vol. 43, nº 2, pp.: 189-199.

Un lugar destacado en esta sección merece la aportación realizada por la Economía Política Constitucional por su enfoque novedoso del tema. Según esta corriente de pensamiento económico la evasión fiscal conduce, sorprendentemente, a una reducción en el tipo impositivo y a una reducción de los ingresos fiscales, y, por lo tanto, a un sector público más reducido[166].

3. Sanción esperada y evasión fiscal.

En la lucha contra la evasión fiscal las autoridades fiscales se valen de dos instrumentos: de las sanciones, modificables fácilmente mediante la oportuna reforma legislativa, y de la probabilidad de detección, función de la cuantía y eficiencia de los medios económicos destinados a la actividad inspectora. La variación de los tipos impositivos, más concretamente su reducción, podría ser otro instrumento a utilizar, sin embargo no es así, entre otras razones porque, a diferencia de lo que sucede con los otros dos parámetros que varían en la misma dirección que lo hace la renta declarada, no están muy claros los efectos que una variación en el tipo impositivo tenga sobre el volumen de evasión fiscal, como ya señalamos en la sección anterior[167].

Mucho más evidente resulta comprobar los efectos conjuntos que la probabilidad de detección de la ocultación de ingresos y la sanción de la misma tienen sobre el acto fraudulento de la no declaración de ingresos. El producto de la probabilidad de detección multiplicado por la sanción correspondiente a la renta ocultada juegan un papel decisivo a la hora de la decisión que adopten los contribuyentes; de tal modo que si este producto es superior al tipo impositivo correspondiente a esos ingresos la evasión no se produciría. Es decir, los contribuyentes decidirán evadir toda o parte de su renta si y solo si la sanción esperada (producto de la probabilidad de detección por la sanción) fuese menor que el tipo impositivo correspondiente a ese nivel de renta[168]. Por tanto, para lograr eliminar la evasión fiscal basta con que las autoridades fiscales den los valores necesarios a las variables probabilidad de detección, *"P"*, y tipo sancionador, *"θ"*, para que su producto exceda del tipo impo-

---

[166] Vid:

- Spicer, M.W., (1.986) "Civilization at a discount: the problem of tax evasion", *National Tax Journal*, vol. 39, nº 1, pp.: 13-20.

- Spcier, M.W., (1.987) "The effect of tax evasion on tax rates under Leviathan", *National Tax Journal*, vol. 40, nº 4, pp.: 625-628.

- Spicer, M.W., (1.990) "On the desirability of tax evasion: conventional versus constitutional economic perspectives", *Public Finance*, nº 1, pp.: 118-127.

- Spicer, M.W.; Lundstedt, S.B., (1.976) "Understanding tax evasion", *Public Finance*, vol. 31, pp.: 295-305.

[167] Vid: Skinnner, J.; Slemrod, J., (1.985) "An economic perspective on tax evasion", *National Tax Journal*, vol. 38, pp.: 345-353.

[168] Vid: Allingham, M.G.; Sandmo, A., (1.972), Op. Cit., pp.: 326.

$$p\theta > t$$

sitivo, *"t"*. No obstante, esa política tiene sus limitaciones de orden ético, en lo que corresponde a la imposición de sanciones, y de carácter económico, en lo que corresponde a la determinación del nivel de inspección.

GRÁFICO 9

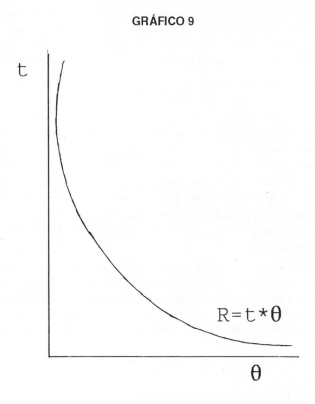

Podemos representar la idea anterior a través del **GRÁFICO 9**. En el eje de abcisas representaremos los valores de las sanciones, y en el eje de coordenadas los valores correspondientes a la variable probabilidad de detección. La curva R estará formada por todas aquellas combinaciones de ambas variables tales que su producto sea igual al tipo impositivo. De modo que los puntos situados a la derecha de la curva serán aquellos en que ese producto sea mayor que el tipo impositivo, y los situados a su izquierda cuando el producto sea menor que el tipo impositivo.

Por tanto, cuando la Administración Tributaria adopte una política de disuasión tal que los beneficios esperados, *"t"*, sean menores que los costes esperados, producto de la sanción por la probabilidad de detección, *"P*θ"*, el contribuyente decidirá cumplir religiosamente con el Fisco. Por otra parte, dado que el imponer sanciones muy rigurosas no conlleva, aparentemente, ningún coste para la administración, mientras que elevar el valor de *"P"* implica necesidad de importantes recursos económicos, una política óptima po-

dría ser la de dar a *"P"* un valor igual o próximo a cero y a *"θ"* un valor cercano a infinito, ó, más gráficamente, "ahorcar a los evasores con probabilidad
de detección cero". Con esos valores, *"P ≈ 0"* y *"θ ≈ ∞"*, el gobierno conseguiría
que los contribuyentes fuesen honestos con un coste cero[169]. De modo que una
política en la que se conjugue sanciones muy altas con una probabilidad de
detección muy pequeña, tendría el mismo efecto sobre la evasión fiscal que
otra en la que junto a una sanción reducida hubiese una probabilidad de detección muy alta[170]. Podemos representar formalmente esta idea del siguiente modo:

$$P = t_1(y) / [\theta + t_1(y)]$$

Según esta expresión, cuanto mayor sea el valor del tipo sancionador, *"θ"*,
menor necesita ser el valor de la probabilidad de detección, *"P"*, para conseguir eliminar la evasión fiscal[171]. Ambas variables, *"P"* y *"θ"*, tendrán carácter sustitutivo, siendo tarea de los distintos gobiernos decidir la relación más
adecuada entre ambas. Pero dado que los contribuyentes son aversos al riesgo, casi con carácter general, castigar a unos pocos pero con sanciones muy
elevadas sería una estrategia óptima que reduce los costes y sirve como política de disuasión óptima[172].

Dados estos razonamientos la pregunta inmediata es: ¿por qué las autoridades fiscales no siguen una política antievasión con sanciones elevadísimas
y probabilidades de detección casi nulas? Una mínima adecuación a los Principios Generales de Derecho exige una respuesta inmediata: el castigo debe
guardar proporción con el crimen cometido. No puede existir una relación

---

[169] Vid: Kolm, S. Ch., (1.973), Op. Cit., pp.: 268.
   También en:
   - Srinivasan, T.N., (1.973), Op. Cit., pp.: 344-345.
   - Singh, B., (1.973) "Making honesty the best policy", *Journal of Public Economics*, Vol. 2,
   pp.: 257-263.
   - McCaleb, T.S., (1.976), Op. Cit., pp.: 293.

[170] Esa idea la podemos expresar formalmente del siguiente modo:
$$\theta = t_1(y) [1 - P]/P$$
$$si \quad P = 0 \rightarrow \theta = \infty$$
$$si \quad P = 1 \rightarrow \theta = 0$$
Vid: Fishburn, G., (1.979) "On how to keep taxpayers honest (or almost so)", *Economic Record*,
vol. 55, pp.: 267-270.

[171] Vid: Singh, B., (1.973), Op. Cit., pp.: 260-261.

[172] Para un contexto más general vid:
   - Becker, G.S., (1.968) "Crime and punishment: an economic aproach", *Journal of Political
Economy*, vol. 76. pp.: 169-207.
   - Polinski, A.M., (1.985) *Introduccion al análisis económico del Derecho*, Ariel.
   - Polinski, A.M.; Shavell, S., (1.979) "The optimal trade-off between the probability and
magnitude of fines", *American Economic Review*, vol. 69, pp.: 880-891.
   - Shavell, S.; Polinski, A.M., (1.984) "Optimal use of fines and imprisoment", *Journal of
Public Economics*, Vol. 24, pp.: 89-99.

desmedida entre delito cometido y sanción correspondiente. No es jurídicamente aceptable que a una persona por evadir diez millones de pesetas, por ejemplo, se le imponga la misma pena que a un criminal con varios asesinatos tras sus espaldas[173]. Pero las razones no son tan sólo jurídicas. Existen también razones de índole económico, pues la estructura de las sanciones deben preservar un elemento de disuasión marginal[174]. Veámoslo a través del siguiente ejemplo: supongamos que las autoridades deciden imponer la máxima sanción posible, tanto a los evasores como a los asesinos. En este caso, si un inspector detecta la ocultación de rentas de un contribuyente, sobre este último recaería la misma pena: en el caso de ser castigado por la evasión y por el asesinato del inspector, que en el caso de ser castigado sólo por el fraude. Esta estructura sancionadora originaría incentivos para asesinar a los inspectores que descubriesen ingresos ocultados al Fisco[175]. Otra justificación jurídico-económica para rechazar este tipo de política de lucha contra la evasión podría ser que la misma introduce un factor de falta de equidad en la distribución de la renta, en el sentido de que los evasores que fuesen descubiertos iban a recibir un trato muy diferente a aquellos no descubiertos[176]. Señalar, por último, como la existencia de errores judiciales y la aversión al riesgo de los contribuyentes justifican la necesidad de una probabilidad de detección mayor y una sanción menor, esto se debe a que el ahorro en gastos de inspección derivado de utilizar una sanción elevada y una probabilidad reducida se puede ver contrarrestado con la perdida de bienestar social como consecuencia de la existencia del riesgo, y es que desde el punto de vista del bienestar social resulta conveniente eliminar el riesgo.

Por todas estas razones queda justificada la necesidad de que la política óptima de disuasión de la evasión fiscal no se base en unas sanciones excesivas junto a una probabilidad de detección prácticamente nula. Una política, en suma, que lograra la honestidad de todos los contribuyentes sin incurrir en costes administrativos. Cualquier otra política para luchar contra la ocultación de rentas supondría la existencia de unos costes para la Administra-

---

[173] Vid: Musgrasve, R.A.; Musgrave, P.B. (1.983) *Hacienda Pública teórica y aplicada*, Instituto de Estudios Fiscales, Madrid, pp.: 429.

Según estos autores, esto ocurre en todas las cuestiones legales en las que un mejor cumplimiento puede lograrse tanto, amenazando con sanciones elevadas, como gastando más dinero para capturar a los infractores. Siendo lo primero más barato, pero menos aceptable por razones de equidad.

[174] Vid: Stigler, G.J., (1.970) "The optimum enforcement of laws", *Journal of Political Economy*, vol. 78, pp.: 526-536.

[175] Un caso parecido, y verídico, fue el acontecido en Nueva York cuando se pretendió castigar con la misma sanción el trafico de drogas que el asesinato. Las consecuencias fueron un alarmante aumento en el número de asesinatos de policías, y es que los traficantes recibirían el mismo castigo por trafico de drogas que por asesinato, por lo que el intentar escapar de la sanción por trafico de drogas a través del asesinato no les supondría ningún coste adicional. Vid: Pastor, S., (1.989) *Sistema jurídico y economia. Una introducción al análisis económico del derecho*, Tecnos, Madrid.

[176] Vid: Pyle, D.J., (1.989) *Tax evasion and the black economy*, Macmillan, London. pp.: 156.

ción, por lo que esta tendría que valorar los beneficios y los costes que dicha política lleva aparejada, debería de estudiar los beneficios obtenidos por cada peseta gastada en esa lucha y determinar, en último término, si esa lucha tiene sentido y qué cantidad de recursos destinar a la misma. En términos económicos, se puede decir que el estado debería asignar a esta tarea una partida presupuestaria tal que de la última peseta gastada el estado recobrase una peseta y si decidiera dedicar otra peseta a esa lucha recobrase una cuantía inferior a la peseta adicional gastada. Sin embargo, la doctrina no es unánime en este punto, así se señala que en la política de inspección óptima el coste marginal no tiene porqué ser igual al ingreso marginal, pudiendo darse el caso de ser menor[177]. Se cuestiona también la conveniencia de erradicar totalmente la evasión fiscal. Así, un óptimo social utilitarista podría tolerar un cierto grado de evasión[178], ya que hay que tener en cuenta que la recuperación de los impuestos evadidos lleva a consigo importantes costes de inspección-recaudación[179]. Estudios más recientes han trabajado bajo la hipótesis más cercana a la realidad de que no todos los contribuyentes tienen la misma probabilidad de ser inspeccionados y sancionados, por lo que las autoridades competentes deberán seguir una política de inspección discrecional[180]. Por medio de la teoría de juegos se han ideado distintos modelos tratando de determinar una política de inspección óptima. En uno de esos modelos los individuos se dividen en dos grupos *"a"* y *"b"*. Aquellos contribuyentes situados en el primer grupo presentan una probabilidad de inspección mayor que los del segundo. Si a un contribuyente de este último grupo se le descubre que oculta renta se le traspasa automáticamente al primer grupo *"a"*, donde permanecerá hasta que en una nueva inspección demuestre su honestidad, momento en el cual se le devolverá al grupo *"b"*, y así sucesivamente. Se comprueba de ese modo como una política inspectora de este tipo incrementará, generalmente, los ingresos recaudados por las autoridades, comparado con un sistema basado en una probabilidad de inspección constante, excepto cuando esa probabilidad constante sea tan alta que nadie decida ocul-

---

[177] Vid: Sandmo, A., (1.981), Op. Cit., pp.: 284-287.

[178] Vid:

- Kolm, S.Ch., (1.973), Op. Cit., pp.: 269.

- Baldry, J.C., (1.984) "The enforcement of income tax law efficiency implications", *Economic Record*, vol. 60, pp.: 157.

- Cowell, F.A., (1.985a), Op. Cit., pp.: 113-117.

[179] Vid: Pestieau, P.; Possen, U.M., (1.991) "Tax evasion and occupational choice", *Journal of Public Economics*, vol. 45, nº 1, pp.: 107-127.

[180] Vid:

- Landsberger, M.; Meilijson, I., (1.982) "Incentive generating state dependent penalty system: the case of income tax evasion", *Journal of Public Economics*, vol. 19, pp.: 333-352.

- Greenberg, J., (1.984) "Avoiding tax avoidance: a (repetead) game theoretic approach", *Journal of Economic Theory*, vol. 32, pp.: 1-13.

- Reinganum, J.F.; Wilde, L.L., (1.986) "Equilibrium verification and reporting policies in a model of tax compliance", *International Economy Review*, vol 27, nº 3, pp.: 739-760.

- Graetz, M.J.; et. al., (1.986), Op. Cit., pp.: 1-32.

tar renta alguna. Otra conclusión a la que se llega es que, en el caso de que los niveles de evasión sean muy elevados, resulta más efectivo el sistema sancionador que una política de frecuentes inspecciones[181].

A este mismo resultado se llega a través de algún trabajo de economía experimental, demostrándose que para lograr la honestidad de los contribuyentes resultan más adecuadas sanciones elevadas que inspecciones frecuentes[182]. Sin embargo, no toda la literatura es uniforme al respecto. Así, mientras algunos autores sostienen que cuando las autoridades fiscales deben elegir entre mayores tipos sancionadores y una política de "enforcement" más efectiva, se debería elegir la segunda como instrumento de política antifraude. Esta propuesta se justifica de este modo: aumentos en las sanciones reducen la evasión, pero tienen un efecto ambiguo sobre el bienestar, mientras que un aumento en el nivel de inspección reduce las actividades ilegales y tiene efectos positivos sobre el bienestar[183]. Otros tratadistas, en contra de esta opinión, sostienen que la preferencia del endurecimiento de la política de inspección sobre las sanciones no se justifica por ningún desarrollo microeconómico y defienden la idoneidad de ambas políticas, sin que ninguna de ellas deba prevalecer sobre la otra[184].

Más interesante resulta el trabajo de Christiansen[185], quien estudia el problema bajo dos hipótesis distintas: a) la ganancia esperada de la evasión para el potencial defraudador se mantenga constante, b) la sanción esperada por el evasor se mantenga constante. Bajo la primera hipótesis, si los contribuyentes presentan aversión al riesgo, ante aumentos en las sanciones se reducirá el volumen de evasión. Con la segunda hipótesis, si el tipo sancionador inicial es lo suficientemente pequeño, un aumento en esa sanción puede llevar a un aumento en la evasión fiscal cuando la probabilidad de detección se modifique para mantener constante la sanción esperada. Pero si el tipo sancionador inicial es elevado, un aumento en el mismo llevará a una disminución de la evasión si la probabilidad de detección se modifica para mantener la multa esperada constante. Concluye este autor afirmando que el au-

---

[181] Vid: Landsberger, M.; Meilijson, I., (1.982), Op. cit..

[182] Vid: Friedland, N., (1.978) "A simulation study of tax evasion", *Journal of Public Economics*, Vol. 10, pp.: 107-116.

[183] Vid: Panagariya, A.; Narayana, A.V.L., (1.989) "Excise tax evasion: a welfare cum crime theoretic analysis", *Public Finance*, vol. 43, nº 2, pp.: 248-261.

Si bien, estos mismos autores, reconocen que esa conclusión se debería modificar cuando se tuviese en cuenta los recursos que son necesarios para poner en marcha esa política de "enforcement". En cuyo caso seria necesario que el Estado valorase los costes y beneficios que dicha política acarrea.

[184] Vid: Tower, E., (1.989) "Excise tax evasion: a commemt on Panagariya and Narayana", *Public Finance*, vol. 44, nº 3, pp.: 506-509.

[185] Vid: Christiansen, V., (1.980) "Two comments on tax evasion", *Journal of Public Economics*, vol. 13, pp.: 389-393.

mento en las sanciones resulta ser un instrumento de disuasión de la evasión fiscal más eficaz que el aumento de las inspecciones tributarias[186].

A través de un razonamiento similar se comprueba que ante un aumento en el tipo impositivo, compensado con un cambio en las transferencias recibidas para mantener constante los ingresos fiscales, si la sanción recae sobre la base ocultada la evasión aumentará, si recae sobre la cuota evadida la evasión disminuirá[187].

Dentro de esta temática, algún autor ha hablado del "efecto soborno". En el análisis de la evasión tradicional se pensaba en una burocracia fiscal incólume. Sin embargo, esto no es así, la burocracia fiscal es corruptible y esto hace que las estrategias evasoras se modifiquen. Si con lo visto hasta ahora se demuestra como aumentos en la probabilidad de detección ocasionan incrementos en la desutilidad marginal de la evasión, al introducir en los modelos tradicionales de evasión fiscal la corruptibilidad en la burocracia fiscal los evasores dedicaran parte de 'sus rentas ocultadas a sobornar a los funcionarios fiscales. Ello supone que aumentos en la inspección no vayan necesariamente acompañados por aumentos en la renta declarada[188].

A continuación se detallan, aunque muy sucintamente, las aportaciones más recientes realizadas en este campo. El trabajo de Yitzhaki & Vakneen[189] contiene un apunte sobre el coste oportunidad de las políticas de inspección, y realizan un estudio de las mismas como un árbol de decisión. Madeo, Schepanski & Uecker[190] examinan las cuantías de algunos conflictos sustanciados en el ámbito tributario. Scotchner & Slemrod[191] estudian el uso de políticas aleatorias para asegurar el cumplimiento de las normas fiscales. Esto supone una innovación frente a los trabajos convencionales de la tutela fiscal que se centraban en la frecuencia de las inspecciones y las sanciones a imponer sobre la evasión. La relación entre los sistemas de verificación y auditorías con el cumplimiento fiscal están examinados en Cremer, Pestieau & Mar-

---

[186]　Vid:

　　- Polinski, A.M.; Shavell D. (1.979) "The optimal trade-off between the probability and magnitude of fines", *American Economic Review*, vol. 69, pp.: 880-891.

　　- Friedland, N.; et. al., (1.978), Op. Cit.

　　- Tversky, A.; Kahneman, D., (1.974) "Judgment under uncertainty: heurisitics and biases", Science, vol. 27.

[187]　Vid: Koskela, E., (1.983b) "On the shape of tax schedule, the probability of detection and the penalty schemes as deterrents to tax evasion", *Public Finance*, vol. 38, pp.: 70-80.

[188]　Vid: Chu, C.Y.C., (1.990) "A model of income tax evasion with venal tax officials: the case of Taiwan", *Public Finance*, vol. 45, pp.: 392-408.

[189]　Vid: Yitzhaki, S.; Vakneen, V, (1.989) "On the shadow price of tax inspector", *Public Finance*, vol. 3, pp.: 492-506.

[190]　Vid: Madeo, S.A.; et. al. (1.987) "Modeling judgments of taxpayer compliance", *Accounting Review*, vol. 62, nº 2, pp.: 323-342.

[191]　Vid: Scotchmer, S.; Selmrod, J., (1.989) "Randomness in tax enforcement", *Journal of Public Economics*, vol. 38, pp.: 17-32.

chand[192] y Dubin, Graetz & Wilde[193]. En el primero de estos trabajos se llega a la conclusión de que la equidad y la supresión total de la evasión no son siempre objetivos compatibles. El gobierno podría tolerar un cierto nivel de evasión en la medida que ello permita alcanzar un nivel de bienestar mayor que el que se alcanzaría con su erradicación total. Prebble[194] analiza las consecuencias que en el cumplimiento tributario pudiera tener la información tributaria.

Kaplow[195] analiza la relación entre imposición óptima, evasión fiscal, y la represión en la ocultación de ingresos. A la hora de aumentar los ingresos fiscales las autoridades pueden seguir, o bien una política de incremento en los tipos impositivos, o bien una política con aumento en la represión de la ocultación de ingresos. Ambas estrategias conllevan costes. Así, la primera distorsiona el comportamiento de los contribuyentes, y la segunda conlleva costes directos en recursos. Pues bien, a pesar del coste de esta última política, Kaplow demuestra que la misma puede resultar más conveniente que la primera, aunque reconoce la dificultad de determinar esa política óptima.

Por último, señalar que hay una ingente literatura en el mundo de la psicología que estima que los premios pueden ser más efectivos que los castigos para eliminar comportamientos no deseados y estimular conductas deseadas[196]. Una aplicación del impacto de los premios y recompensas en los modelos de evasión fiscal lo podemos ver en el trabajo de Falkinger & Walter[197].

4. Incidencia de las distintas estructuras impositivas en la evasión fiscal.

El trabajo de Allingham & Sandmo (1.972) se construía sobre la hipótesis de una estructura impositiva proporcional y un tipo impositivo constante. Trabajos posteriores, han procedido a relajar esta hipótesis para comprobar si con otros sistemas impositivos se mantenían los resultados alcanzados en ese primer trabajo.

---

[192] Vid: Cremer, H.; et. al., (1.990) "Evading, auditing, and taxing: the equity-compliance trade-off", *Journal of Public Economics*, vol. 43, nº 1, pp.: 67-92.

[193] Vid: Dubin, J.A.; et. al., (1.987) "Are we a nation of tax cheaters? New econometric evidence on tax compliance", *American Economic Review*, vol. 77, pp.: 240-245.

[194] Vid: Prebble, M., (1.990) "Tax compliance and the use of tax information", *Australian Tax Forum*, vol. 7, nº 2, pp.: 207-216.

[195] Vid: Kaplow, L., (1.990) "Optimal taxation with costly enforcement and evasion", *Journal of Public Economics*, vol. 43, nº 2, pp.: 221-236.

[196] Vid:

- Postman, L., (1.947) "The history and present status of the law of effect", *Psychological Bulletin*, vol. 44, pp.: 489-563.

- Skinner, B.F., (1.953) *Science and human behavior*, New York, McMillan.

[197] Vid: Falkinger, J.; Walther, H., (1.991) "Reward versus penalties: on a new policy against tax evasion", *Public Finance Quaterly*, vol. 19, nº 1, pp.: 67-79.

Trabajos coetáneos al de Allingham & Sandmo, han constatado que, con una función impositiva progresiva, a medida que aumenta la renta real de los contribuyentes estos aumentan su fracción de renta declarada. Se ha comprobado también que, con la existencia de evasión fiscal, la función impositiva proporcional produce un nivel mayor de recaudación fiscal[198].

Sin embargo, si consideramos una función impositiva progresiva, una función sancionadora creciente con el impuesto evadido, una aversión absoluta al riesgo decreciente, y una aversión relativa al riesgo creciente, se llega a unos resultados bien diferentes, pues se desprende que aumentos en la renta real originan reducciones en la fracción de renta no declarada[199].

Si modificamos estas hipótesis iniciales e incorporamos como hipótesis en nuestro modelo de evasión fiscal un sistema impositivo regresivo y con neutralidad al riesgo por parte de los contribuyentes, se obtiene que la fracción de renta no declarada disminuirá al aumentar la renta de los contribuyentes, si y solo si, la probabilidad de detección o la progresividad de las sanciones es lo suficientemente alta. Si el sistema impositivo fuera regresivo, con presencia de evasión, sería posible demostrar la superioridad recaudatoria de esta estructura impositiva frente a un impuesto proporcional. También se podría demostrar que un impuesto regresivo que, aplicado sobre los ingresos reales tenga la misma fuerza recaudatoria que uno fijo, en presencia de evasión muestra una clara superioridad recaudatoria[200].

A la vista de estas opiniones se puede defender las ventajas de un impuesto proporcional frente a uno de carácter progresivo. Estas ventajas incluyen un menor coste de recursos necesarios para la detección de esa ocultación, al producir menores incentivos sobre los contribuyentes con mayores niveles de renta para la evasión. De igual modo se puede defender las ventajas de un impuesto regresivo frente a uno proporcional, con mayor fuerza recaudatoria el primero. Pero, ¿que político va a estar dispuesto a defender un impuesto regresivo ante su electorado?. Ante este hecho, parece que la mejor solución sería un gravamen lineal que, a parte de tener mayor fuerza recaudatoria, exige menos costes de investigación que otro progresivo.

Examinemos a continuación la relación óptima de los contribuyentes frente a cambios en la estructura impositiva, considerando la renta real del contribuyente endógena a través de la incorporación del mercado de trabajo. Podremos ver que un incremento en la progresividad fiscal, permaneciendo el ingreso fiscal constante, genera costes de eficiencia debido a que la reducción de la oferta de trabajo no se ve acompañada por el beneficio social de au-

---

198   Vid: Srinivasan, T.N., (1.973), Op. Cit., pp.: 344.
199   Vid: Fishburn, G., (1.979), Op. Cit.
200   Vid: Nayak, P.B., (1.978) "Optimal income tax evasion and regressive taxes", *Public Finance*, vol. 33, pp.: 358-366.

mento del tiempo libre, sino en aumento del tiempo dedicado a actividades elusoras no productivas socialmente[201].

Realicemos ahora las siguientes modificaciones respecto del modelo de Allingham & Sandmo. Primero, consideramos un impuesto lineal en lugar del proporcional. Segundo, introducimos un sistema sancionador diferente. Tercero, consideramos la renta real como una variable endógena. Con estas condiciones se puede demostrar que, con las tarifas marginales crecientes el beneficio marginal se incrementa en proporciones similares a la de los tipos de gravamen. Con un impuesto lineal se reducirán los incentivos a la elusión y a la evasión provocados por las tarifas vigentes[202].

En otros trabajos, en los que se ha analizado cómo afecta a los resultados obtenidos en el modelo de Allingham & Sandmo el sustituir la función impositiva proporcional por una lineal, se ha llegado a condiciones más restrictivas. Si el impuesto es lineal progresivo, la aversión relativa al riesgo creciente o constante no garantiza que un aumento en la renta real se traduzca en disminución de la fracción de base impositiva ocultada. Tan sólo cuando el impuesto es lineal regresivo, independientemente de la aversión relativa al riesgo, aumentos en la renta real de los contribuyentes van acompañados de disminuciones en la fracción de base imponible declarada[203]. Estos resultados, obtenidos para un impuesto lineal progresivo y uno lineal regresivo, han sido generalizados para un impuesto progresivo y para uno regresivo, pues los primeros no son sino casos particulares de los segundos. A través de esta generalización se demuestra que si el impuesto es progresivo y la aversión relativa al riesgo creciente o constante, al aumentar la renta real también lo hará la fracción de base declarada. Si el impuesto es regresivo y la aversión relativa al riesgo es decreciente o constante, al aumentar la renta real aumentará la fracción de base impositiva ocultada. En el caso de un impuesto proporcional, al aumentar la renta real de los contribuyentes la fracción de renta por estos declarada aumentará (permanecerá constante) (disminuirá) si los contribuyentes muestran una aversión relativa al riesgo creciente (constante) (decreciente) en función de su renta[204].

Algún autor expresa su oposición frontal a las opiniones anteriores sobre la relación entre progresividad y evasión. Así, no son pocos los que manifiestan la dificultad de establecer relación definitiva, de cualquier tipo, entre progresividad y nivel de ocultación de los ingresos debido a la imposibilidad

---

[201]   Vid: Marchon, M.N., (1.979) "Tax avoidance, progressivity, and work effort", *Public Finance*, vol. 34, nº 3, pp.: 452- 462.

[202]   Vid: Pencavel, J.H., (1.979), Op. Cit..

[203]   Vid: Koskela, E., (1.983), "A note on progression, penalty, schemes and tax evasion", *Journal of Public Economics*, vol. 22, pp.: 127-133.

[204]   Vid: Argimom, I., (1.990) "Impuesto progresivo y evasión: un modelo", *Revista Española de Economía*, vol. 7, nº 2, pp.: 229-234.

de medir los efectos que la progresividad de las tarifas impositivas tienen sobre el riesgo[205].

5. Gasto público y evasión fiscal.

Al estudiar temas como la evasión fiscal existe el riesgo de caer en el reduccionismo y limitar la política fiscal a la política tributaria. Sin embargo, al analizar aspectos tributarios no se puede ignorar que el gobierno, mediante la política tributaria, trata de satisfacer demandas sociales de bienes y servicios con el objetivo de mejorar la distribución de la renta y facilitar la formación y funcionamiento de mercados. Pues bien, hasta el momento, en la presente sección nos hemos limitado a estudiar el sistema sancionador e impositivo más adecuado para la consecución de una determinada recaudación fiscal que el estado debería establecer. En ninguno de los trabajos citados se habla de cómo el gobierno debería gastar esos recursos para que incidiera positivamente en la reducción de impuestos evadidos. Esto cuando suelen aparecer ciertas inconsistencias al estudiar conjuntamente las actitudes de los contribuyentes hacia los impuestos y los servicios públicos disponibles, pues en general los individuos quieren mantener o aumentar las prestaciones recibidas, pero al mismo tiempo pretenden disminuir o, al menos, mantener el mismo nivel de impuestos vigentes[206]. En el pago de los bienes privados los compradores experimentan una pérdida de utilidad que es compensada por el consumo de dicho bien. Sin embargo, en la financiación de la actividad pública a través de impuestos, los contribuyentes no perciben con tanta nitidez esta compensación, por lo que la evasión fiscal se convierte en vía para acceder gratuitamente a esos bienes sin poner en peligro el suministro de los mismos.

Las primeras críticas que recibió el modelo de Allingham & Sandmo se debió al hecho de no considerar la demanda de los bienes públicos junto a las decisiones de pagar o no los impuestos debidos. Pronto se vió la necesidad de realizar un estudio conjunto de la evasión fiscal y el gasto público. Para ello se abogaba que en la función objetivo a maximizar por el contribuyente racional se tuviera en cuenta, no sólo la utilidad proporcionada por los bienes privados que el mismo podrá obtener después de cumplidas sus obligaciones fiscales, sino la utilidad de los bienes públicos que le son suministrados por el estado. Con todo, no fue posible el explicar esa relación entre evasión y el gasto publico[207], ya que no resulta nada fácil el determinar si la evasión fiscal conduce a un mayor o menor volumen de gasto en bienes públicos[208].

---

[205] Vid: Watson, H., (1.985) "Tax evasion and labor markets", *Journal of Public Economics*, vol. 27, pp.: 231-246.

[206] Vid: Chocano, A.J., (1989), Op. Cit., pp.: 30.

[207] Vid: Kolm, S.Ch., (1.974), Op. Cit., pp.: 269.

[208] Vid:

- Atkinson, A.B.; Stern, N., (1.974) "Pigou, taxation and public goods", *Review of Economic*

La necesidad del estudio conjunto de evasión fiscal y suministro público de bienes y servicios puede ser explicada por el hecho de que los contribuyentes no perciben su carga fiscal como un sacrificio aislado[209]. Esta percepción de la carga fiscal depende de la cantidad de impuestos pagados por otros[210], y del beneficio personal obtenido de los bienes públicos[211]. Sin embargo, se cuestiona la influencia directa de los gastos públicos en la evasión. Apuntando en esa dirección, no son pocos los tratadistas que entienden que los beneficios que los contribuyentes obtienen del gasto público influyen indirectamente en la evasión fiscal, mientras que la carga fiscal percibida por cada contribuyente tiene una influencia directa en la evasión. De tal modo que, si los beneficios que el contribuyente recibe del gasto público son menores que lo que considera como justa contraprestación a los impuestos que él paga, evadirá más impuestos que aquel otro contribuyente que no siente tal desequilibrio entre impuestos pagados y beneficios recibidos[212].

Un primer intento[213] en determinar la relación entre gasto público y evasión fiscal se llevó a cabo a través de un experimento en el que se consideró como variables explicativas de la evasión fiscal la variable de los gastos públicos de transferencia[214], junto a otras como la probabilidad esperada del descubrimiento de la ocultación, la carga fiscal percibida, y la renta real. Se pasó a estudiar qué tipo de relación se podría establecer entre ambos fenómenos. En ese experimento se diferenció entre propensión a evadir y cantidad evadida. Encontrando una relación negativa entre los gastos públicos en transferencia y la propensión a evadir, a la vez que esta última aumentaba ante incrementos en la renta de los contribuyentes y descendía cuando aumentaba la probabilidad de inspección. A parte de la relación negativa entre gastos públicos y evasión, lo que más llama la atención de este juego de simulación es la relación también negativa entre evasión y presión fiscal psicológica, cuando nuestra propia intuición parece conducirnos a una relación positiva entre ambas variables. Una posible explicación a esta relación negativa es que los individuos que perciben más alta la presión fiscal valoran la renta una vez pagada el impuesto como demasiado baja para poder pagar la multa

Studies, vol. 41, pp.:119-128.

- Sandmo, A., (1.981), Op. Cit., pp.: 286.

[209] Vid: Macksheidt, K., (1.984), Op. Cit., pp.: 155-156.

[210] Vid:

- Spicer, M.W.; Becker, L.A., (1.980) "Fiscal inequity and tax evasion: an experimental approach", *National Tax Journal,* Vol. 33, pp.: 171-175.

- Webley, P; et. al., (1.986) "Tax evasion on the micro: significant simulations or expedient experiments?", *Journal of Interdisciplinary Economics,* vol. 1, pp.: 87-100.

[211] Vid: Becker, W.; et. al., (1.987) "The impact of public transfer expenditures on tax evasion: an experimental approach", *Journal of Public Economics,* vol. 34, pp.: 243-252.

[212] Vid: Lewis, A., (1.982) *The psychology of taxation,* Martin Robertson, Oxford.

[213] Vid: Becker, W.; et. al., (1.987), Op. Cit.

[214] Dada la dificultad de simular experimentalmente el impacto de todo tipo de gasto publico, estos autores se decidieron por analizar únicamente los gastos públicos de transferencia.

en el que sea detectada la ocultación de ingresos; y esto podría venir acompañado por un incremento en la aversión al riesgo, lo que explicaría esa baja propensión.

En cuanto a la relación entre gasto público y cantidad de cuota líquida evadida, la única variable significativa que entra en juego, una vez que el contribuyente ha decidido evadir y solo le resta el determinar la cuantía de su evasión, es la probabilidad de detección[215]. Esta es la razón por la que no es posible establecer ninguna relación definitiva entre gastos públicos y cuantía de la cuota evadida. Dado que este experimento demuestra que son los contribuyentes menos beneficiados por los gastos públicos los que muestran una mayor propensión a evadir impuestos, se aconseja a la clase gobernante que desee usar los gastos públicos de transferencia como instrumentos redistributivos el deber de considerar cuidadosamente el impacto de esa distribución en el comportamiento evasor de los contribuyentes.

Mientras que a través de juegos de simulación se obtuvieron los resultados anteriores, mediante desarrollos de modelos teóricos[216] se comprobó que si en una economía de grandes dimensiones, y con un nivel de suministro de bienes públicos escasos, se aumenta tanto los impuestos como la dotación de bienes públicos también lo hará la evasión fiscal. Mientras que un incremento de los impuestos, en una situación de exceso de suministro de bienes públicos, la evasión se podrá reducir; es decir:

* Con bienes públicos escasos, si aumentan los impuestos aumenta la evasión.

* Con bienes públicos abundantes, si aumentan los impuestos se reduce la evasión.

Sin embargo, nuestra intuición nos dice lo contrario: dada la escasez de un bien público el contribuyente estará dispuesto a pagar más impuestos reduciendo su evasión, y si el suministro de ese bien público es excesivo el individuo se siente legitimado a reducir su contribución al estado y evadir parte de sus impuestos. Esa inadecuación del modelo posiblemente sea achacable al hecho de que en el mismo no se recojan todas las variables significativas que reflejen las relaciones entre contribuyentes y clase gobernante.

Si en líneas arriba hemos estudiado como afectaba la provisión de bienes públicos en el comportamiento evasor, a continuación vamos a ver la relación contraria: cómo la evasión afecta en la decisión del nivel óptimo de provisión de bienes públicos. Esta relación se estudia por medio de un modelo teórico en el que se intenta maximizar la utilidad esperada después de impuestos, función de utilidad en la que se incluye el consumo privado y el nivel de pro-

---

[215]	Vid: Becker, W.; et. al., (1.987), Op. Cit., pp.: 249.
[216]	Vid: Cowell, F.A.; Gordon, J.P.F., (1.988), Op. Cit..

visión de bienes públicos que no tengan ningún efecto renta[217]. Se comprueba como la evasión de impuestos no va a tener ninguna influencia sobre el nivel óptimo de suministro de gasto público[218].

De interés primordial resulta en este campo el estudio de la equidad en la relación entre el gasto público concreto y la evasión fiscal. El contribuyente puede percibir su relación con el gobierno como una relación de intercambio donde los impuestos se pagan como precio por los beneficios obtenidos de los gastos públicos. De esta forma la evasión se contempla como una válvula de escape permitida para compensar el desagrado del contribuyente por los escasos beneficios que los gastos públicos le reportan[219]. Sin embargo, la hipótesis de que la fracción de renta evadida de un contribuyente disminuirá si aumenta su participación en los gastos públicos difícilmente se puede demostrar por medio de desarrollos teóricos de este modelo, pues es probable que aquel contribuyente que aumenta su participación en los gastos públicos decida evadir más impuestos que antes.

Por tanto, y a modo de resumen, la inclusión de bienes públicos en los modelos de evasión fiscal complica el cálculo de la decisión individual de evadir. Cuando los individuos no reciben nada por sus impuestos, toman sus decisiones independientemente de las que adopten el resto de contribuyentes. Sin embargo, cuando reciben un bien público, cuya cantidad suministrada por el Estado va a depender de los impuestos recaudados, esas decisiones pasan a ser interdependientes, y cada contribuyente determinará su declaración en función de lo que estime que han declarado el resto de contribuyentes.

6. Evasión fiscal dentro de un modelo más general: consideración del mercado de trabajo.

En los modelos descritos hasta el momento no se ha hecho ninguna mención a las interacciones que se producen a la hora de decidir si evadir o no, y cuánto en su caso, y cuántas horas trabajar; y sin embargo, tal interacción existe en cuanto el impuesto evadido es una parte de la renta ganada en el mercado de trabajo. Expresado en términos más formales: la renta real no es como hasta ahora la hemos considerado una variable exógena al propio modelo, sino una variable endógena[220].

---

[217] Vid: Cowell, F.A.; Gordon, J.P.F., (1.988), Op. Cit., pp.: 311. Estos autores hablan de esos bienes como Ziff Public Goods.

[218] Vid: Falkinger, J., (1.991) "On optimal public good provision with tax evasion", *Journal of Public Economics*, vol. 45, nº 1, pp.: 127-133.

[219] Vid: Falkinger, J., (1.988) "Tax evasion and equity: a theoretical analysis", *Public Finance*, vol. 43, nº 3, pp.: 388-395.

[220] Aunque todos los trabajos realizados sobre la evasión fiscal con renta endógena se han realizado en el sector trabajo, este estudio se puede generalizar sin mayor problema a la oferta de ahorro.

Ha sido recientemente cuando este hecho se ha considerado en la investigación sobre la evasión fiscal. Así, tenemos las aportaciones de Watson[221], De Gietsel[222], Kesselman[223], Yaniv[224], Cowell[225], Marchon[226], Pencavel[227], Weiss[228], Baldry[229], Alm[230], Isachen & Strom[231], Sandmo[232], Forting-Bernard & Nguyen[233], etc.

El problema que se plantea con estos modelos, al analizar conjuntamente evasión fiscal y oferta de trabajo, es que las predicciones no ambiguas sobre la relación entre las distintas variables y la evasión, que se obtenían en el modelo de Allingham & Sandmo, desaparecen y se convierten en un amalgama de resultados ambiguos[234]. Sirva como ejemplo el trabajo de Pencavel[235] donde, de forma muy didáctica, se refleja como los resultados se complican al considerar la renta real como una variable endógena. La metodología que sigue es la siguiente: analiza los efectos sobre la renta declarada de cambios en distintos parámetros; primero, cuando las horas trabajadas son constantes y, en segundo lugar, cuando las horas de trabajo y la declaración de la renta han de ser elegidas conjuntamente, considerando la renta como endógena. La diferencia entre los dos casos es considerable, ya que cuando la renta es exógena muy pocas de las relaciones entre las diferentes variables son ambiguas. En cambio, en el segundo supuesto, renta endógena, predominan la ambigüedad en el signo de esas relaciones.

Por tanto, los resultados más claros y evidentes obtenidos en el modelo de Allingham & Sandmo (incrementos en la probabilidad de detección y en la sanción producen inequívocamente incrementos en la fracción de renta declarada) se vuelven más ambiguos cuando en el modelo pasamos de conside-

[221] Vid: Watson, H., (1.985) "Tax evasion and labor markets", *Journal of Public Economics*, vol. 27, pp.: 231-246.

[222] Vid: De Gijsel, P., (1.985) "A microeconomic analysis of black labour demand and supply", en *The economics of the shadow economy*, Gaertner & Wenig (eds.), Springer-Verlag, Berlin.

[223] Vid: Kesselman, J.R., (1.989) "Income tax evasion. An intersectorial analysis", *Journal of Public Economics*, vol. 38, pp.: 137-182.

[224] Vid: Yaniv, G., (1.988) "Withholding and non-withheld tax evasion", *Journal of Public Economics*, vol. 35, pp.: 183-204.

[225] Vid: Cowell, F.A., (1.985), Op. Cit..

[226] Vid: Marchon, M.N., (1.979), Op. Cit..

[227] Vid: Pencavel, J.H., (1.979), Op. Cit..

[228] Vid: Weiss, L., (1.976), Op. Cit..

[229] Vid: Baldry, J.C., (1.979), Op. Cit..

[230] Vid: Alm, J., (1.985) "The welfare cost of the underground economy", *Economic Inquiry*, vol. 23, pp.: 243-263.

[231] Vid: Isachen, A.I.; Strom, S., (1.980) "The hidden economy: the labour market and tax evasion", *Scandinavian Journal of Economics*, vol. 82, pp.: 304-311.

[232] Vid: Sandmo, A., (1.981), Op. Cit..

[233] Vid: Fortin, B.; et. al., (1.987) "Poverty trap and the hidden labor markets", *Economics Letters*, vol. 25, pp.: 183-189.

[234] Vid: Pyle, D.J., (1.989), Op. Cit., pp.: 87.

[235] Vid: Pencavel, J.H., (1.979), Op. Cit..

rar la renta real como variable exógena a considerarla una variable endógena[236]. Tradicionalmente se ha achacado la existencia de esas ambigüedades a la concurrencia de tres efectos distintos: efecto elección, efecto renta, y efecto ocio; y sólo el primero de estos efectos tiene un signo no ambiguo. La explicación resulta sencilla de enunciar, aunque puede que difícil de entender: un aumento en el tipo impositivo produce un efecto renta y un efecto sustitución sobre el trabajo, y ambos efectos en direcciones opuestas. El aumento del tipo impositivo reduce el salario real de los trabajadores por lo que el efecto sustitución les induciría a dedicar más horas al ocio; sin embargo, el efecto renta actúa en sentido contrario, al disminuir su renta el trabajador está dispuesto a ofrecer más horas en el mercado de trabajo para conseguir aumentar sus ingresos. Por tanto, el efecto final del aumento del tipo impositivo resulta, apriori, indeterminado[237]. Esta ambigüedad se acrecienta al tener en cuenta la elección entre actividades con riesgos y sin él[238].

Para intentar superar las ambigüedades de esos modelos se ha trabajado bajo la hipótesis de separabilidad de las decisiones de cuantas horas trabajar, y de las horas trabajadas cuantas en el sector no oculto de la economía[239]. Es decir:

$$U(y,l) = U(y) + U(l)$$

Donde "y" representa la renta real, y "l" las horas dedicadas al ocio. Esa separabilidad venía a implicar que la utilidad marginal de la renta era independiente de la del ocio. Es decir:

$$U(y,h) = 0$$

En otro intento por superar estas ambigüedades se decidió separar cuantas horas trabajadas, por un lado, y cuantas horas trabajadas en el sector no oculto y cuantas en el sector oculto de la economía, por otro lado. Pero en este caso no se establecía, en las hipótesis iniciales, la separabilidad de la función de utilidad de la renta de la función de utilidad del ocio. Se supone que:

$$U(y,l) = Logy + Logl$$

En este modelo los individuos dividen su tiempo en tiempo de trabajo en sector no oculto, tiempo de trabajo en sector oculto, y en ocio. Al establecer la hipótesis de que se declararan todos los ingresos procedentes del sector legal

[236]   Vid:
        - Andersen, P., (1.977), Op. Cit..
        - Baldry, J.C., (1.979), Op. Cit..
        - Sandmo, A., (1.981), Op. Cit..
        - Cowell, F.A., (1.985), Op. Cit..
[237]   Vid: Baldry, J.C., (1.979), Op. Cit., pp.: 54.
[238]   Vid: Baldry, J.C., (1.979), Op. Cit., pp.: 55. "... whilst the tax increase will tend to encourage declaration this itself will generate indirect income and subtitution effects upon labour supply"
[239]   Vid: Cowell, F.A., (1.985b), Op. Cit., pp.: 22.

y no declarar nada del trabajo ilegal, este desarrollo viene a ser muy similar al realizado por Allingham & Sandmo. Los principales resultados a los que se llega adoptando esta hipótesis de separabilidad son los siguientes. Primero, incrementos en los salarios del sector ilegal provocan un trasvase de recursos del sector legal al ilegal. Segundo, un aumento en los salarios del sector legal reducen las horas trabajadas en el sector ilegal. Tercero, un aumento en la probabilidad de detección de las rentas ocultadas lleva consigo una reducción del sector ilegal. Cuarto, aumentos en los tipos impositivos originan trasvases del sector legal al ilegal[240].

Sin embargo, todos estos intentos por tratar de resolver la ambigüedad adoptando la hipótesis de separabilidad en la función de utilidad no han dado los frutos esperados.

En un trabajo más reciente en el que se examina la evasión fiscal dentro de un modelo intersectorial, se demuestra la posibilidad de examinar las relaciones entre los distintos sectores de la economía, sectores con evasión y sectores sin evasión, que operan tanto a nivel de productos como de mercado de trabajo. En este trabajo[241] se considera tanto el grado de sustitubilidad en el consumo entre bienes y servicios de sectores con evasión y sectores sin evasión, a la vez que se analiza la influencia de la evasión sobre los precios relativos. El principal resultado al que se llega es que si se consumen bienes por igual en los dos sectores, con evasión y sin evasión, un aumento en el tipo impositivo va a originar movimientos de recursos del sector no evasor al evasor. Otro resultado interesante que se alcanza en este análisis intersectorial es que los contribuyentes evaden menos impuestos directos que indirectos.

En este artículo se recogen las principales aportaciones que hasta entonces se habían realizado en la literatura de la evasión fiscal desde la óptica de equilibrio general. Entre esas aportaciones podríamos destacar los siguientes conclusiones:

* Hipótesis del modelo: las empresas podrían emplear trabajadores evasores y no evasores, y cada trabajador debería ofrecer algo de cada tipo de trabajo, con los dos tipos de trabajo sustitutivos entre si; se suponía neutralidad al riesgo de los dos agentes. Con estas circunstancias el equilibrio entre oferta y demanda de los dos conjuntos de agentes determinaran los tipos salariales en equilibrio[242].

* Al igual que en el modelo anterior, en este los dos tipos de trabajo son perfectamente sustituibles, pero a diferencia del anterior se supone que los trabajadores presentan aversión al riesgo. Según este modelo si no tenemos en cuenta restricciones sobre la aversión al riesgo no se puede garantizar que reducciones en el tipo impositivo produzcan descensos en la

---

[240]   Vid: Isachen, A.I.; Strom, S., (1.980), Op. Cit., pp.: 309.

[241]   Vid: Kesselmam, J.R., (1.989) "Income tax evasion: an intersectorial analysis", *Journal of Public Economics*, vol. 38, nº 2, pp.: 137-182.

[242]   Vid: De Gietsel, P., (1.985), Op. Cit..

evasión. Si los gobernantes estuviesen solo interesados en reducir la ineficiencia que produce la evasión a través de incrementos en el tipo sancionador y en la probabilidad, se reduciría la distorsión en la distribución de los trabajadores entre mercados con evasión y sin ella[243].

* Aplicando el modelo tradicional de dos factores y dos sectores al cálculo de la pérdida de bienestar ocasionado por la evasión fiscal, se comprueba que el producto obtenidos en el sector evasor no es sustituible por los productos de sectores no evasores[244].

* En otro modelo en el que se intenta incorporar la evasión fiscal al análisis de la imposición óptima, y la oferta de trabajo. Se divide a los contribuyentes en dos grupos, evasores y no evasores, y en cada grupo considera a todos los individuos con idéntica función de utilidad pero con distintas dotaciones[245].

A los trabajos anteriores se les ha criticado[246] por ignorar el hecho de que la mayor parte de la responsabilidad fiscal de los trabajadores queda determinada a través de las retenciones[247]. Hay que tener en cuenta que los impuestos recaudados a través del sistema de retención en la fuente suelen ser más eficaces que aquellos que dependen de una autoliquidación del contribuyente, por la vía de reducir los incentivos de la evasión fiscal.

El sistema de retención en la fuente puede reducir la evasión porque se acerca en el tiempo la percepción de la renta y el pago del impuesto, mientras que el pago diferido genera una desconexión entre la percepción de la renta y el pago del impuesto, que sitúa al contribuyente en una actitud más proclive a defraudar, máxime si la magnitud de la cuota a ingresar es elevada y ocasiona problemas de liquidez.

7. Examen conjunto de la evasión y elusión fiscal.

Hasta la presente sección hemos estudiado el comportamiento de los contribuyentes cuando se enfrentan a la decisión de si declarar toda su renta o no, en cuyo caso debería decidir cuanto evadir sabiendo que podría ser detectado y sancionado. Esto no deja de ser sino una de las muchas simplificaciones que Allingham & Sandmo introdujeron en su modelo, ya que en la vida real existen otras muchas formas a través de las cuales los contribuyentes pueden reducir sus responsabilidades fiscales, sin necesidad de una transgresión tan dura como ocurre en el caso de la evasión. Una de esas posibilidades

243 Vid: Watson, H., (1.985), Op. Cit..
244 Vid: Alm, J., (1.985), Op. Cit..
245 Vid: Sandmo, A., (1.981), Op. Cit..
246 De esa quema se salva el trabajo de Cowell, vid: Yaniv, G., (1.988), Op. Cit., pp.: 183.
247 Vid: Yaniv, G., (1.988), Op. Cit., pp.: 183-204.

es la elusión fiscal de ingresos[248], englobando en esa catalogación todos los medios legales por medio de los cuales los contribuyentes reducen o evitan, de ahí la denominación de evitación fiscal, el pago de impuestos. Indudablemente, tal actividad elusora conlleva un coste para el contribuyente por lo que también lo podremos examinar desde el punto de vista de la maximización de utilidades de los contribuyentes. Con todo lo dicho anteriormente, queda más que justificada la necesidad de intregar en un único modelo ambas actividades y es que, como ya veremos después, ambas actividades muestran un cierto grado de complementariedad y sustitubilidad por lo que su análisis conjunto resulta inevitable.

En tempranos trabajos se intentó ya el establecer las diferencias entre elusión y evasión fiscal, así como las causas de esta última. Encontrándose entre ambas actividades una relación de sustituibilidad, y observándose que no se podía afirmar con carácter absoluto que la evasión fuese característica de los países subdesarrollados y la elusión de los desarrollados; aunque debemos reconocer que aun no pudiéndose generalizar esa idea de elusión-países desarrollados y evasión-países subdesarrollados, si es lo más frecuente[249].

---

[248] Stiglitz establece una clasificación de las actividades elusoras en tres grupos :

1º Reacciones elusivas de los contribuyentes al aspecto concreto de la progresividad de la tarifa del impuesto sobre la renta.

2º Opciones fiscales para el defirimiento del pago impositivo.

3º Transformaciones de unas operaciones a otras que estén gravadas con tipos efectivos inferiores.

Vid: Stiglitz, J.E.; (1.985) "The general theory of tax avoidance", *National Tax Journal,* vol. 3, nº 3, pp.: 325-337.

Albi, por su parte, realiza una clasificación de las conductas elusoras más importantes a nivel internacional:

- Técnicas de desvío de beneficios.
- Técnicas de extracción de beneficios.
- Técnicas sobre la distribución de beneficios.
- Planificación fiscal con los tratados de doble imposición.

Vid: Albi, E., (1.990), Op. Cit., pp.: 252 y 253.

Por último, Mathews identifica tres clases de elusión fiscal:

1ª Elusión fiscal por reacción, el contribuyente responde a la legislación fiscal minimizando sus obligaciones tributarias.

2ª Elusión fiscal defensiva, en las situaciones en que los gobiernos provocan derivaciones en la equidad, los contribuyentes pueden adoptar medidas de elusión para defender su anterior posición.

3ª La elusión fiscal por manipulación, se presenta cuando la legislación fiscal, la administración y la interpretación judicial son tan flexibles que permiten prácticamente crear deducciones a voluntad.

Vid: Mathews, R., (1.984) "Anatomía de la elusión y evasión fiscal", *Hacienda Pública Española,* vol. 91, pp.: 334-341.

[249] Vid: Herschel, F.J., (1.978) "Tax evasion and its measurement in developing countries", *Public Finance,* vol. 3, pp.: 232-268.

Pero es realmente con el trabajo de Cross & Shaw[250] cuando se integran ambos fenómenos en un único modelo globalizador de las actividades elusora y evasora. El argumento que se utiliza para este estudio conjunto es la existencia de algún grado de complementariedad y sustituibilidad entre ambas variables. Comprobando que los resultados de estática comparativa se vuelven más complejos y ambiguos. Cross & Shaw realizan el estudio del coste de la actividad elusora y evasiva por separado o de forma conjunta. Llegando a resultados diferentes. Así,

* Aumentos en el tipo impositivo : en el caso de considerar los costes como funciones independientes, aumenta la actividad elusora, y sobre la evasión se producen dos efectos en dirección opuesta que impiden conocer con certeza el efecto final; si consideramos una función de coste conjunta, para ambas actividades no se puede extraer ninguna conclusión definitiva.

* Aumentos en el tipo sancionador: con función de costes independientes se reduce la evasión y no varia la elusión; con función de costes conjuntos disminuye tanto la elusión como la evasión.

* Aumentos en la probabilidad de detección: con función de costes independientes se reduce la evasión y no varia la elusión; con función de costes conjuntos disminuye tanto la evasión como la elusión.

A través del primer estudio empírico en el que se analiza conjuntamente la elusión y la evasión fiscal se obtienen los siguientes resultados. Primero, se comprueba la existencia de una relación de complementariedad entre evasión y elusión. Segundo, es imposible encontrar evidencias que demuestren que una elevación en los tipos impositivos conduce a un mayor volumen de evasión fiscal[251].

A los dos trabajos anteriores se les criticó por entender que en los mismos no se establecía la diferencia esencial entre evasión y elusión fiscal: el carácter furtivo de la primera y el carácter franco y abierto de la segunda[252].

Un resultado muy interesante al que se llega con el análisis conjunto de la elusión y evasión fiscal es que ante la presencia de aversión al riesgo, los sujetos con altos niveles de renta escogerán la opción de elusión frente a la evasión para reducir su responsabilidad fiscal, siendo aquellos contribuyentes con niveles de renta más bajos los que acaben pagando la sanción que corresponde a las actividades elusoras, ya que los contribuyentes con mayores niveles de renta optaran por la elusión frente a la evasión, y serán esos contribuyentes con menores rentas los que acaben pagando los impuestos[253].

---

[250] Vid: Cross, R.; Shaw, G.K., (1.982) "On the economics of tax aversion", *Public Finance*, vol. 37, pp.: 36-49.

[251] Vid: Geeroms, H.; Wilmots, H., (1.985), Op. Cit., pp.: 205.

[252] Vid: Cowell, F.A., (1.990), Op. Cit., pp.: 133.

[253] Vid: Cowell, F.A., (1.990b) "Tax sheltering and the cost of evasion", *Oxford Economic Papers*, vol. 42, nº 1, pp.: 133-161.

Si consideramos la oferta de trabajo en el análisis conjunto de evasión y elusión, vemos que ante un aumento en la progresividad fiscal, permaneciendo constante la recaudación fiscal, puede reducir el esfuerzo laboral sin que ello implique necesariamente un aumento en el tiempo libre, pero si un aumento en el tiempo dedicado a realizar actividades elusoras[254].

Llama la atención el trabajo teórico y empírico de Crane & Nouzard[255] en el que se incorpora al modelo tradicional de la evasión fiscal los efectos del tipo de interés en la decisión de evadir de los individuos con aversión al riesgo. Estos autores señalan la incidencia de la elusión fiscal en la evasión y las relaciones entre ambas. De tal modo que de un aumento en el tipo de interés cabría esperar que aumentase la elusión fiscal, esto es así porque para un mayor tipo de interés se incrementan los beneficios que se obtienen de la elusión sin incrementarse los costes asociados a dicha actividad elusora, ya que al ser esta una actividad legal no esta sujeta a sanciones.

Del análisis conjunto de la elusión y evasión fiscal, así como de la estrategia óptima de las autoridades fiscales en presencia de ambas actividades, dentro de un modelo de elección de cartera[256], se desprende que el individuo deberá elegir la cantidad de renta que inicialmente se dedique al activo con riesgo: evasión, y que cantidad no, y dentro de esa última magnitud, que podemos denominar como renta legal, cual se destina a elusión y cual será declarada. Si consideramos la elusión fiscal como una actividad sin riesgo[257], lo que es muy distinto de suponer que dicha actividad no conlleva coste alguno (muy al contrario, así serían costes de esta actividad: los costes de información, costes de lo que el llama impuestos sombra: beneficios que se dejan de obtener de esos rendimientos como consecuencia de la elusión); en ese caso, siendo elusión y evasión elecciones separables, cambios en la probabilidad de detección, en el tipo sancionador de la evasión y en el tipo impositivo tienen los efectos ya predichos sobre la evasión fiscal, pero los efectos sobre la base fiscal son ambiguos, ya que esta se puede reducir como consecuencia de un aumento en la elusión fiscal. Por lo que las autoridades fiscales se deben cuidar muy mucho de poner en funcionamiento políticas que reduzcan la evasión si las mismas incrementan la elusión, y es que el contribuyente ante esa

---

254 Vid: Marchon, M.N., (1.979), Op. Cit., pp.: 458.

255 Vid: Crane, S.E.; Nouzard, F., (1.986), Op. Cit..

256 Vid: Alm, J., (1.986), "Compliance costs and the tax avoidance - tax evasion decision", *Public Finance Quaterly*, vol. 16, nº 1, pp.: 31-66.

257 Lo cual no es cierto en la medida que los beneficios esperados tanto de la evasión como de la elusión son inciertos. La incertidumbre de la evasión radica en la posibilidad de descubrimiento y la sanción de la renta no declarada; y el exito de la elusión fiscal depende en la mayor parte de la veces de hechos futuros e inciertos. Por tanto, los contribuyentes decidirán sustituir elusión por evasión, y al contrario, en función de los costes y beneficios de ambas actividades. Vid: Alm, J.; McCallin, N.J., (1.990) "Tax avoidance and tax evasion as a joint portfolio choice", *Public Finance*, vol. 45, nº 2, pp.: 193-200.

Siglitz, J.E., (1.982), Op. Cit.. Este autor ya tuvo en cuenta la incertidumbre a la hora de estudiar la elusión fiscal, pero no la analizo conjuntamente con la evasión fiscal.

política antievasión puede reaccionar reduciendo su base imponible a través de actividades elusoras. Se comprueba como el instrumento más poderoso para luchar contra ambas actividades es la reducción de los tipos impositivos, ya que hace menos atractiva ambas actividades. Otros instrumentos a utilizar podrían ser aumentos en la complejidad y dificultad de comprensión de las leyes fiscales, y ello por la elevación que esto supondría en los costes de la actividad elusora con la consiguiente reducción en los niveles de elusión fiscal y aumentos en las bases imponibles de los individuos. En esta dirección se llevo a cabo la reforma fiscal en USA de 1.986 en la que se recogía, junto a descensos en los tipos impositivos marginales de muchos individuos, aumentos en los costes en que se incurriría a la hora de realizar la actividad elusora.

8. Influencia de las amnistías fiscales en la evasión fiscal.

El fenómeno de las amnistías fiscales es bastante reciente, ello explica el porqué los trabajos elaborados sobre la relación entre amnistía fiscal y evasión aparecen en la segunda mitad de la década pasada.

Entendemos por amnistía fiscal aquellos programas gubernamentales que condonan toda o parte de la sanción impuesta a aquellos evasores de impuestos que, voluntariamente, pagan sus impuestos debidos y no pagados, con los intereses correspondientes y durante un período determinado[258] (en la mayoría de las ocasiones no superior a tres meses). Se suele hablar en este caso de amnistías fiscales en sentido estricto, diferenciándose de las amnistías en sentido amplio por cuanto estas últimas reducen parte del pasivo fiscal del contribuyente, bien disminuyendo o eliminando los intereses de demora, bien disminuyendo el tipo impositivo, o bien aminorando la base imponible[259].

Es frecuente que en estas amnistías se establezcan limitaciones y restricciones para poder participar en ellas. Así es posible que la amnistía esté dirigida exclusivamente: 1) a determinadas figuras impositivas; 2) o a hechos imponibles de ejercicios fiscales concretos; 3) a ciertos tipos de contribuyentes, siendo incluso posible que se incluya a aquellos contribuyentes que se encuentren sometidos a inspección; 4) a través de las mismas se levanten determinadas sanciones; etc.

---

[258] Existe, no obstante, algún caso de amnistía fiscal con carácter permanente, este es el caso de las declaraciones complementarias que se recogen en nuestra legislación tributaria. El articulo 61.2 de la LGT permite una regularización individual y voluntaria cuando no existen requerimientos previos por parte de la Administración Tributaria.

[259] Vid: Olivella, P., (1.992) "Las amnistías fiscales: descripción y análisis económico", *Papel de Trabajo del IEF*.

Los argumentos que.se esgrimen para el establecimiento de una amnistía fiscal suelen ser los siguientes[260]:

* Posibilitan el cambio de comportamiento de los evasores frente a las obligaciones fiscales, pues la amnistía permitirá al contribuyente-evasor ponerse en paz con el Fisco sin temor a que este le imponga una sanción elevada. Produce, por tanto, mejoras en la generalidad impositiva y en la distribución de la carga impositiva[261].

* El cambio de actitud señalado líneas arriba beneficiará a los contribuyentes honestos, pues al mejorar la recaudación fiscal será posible la reducción de los tipos impositivos[262].

* La aplicación rígida del derecho sancionador tributario, en vez de cumplir una función preventiva podría inducir, en algún caso, al mantenimiento de la evasión al situarse el coste de la regularización en niveles excesivamente elevados, lo que podría aconsejar programas de amnistía con carácter excepcional[263].

* Será posible el reasignar los recursos humanos y materiales de las dependencias inspectoras hacia otras actividades, aliviando de este modo el excesivo trabajo de los órganos de inspección.

* Los efectos distorsionadores que la existencia de la evasión produce en el sistema económico, debido a las distintas posibilidades de evadir, discriminaciones entre actividades generadoras de rentas en función de su mayor o menor grado de opacidad fiscal.

* La amnistía es una forma barata de recaudar los ingresos fiscales, puesto que a través de la misma la hacienda pública se ahorra los gastos de inspección, los posibles gastos judiciales, costes administrativos, etc.

* La existencia de amnistías podría reducir el número de controversias tributarias eliminando las cuestiones litigiosas planteadas ante la administración o ante la jurisdicción contenciosa.

Por.otra parte, los argumentos más utilizados para oponerse a las amnistías son los siguientes:

* Las amnistías ocasionan serios problemas de equidad en cuanto que puede llegar a constituir un serio agravio para aquellos contribuyentes que

---

[260] Para un estudio más amplio de los beneficios y costes de las amnistías fiscales vid: Leonard, H.B.; Zeckhauser, R., (1.987) "Amnesty, enforcement, and tax policy", en *Tax policy and the economy,* eḍ. Summers, L., Cambridge, pp.: 55-85.

[261] Sin embargo, a través de un trabajo sobre una amnistía fiscal en Michigan se comprobó como estas no generarían aumentos considerables en los listados de los contribuyentes. Vid: Fisher, R.C.; Goodeeris, J.H., (1.989) "Participation in tax amnesties: the individual income tax", *National Tax Journal,* vol. 42, nº 1, pp.: 15-28.

[262] Vid: Andreoni, A., (1.991) "The desiarability of a permanent tax amnesties", *Journal of Public Economics,* Vol. 45, nº 2, pp.: 143-161.

[263] Vid: Angellini, J.P., (1.987) "Federal tax amnesty: some policy considerations", *Tax Notes,* pp.: 907.

pagaron sus impuestos en el momento debido, frente a los que se acogen a la amnistía, afectando a los principios de capacidad de pago y justicia tributaria. Este argumento no es válido si entendemos por amnistía lo que hemos denominado como amnistía pura, pues en este caso los contribuyentes que se acogen a una amnistía acaban pagando los mismos impuestos en valor presente que los que cumplieron con Hacienda en su día. Otra crítica que se puede hacer a este argumento es que las amnistías permiten mejorar la generalidad y nivel de cumplimiento, lo que redunda finalmente en un reparto más equitativo de la carga tributaria[264].

* Las amnistías pueden provocar que contribuyentes honestos decidan comportarse como evasores. La razón de este posible cambio se atribuye a las expectativas de una amnistía futura. Sin embargo, no tiene mucho sentido este argumento en cuanto que no sería más que retrasar su honestidad a un momento futuro, pagando lo mismo en valor presente[265].

* En términos institucionales, las amnistías pueden ser interpretadas por las agentes como síntoma de la incapacidad gubernamental para hacer respetar la leyes impositivas y en consecuencia pueden debilitar la credibilidad institucional de la autoridad, y que los ciudadanos perciban que la defraudación no es un delito grave[266].

Los datos aportados por la literatura americana sobre los resultados alcanzados por las amnistías fiscales parecen confirmar los argumentos favorables. Pero la traslación a nivel federal de las amnistías fiscales estatales ha sido objeto de fuerte debate por la doctrina[267]. Los argumentos que se esgrimen en contra de esa traslación son:

- La tasa impositiva de los estados es más baja que la tasa impositiva federal.

- La inspección es más intensa a nivel federal que a nivel estatal.

De las distintas amnistías declaradas podemos señalar las que se han llevado a cabo en los distintos estados de USA, desde 1.981, 28 de los 50 estados han aprobado algún tipo de amnistía fiscal[268]. La mayoría de esas amnistías consiguieron aumentar los ingresos fiscales de esos estados. Un ejemplo del

[264] Vid: Lerman, A.H., (1.986) "Tax amnesty: the federal perspective", *National Tax Journal*, vol. 39, pp.: 331.

[265] Vid: Leonard, H.B.; Zeckhauser, R., (1.987), Op. Cit., pp.: 63. Angellini, J.P., (1.987), Op. Cit., pp.: 908-909.

[266] Vid: Díaz, D., (1.992) "Amnistías y fraude fiscal en España 1.940-1.990", *Papel de Trabajo del IEF*.

[267] Vid: Lerman, A.H., (1.986) Op. Cit., pp.: 326.

[268] También muchos países de la CEE han aplicado distintas medidas de regularización tributaria. Así, Alemania en 1.988, Bélgica en 1.983, Francia en 1.981 y 1.986, Holanda en 1.986, Irlanda en 1.988, e Italia diez veces en la ultima década. El éxito o fracaso de estas amnistías ha sido tan variado como el alcance de estas medidas. Vid: Uchitelle, E., (1.989) "The effectiveness of tax amnesty programs in selected countries" *Federal Reserve Bank of New York Quarterly*, Vol. 14, nº 3, pp.: 48-53.

aumento en la recaudación pos-amnistia lo tenemos en el caso de la regularización española, gracias a la cual afloraron casi dos billones de pesetas de dinero negro **CUADRO 13**. Los políticos explicaban este éxito por la creación de una conciencia fiscal entre los ciudadanos más respetuosa con las obligaciones tributarias[269]. Sin embargo, no todos los autores están de acuerdo con la idea de que las amnistías fiscales sean las responsables del aumento de la recaudación fiscal. Así, hay quienes demuestran analíticamente que ese éxito recaudatorio se debe al aumento de las investigaciones post-amnistía o al endurecimiento de las sanciones[270], comprobando que una amnistía fiscal sin un aumento posterior de inspecciones atraería una cantidad de ingresos inferior que en el caso de que ese aumento de las investigaciones se produjese[271].

CUADRO 13
VOLUMEN DE FONDOS AFLORADOS TRAS LA REGULALIZACION ESPAÑOLA DE 1.991.

	MILLONES
I. Volumen de fondos aflorados en todo el territorio nacional.	1.733.927
1. Por emisión de Deuda Especial.	1.037.974
2. Bases Imponibles por declaraciones com plementarias.	695.952
A. Volumen de fondos aflorados en el territorio de régimen común.	1.517.238
1. Por emisión de Deuda Especial.	878.471
2. Bases imponibles por declaraciones complementarias.	638.767
B. Volumen de fondos aflorados en los territorios forales.	216.689
1. Por emisión de Deuda Especial.	159.503
2. Bases imponibles por declaraciones complementarias.	57.185

Fuente: Pérez, J.A., (1.992) "La regularización fiscal y sus implicaciones económicas", Cuadernos de Actualidad, vol. 4, pp.: 114.

---

[269] Vid: Jackson, I., (1.986) "Amnesty and creative tax administration", *National Tax Journal*, nº 49, pp.: 317-323.

Para un análisis más amplio vid: Mikesell, J.L., (1.986) "Amnesties for state tax evaders: the nature of an response to recent programs", *National Tax Journal*, vol. 39, pp.: 507-525.

[270] Vid: Olivella, P.; (1992), op. cit., pp.: 7. Este autor se refiere a estas medidas como programas de soporte.

[271] Vid: Lerman, A.H., (1.986) "Tax amnesty: The federal perspective", *National Tax Journal*, vol. 39, pp.: 325-332.

Si, como ya hemos dicho, con las amnistías fiscales muchos contribuyentes regularizan su situación con el fisco, la pregunta es inmediata: ¿porqué el contribuyente paga sus impuestos con la amnistía y no antes?. Una de la razones que se ha argumentado es que el contribuyente espera un aumento en la severidad de las penas y en el número de inspecciones una vez finalizado el plazo de la amnistía fiscal. El contribuyente-evasor concibe esa amnistía fiscal como dirigida a él casi con carácter exclusivo, entendiendo el mensaje de la amnistía como "paga ahora ó te arrepentirás".

En alguno de los modelos en los que se ha examinado la relación entre amnistías fiscales y recaudación, se entendían aquellas como estrategias con riesgo para los gobiernos, pues, por un lado, incrementan la aceptación del Derecho Fiscal y la recaudación de impuestos: si la amnistía hace ver que pagar los impuestos es lo normal y si los contribuyentes prevén que tendrán un posible endurecimiento en la política sancionadora; pero la reduce por otro, si los contribuyentes decidiesen elegir conjuntamente una cantidad para evadir y para declarar en el momento actual y otra para declararla en una futura amnistía, se produciría en suma un mercadeo entre ingresos adicionales recaudados por las amnistías y aquellos generados por una aceptación regular del impuesto[272].

A través del modelo anterior se llega a la conclusión de que en aquellos casos en que los impuestos y los intereses a pagar en una amnistía fiscal fuesen menores que la sanción esperada de la evasión sino hubiese amnistía, en esas circunstancias, un individuo racional elegiría la amnistía, reduciéndose la aceptación fiscal originaria[273].

En otros modelos se estudió la relación entre amnistía y evasión por un lado, y amnistía y eficiencia del sistema fiscal por otro. Comprobando que puede ser posible que una amnistía fiscal incremente la eficiencia y la equidad del sistema fiscal. Es más, aunque la cantidad evadida se incremente como consecuencia de la amnistía no se puede afirmar que los ingresos fiscales tengan necesariamente que disminuir. La variable más importante para determinar si los ingresos recaudados aumentan o disminuyen, como consecuencia de la amnistía, podría ser el nivel de evasión preexistente y no el cambio causado por la amnistía. Si ese nivel es elevado, la amnistía podría incrementar la recaudación fiscal, aún cuando se incrementara lo evadido[274].

---

[272] Vid: Alm, J.; et. al., (1.990) "Amazing grace: tax amnesties and compliance", *National Tax Journal*, Vol. 43, nº 1, pp.: 23-37. En este trabajo se evalúan los programas de amnistías acompañadas de un reforzamiento posterior de las sanciones esperadas frente a un incremento de las sanciones esperadas sin amnistías.

[273] Vid: Alm, J.; et. al., (1.990), Op. Cit., pp.: 435.

[274] Vid: Andreoni, A., (1.991), Op. Cit..

9. La evasión fiscal y el nivel de inflación.

Los modelos estudiados hasta el momento consideran los precios como constantes. Fue a partir de la década de los ochenta cuando por primera vez se ha comenzado a desarrollar modelos de evasión que recogen una variable referente al nivel de precios[275]. Pero el carácter estático de esa variable impedía analizar la posible influencia de los cambios en el nivel de inflación. Desafortunadamente, han sido pocos trabajos, como ya veremos, los que se han dedicado a estudiar esta posibilidad.

Se ha argumentado como razón de peso para examinar esa variable el hecho de que la inflación actúa como incrementos fiscales no legislados, pero en el caso que se demostrase una relación positiva entre evasión e inflación el efecto final de la inflación sobre la recaudación ya no sería tan claro[276].

Otra forma por medio de la cual la inflación puede afectar a la evasión es la erosión que aquella produce en el valor real de un nivel de renta disponible, y ante dicha erosión el contribuyente puede intentar recuperar esa pérdida de valor a través de la evasión fiscal. Analizando esta relación se pudo demostrar que si el contribuyente es neutral al riesgo, el nivel de evasión es independiente del índice de inflación; mientras que, si presenta aversión al riesgo, la fracción de cuota evadida será una función creciente (decreciente) del nivel de precios si la aversión relativa al riesgo es creciente (decreciente). Por lo que aceptando la hipótesis de Arrow, aversión relativa al riesgo creciente, entonces la evasión aumentará al hacerlo la inflación[277].

A través de un análisis empírico se ha tratado de determinar la influencia de la inflación sobre la evasión fiscal agregada en los Estados Unidos durante el período 1.947-1.981. Encontrando una relación positiva entre la inflación y la evasión fiscal, tanto en términos absolutos como en términos relativos[278].

---

[275] Vid: Fishburn, G., (1.981) "Tax evasion and inflation", *Australian Economic Papers*, vol. 20, nº 37, pp.: 325-332.

[276] Vid: Crane, S.E.; Nouzard, F., (1.986) "Inflation and tax evasion: an empirical analysis", *Review of Economic Statistics*, vol. 68, nº 2, pp.: 217-223.

[277] Vid: Fishburn, G., (1.981), Op. Cit., pp.: 325-326.

[278] Vid: Crane, S.E.; Nouzard, F., (1.986) "Inflation and tax evasion: an empirical analysis", *Review of Economic Statistics*, vol. 68, nº 2, pp.: 217-223.

E. Análisis de la evasión fiscal en la imposición indirecta y en mercados no competitivos.

1. La evasión fiscal en la imposición indirecta.

Desde el trabajo inicial de Allingham & Sandmo la literatura sobre la evasión fiscal ha sido cuantiosa, pero toda se centro en el examen de la evasión en impuestos directos, más concretamente en el impuesto personal sobre la renta. Razones no faltan para justificar ese vuelco en el estudio de la imposición directa, valga como muestra el hecho de que la recaudación fiscal en nuestro país en concepto de IRPF, durante el período 1.979-1.989, representó un 70% del total de impuestos directos, y un 39% de la suma de impuestos directos e indirectos, siendo estos porcentajes superiores en la mayoría de los países de la OCDE. La figura del IRPF es en nuestros días uno de los pilares sobre las que descansan los sistemas fiscales modernos.

Muy pocos son los estudios que han analizado la evasión fiscal en impuestos indirectos, y los pocos que hay surgen a partir de la mitad de la década de los ochenta. Examinándose en ellos la decisión de evadir impuestos indirectos en el contexto de mercados monopolísticos[279], y el cambio que experimenta la recaudación fiscal y la evasión cuando la probabilidad de detección sea una variable endógena y cuando lo sea exógena.

Si el estudio de la evasión indirecta lo hacemos desde un punto de vista macroeconómico, vemos que si la propensión marginal a consumir, tanto de la renta declarada como de la evadida, es la unidad no sólo no disminuyen los ingresos fiscales recaudados, sino que a menudo aumentan, salvo en el caso de que los evasores no hagan ninguna distinción entre renta declarada y ocultada[280].

Respecto a las ventajas relativas de los impuestos indirectos frente a los directos en la evasión fiscal, la mayoría de los autores entendían que un mayor peso de los impuestos indirectos frente a los directos traería consigo una disminución de la evasión fiscal[281].

---

[279] Vid: Marelli, M.; Martina, R., (1.988) "Tax evasion and strategic behaviour of the firms", *Journal of Public Economics*, vol. 37, pp.: 55-69.

[280] Vid: Zameck (von), W., (1.989) "Tax evasion and tax revenue loss: another elaboration of the Peacok-Shaw approach", *Public Finance*, vol. 44, nº 2, pp.: 308-315.

[281] Sin embargo, Kesselman demuestra la inexactitud de tal idea, comprobando por medio de un modelo de equilibrio general que los contribuyentes evaden menos impuestos directos que indirectos. Vid: Kesselman, J.R., (1.989), Op. Cit..

2. La evasión fiscal en mercados no competitivos.

La característica común de los modelos que a continuación se detallan es que en ellos se analiza la decisión de evadir en el contexto de mercados no competitivos.

Así, si analizamos la evasión fiscal dentro de un modelo con una estructura oligopolística[282], vemos que la cantidad óptima de evasión para cada empresa depende no sólo del grado de colusión en los mercados, sino de la participación de esas empresas en el mercado. Los incrementos en la colusión llevan aparejados aumentos en la evasión si el nivel de participación en el mercado no es desproporcionado. Los efectos que los cambios en los parámetros de política tributaria (tipo sancionador, probabilidad de descubrimiento de la renta ocultada, tipo impositivo) ocasionan en la evasión coinciden con los resultados obtenidos en los modelos tradicionales para mercados competitivos. Para reducir los niveles de evasión se defiende la puesta en práctica de una política de inspección que conlleve una función de probabilidad de detección decreciente respecto de la base imponible.

La mayor parte de los trabajos que abordaron el tema de la evasión en mercados no competitivos lo hacían con la pretensión de examinar la neutralidad o no del impuesto sobre beneficios. Los modelos iniciales, como no podía ser de otro modo, eran bastante simples. En ellos el monopolista maximizador de beneficios podría reducir su responsabilidad fiscal con la no declaración de beneficios a través de una consideración de los costes por encima de su valor real. Se comprobó como la actividad evasora, ante ausencia de sanciones, induciría a las empresas a expandir su producción más allá del nivel existente cuando no hubiese imposición. Este resultado muestra ya alguna duda sobre el punto de vista tradicional referente a la neutralidad de los impuestos sobre los beneficios[283].

Los modelos iniciales se fueron complicando a medida que se iban añadiendo nuevos supuestos. De ese modo, pronto se añadió la incertidumbre, con probabilidad de detección y sanción proporcional al impuesto evadido, siguiendo de esta forma a los modelos tradicionales. Con la cantidad de producción y la proporción de coste sobreestimado, como variables de elección de un monopolista maximizador de su utilidad esperada, se evidenció como la producción óptima de las empresas estaría determinada independientemente de la elección del coste sobrevalorado; oponiéndose frontalmente a la visión tradicional de un impuesto sobre el beneficio neutral[284].

---

[282] Vid: Marelli, M.; Martina, R., (1.988), Op. Cit..

[283] Vid: Kreutzer, D; Lee, D.R., (1.986) "On taxation and understated monopoly profits", *National Tax Journal*, vol. 39, pp.: 241-243,

[284] Vid: Wang, L.F.S.; Conant, J.L., (1.988) "Corporate tax evasion and output decisions of the uncertain monopolist", *National Tax Journal*, vol. 41, nº 4, pp.: 579-581.

Se intentó aumentar la capacidad explicativa de los modelos anteriores incorporando la variable de detección como una variable endógena. En el mundo real las autoridades fiscales formulan reglas de acuerdo a las cuales la probabilidad de detección, y las sanciones impuestas, varían en función de la cantidad de coste sobreestimado. Con esta modificación se llega a la conclusión de que el impuesto sobre el beneficio no reduce la distorsión del monopolio cuando el monopolista tradicional decide ocultar sus beneficios[285]. Al igual que ocurría con los modelos de imposición personal sobre la renta se comprueba que aumentos en el tipo sancionador y en la probabilidad de detección van acompañados de reducción en la cantidad óptima de base imponible a ocultar por parte de las empresas.

F. Métodos de estimación de la evasión fiscal.

Cualquier magnitud económica presenta serios problemas para su cuantificación, esto no es nada nuevo, pero lo peculiar del problema que nos ocupa es que todos los datos, o por lo memos la mayoría, son meras estimaciones, ya que el concepto de evasión fiscal o de renta oculta va inevitablemente acompañado con la idea de incertidumbre.

Una vez justificado el porqué del término "estimación" en lugar del de medición, sería conveniente argumentar el porqué de la necesidad de estimar el volumen de la evasión. Ningún argumento mejor que el hecho de que este fenómeno pueda ser la causa de que decisiones económicas del gobierno, adoptadas en función de los datos de la economía legal, resulten políticas económicas equivocadas. Además de los ya consabidos de: introducir imperfecciones en la distribución de la renta, alimentar la resistencia fiscal, aumentar los deficits públicos, etc.

La estimación de la evasión fiscal es poco menos que un objetivo inalcanzable debido a su naturaleza de ilegal, lo cual acarrea hostilidad y reserva a la hora de proporcionar información veraz por parte de aquellos contribuyentes que la practican.

Antes de entrar a fondo en el estudio de los principales métodos utilizados para llevar a cabo esta estimación debemos aclarar la diferencia entre la estimación de la economía sumergida y la estimación de la evasión fiscal, pues ni toda la renta incluida en el PNB esta sujeta a impuestos, ni todas las rentas imponibles están incluidas en el PNB. A pesar de lo dicho, algunas de las técnicas que se examinan a continuación tienen como objetivo el estimar la economía sumergida, y a falta de otras mejores nos detendremos en ellas.

---

[285]   Vid: Wang, L.F.S., (1.990) "Tax evasion and monopoly output decisions with endogenous probability of detection", *Public Finance Quarterly*, vol. 18, nº 4, pp.: 480-487.

En la siguiente exposición vamos a seguir los trabajos de Pyle[286], quien estudia métodos de estimación de la economía oculta; Argimon[287], se limita a los métodos de estimación de la evasión fiscal; y Richupan[288], restringe aun más el campo de estudio al limitar su estimación a la evasión fiscal en el impuesto sobre la renta.

A. Métodos con datos macroeconómicos.

A.I. Utilización de datos monetarios.

Se trata de estimar la economía sumergida a partir de variables y estimaciones monetarias; y una vez cuantificada la economía sumergida estimar la evasión fiscal aplicando a aquella el tipo impositivo medio.

A.I.1. Enfoque del cociente fijo.

Este método fue propuesto y utilizado por primera vez por Gutmann[289], para estimar el tamaño de la economía sumergida en USA en 1.976. Según este método la diferencia entre el cociente: efectivo en manos del público/depósitos, y el valor actualizado de ese cociente, se toma como estimación del efectivo en manos del público que se tiene por motivos ilegales. Se establece como hipótesis que la velocidad de circulación de la renta en la economía legal es la misma que en la economía oculta. El razonamiento de este enfoque es que en la economía sumergida el pago se hace a través de dinero líquido y no por otros medios que dejen huella (depósitos a la vista).

Las críticas que este método ha recibido se deben al hecho de que la relación moneda/depósitos no tiene porque ser constante a lo largo del tiempo, ni tampoco la velocidad de circulación del dinero en la economía sumergida tiene porque ser igual a la de la economía legal.

A.I.2. Método Corregido del cociente fijo.

Se debe a Tanzi[290], cuyos trabajos se basaron en uno anterior de Cagan[291], que establecía una relación entre demanda de dinero y evasión impositi-

[286] Vid: Pyle, D.J., (1.989), Op. Cit..

[287] Vid: Argimon, I., (1.989) "Técnicas de medición de la evasión fiscal", *Economía Pública*, vol. 4, pp.: 43-58.

[288] Vid: Richupan, S., (1.984) "La evasión tributaria y su medición", *Finanzas y Desarrollo*, vol. 21, nº 4, pp.: 38-40.

[289] Vid: Gutmann, P.M., (1.977) "The subterraneam economy", *Financial Analysts Journal*, vol. 33, pp.: 24-27.

[290] Vid: Tanzi, V., (ed.) (1.979) "*The underground economy in the United States and abroad*", Lexington Books, Massachusets.

[291] Vid: Cagan, P., (1.958) "The demand for currency relative to the total money supply", *Journal of Political Economy*, vol. 66, nº 4, pp.: 303-329.

va. El valor de la renta generada en la economía oculta sería: "(Ct - Co)V", donde *"V"* representa a la velocidad de circulación del dinero, *"Ct"* al valor estimado de la demanda de efectivo en el año *"t"*, y *"Co"* sería la demanda de dinero estimada para el año *"t"* si la economía oculta se hubiera mantenido al mismo nivel que en el año base.

Si a esa renta sumergida la aplicamos el tipo impositivo medio del sistema, obtendremos una estimación del volumen de la evasión fiscal.

A.I.3. Método de transacción.

Lo propuso Feige[292] como respuesta al método del cociente fijo de Gutmann. Se fundamenta en la teoría cuantitativa del dinero. Obtiene un valor del dinero en circulación y estima que la diferencia entre ese magnitud y el PIB se debe a la existencia de economía oculta.

A.I.4. Fenómeno de los "billetes grandes".

Este método es bastante complejo, pues supone que la economía oculta esta asociada principalmente con el uso de billetes de determinada denominación, y los cambios en relación entre esos "billetes grandes" y el volumen total de billetes permite estimar el tamaño de la economía sumergida.

A.II. Método contable.

Dado que el PIB se puede medir a través del output, del gasto, y de la renta de factores; y puesto que estos se ven afectados de manera diferente por la evasión fiscal, esas diferencias nos pueden servir para estimar el volumen de evasión fiscal.

A.II.1. Nivel de renta nacional.

Diferencia entre el gasto nacional en bienes y servicios y la renta estimada a través de datos fiscales[293].

A.II.2. Nivel de renta declarada.

Diferencia entre el nivel de renta, según las estadísticas oficiales y el nivel de renta declarada al Fisco. Esta metodología fue empleada por la Comisión para el estudio del fraude fiscal en España.

---

[292] Vid: Feige, E., (1.979) "How big is the irregular economy?", *Challenge*, vol. 22, pp.: 5-13.
[293] Vid: Hansson, I., (1.982) "The underground economy in a high tax country: the case of sweden", en *The underground economy in the United States and abroad*, Tanzi (ed.), Lexington Books, Massachusets.

B. Métodos con datos microeconómicos.

B.I. Métodos de encuestas.

Utiliza encuestas para determinar el volumen de la evasión fiscal y comparan esos resultados con las magnitudes de la contabilidad nacional.

B.II. Renta y gasto a nivel familiar.

La diferencia entre el nivel de gasto familiar con la renta de dicha familia.

B.III. Mercado de trabajo.

Se basan en encuestas sobre agentes reales o potenciales que actúan en la economía oculta. A partir del volumen del empleo no oficial y de su productividad, se calcula el valor de la renta no registrada.

C. Información obtenida por medio de amnistías fiscales.

Se comparan las declaraciones de rentas presentadas en períodos de amnistía con las obtenidas en períodos normales.

G. Planteamientos no estrictamente económicos de la evasión fiscal.

No todos los trabajos que surgieron a partir del inicial de Allingham & Sandmo analizaron la evasión desde un enfoque estrictamente económico, por el contrario, muchas de esas investigaciones y discusiones se han desarrollado en ámbitos en los que confluyen otros enfoques, además del económico, como pueden ser el de la psicología social, la psicología financiera, etc. Ni que decir tiene que en los trabajos anteriores a este de Allingham & Sandmo se analizaba la evasión desde un punto de vista exclusivamente psicológico, así se entendía que la oposición de los contribuyentes al cumplimiento fiscal se debía a factores de índole psicológico y no a causas estrictamente económicas. Se hablaba en esos trabajos de ética fiscal para referirse a la actitud de los contribuyentes para con los deberes fiscales. Ética fiscal que se encontraba estrechamente relacionada con la sensación de los contribuyentes sobre el trato desigual que pueden recibir de las autoridades fiscales[294].

La consideración de variables no económicas en la modelización del comportamiento del contribuyente arranca desde el mismo trabajo de Allingham

---

[294]   Vid: Schmolders, G., (1.965) *Lo irracional de la Hacienda Publica*, Editorial de Derecho Financiero, Madrid.

& Sandmo[295], en el que se incluía la variable "s" de reputación social o estigma social. Variable que intentaba englobar a todos los factores psicológicos que inciden en la utilidad del contribuyente. Por lo que la utilidad, no solo dependía de la renta neta después de satisfechos los impuestos, sino que además dependía de la reputación social; en cuyo caso las condiciones para la existencia de una evasión óptima de impuestos se vuelven más estrictas, más rigurosas en definitiva.

En contra de la anterior opinión, se llegó a afirmar la imposibilidad de explicar el comportamiento honesto de los contribuyentes incorporando una variable que recogiese los costes psíquicos de los contribuyentes en la función de utilidad esperada[296]. Sin embargo, muy pronto se demostró lo equivocado de esta afirmación y así las aportaciones de Bejamini & Maital[297], el trabajo pionero de Block & Heineke[298], y también Pyle[299], muestran su oposición a la afirmación anterior y, reconociendo como cierta la premisa de partida: "no todos los contribuyentes son maximizadores y amorales", manifiestan la posibilidad de que con los modelos de utilidad, en los que se recojan los factores psíquicos que influyen en la elección del contribuyente, se pueda explicar el comportamiento de los contribuyentes honestos.

Si en el modelo de comportamiento del contribuyente se incorpora el coste psíquico a través de la función de utilidad, asumiendo que esta es aditivamente separable, se puede comprobar como la condición de entrada se hace más rigurosa que la prevista inicialmente por Allingham & Sandmo ($P\theta < t$), y este endurecimiento en la condición de entrada, debido a los factores psíquicos, explica el porqué muchos contribuyentes deciden no ocultar sus ingresos[300]. Con este modelo, y bajo las hipótesis de una sanción que sea función de la base ocultada, una subida en el tipo impositivo marginal provocaría que contribuyentes honestos se convirtiesen en evasores (un aumento de los beneficios esperados como consecuencia de una subida en el tipo impositivo, puede ser lo suficientemente fuerte como para que la suma de los costes esperados y de los costes psíquicos de la evasión sean menores que los beneficios esperados, y los contribuyentes decidan entonces evadir). Sin embargo, si consideramos la sanción como función de la cuota líquida evadida, un au-

---

295   Vid: Allingham, M.G.; Sandmo, A., (1.972), Op. Cit., pp.: 326-327.

296   Vid: Skinner, J.; Slemrod, J., (1.985) "An economic perspective on tax evasion", *National Tax Journal*, vol. 38, pp.: 345-353.

297   Vid: Benjamini, Y.; Maital, S., (1.985) "Optimal tax evasion and optimal tax evasion policy: behavioral aspects", en *The economics of the shadow economy*, Gaertner y Wenig (ed.), Springer-Verlag, Berlin.

298   Vid: Block, M.K.; Heineke, J.M., (1.975) "A labor theoretic analysis of criminal choice", *American Economic Review*, vol. 65, pp.: 314-325.

299   Vid: Pyle: D.J., (1.989), Op. Cit., pp.: 103.

300   Vid: Benjamini, Y.; Maital, S., (1.985), Op. Cit..

mento en el tipo impositivo conlleva una disminución en el volumen de evasión fiscal[301].

Resultados idénticos se alcanzan cuando consideramos un coste psíquico en la función de utilidad esperada proporcional a la cantidad de ingresos ocultada, y no como una variable que recoja a los costes psíquicos de forma fija e independiente del volumen de cuota evadida.

En los modelos anteriores, además de incorporar los costes psíquicos, se analiza también la influencia que la actitud del resto de contribuyentes hacia la evasión pudieran tener en la decisión de evadir o no de un contribuyente. LLegándose a demostrar que la propensión a evadir impuestos es mayor si el contribuyente sabe o presiente que otros contribuyentes también evaden. El razonamiento que se hace nuestro contribuyente es: ¿si los demás evaden porque yo no puedo hacerlo?.

Diversos trabajos empíricos[302] vinieron a corroborar esas ideas, demostrándose como: 1) cuando un contribuyente percibe que los beneficios que obtiene de los gastos públicos es suficientemente alto en relación a los impuestos que paga, estará menos predispuesto a evadir; 2) existe una relación negativa entre la evasión y la creencia en leyes e instituciones[303]; 3) existencia de una relación positiva entre la evasión de un contribuyente y la actitud del resto del grupo ante la evasión.

Al enfoque económico tradicional de la evasión fiscal, no sólo se le criticó por no recoger los costes psíquicos que esta actividad conlleva, se le achacó también la excesiva relevancia que se otorgaba a la función de utilidad esperada de Von Neumann & Morgenstern, no admitiéndose la posibilidad de encontrarnos ante comportamientos no maximizadores de la utilidad individual. Así, se demostró, como además de la relación entre el contribuyente y el estado (representadas por las actividades inspectoras y de sanción), existe una relación de intercambio entre agentes, contribuyente-estado. El contribuyente paga sus impuestos, (precio), y a cambio recibe unos servicios del estado, (bienes y servicios públicos). En este contexto la evasión se puede considerar como la respuesta del contribuyente al estado por la insatisfacción de los servicios que este le presta. Se comprueba también como en el caso de que un contribuyente perciba que muchos individuos de su entorno evaden, en-

---

[301]   Vid: Yitzhaki, S., (1.974), Op. Cit., pp.: 201.
[302]   Vid: Geeroms, H.; Wilmots, H., (1.985), Op. Cit..

   También Baldry, J.C., (1.987), Op. Cit., demuestra experimentalmente la influencia de factores morales en la decisión de evadir. Finaliza este trabajo con la afirmación de que el comportamiento individual sobre la evasión no esta determinado exclusivamente por el valor monetario de las ganancias esperadas.

[303]   Vid: Thibeaut, J.N.; et. al., (1.974), "Compliance with rules: some social determinants", *Journal of personality and Social Psychology*, vol. 30, pp.: 792-801.

tonces el compromiso social al cumplimiento de la norma será mucho más débil[304].

En otros trabajos se ha ido mucho más lejos, llegándose a cuestionar la posible deseabilidad de la evasión fiscal. Desde una aproximación a la evasión fiscal desde la teoría de la Economía Política Constitucional se afirma que, en ausencia de una constitución fiscal óptima[305], sería defendible la existencia de evasión fiscal en la medida que limita el poder del estado[306]. A su vez si, cuando ya establecida la constitución fiscal óptima, algún contribuyente decide evadir, estará incurriendo en cuantiosos costes psíquicos que deberán ser recogidos junto a los costes económicos para analizar correctamente las decisiones a las que se enfrentan los contribuyentes-evasores.

No obstante lo dicho líneas arriba, y aun admitiendo la existencia de factores no económicos que ejercen una importante influencia en la conducta del contribuyente a la hora de tomar la decisión de evadir o no, son causas económicas las que inciden en mayor medida sobre el grado de aceptación y cumplimiento fiscal[307]. La decisión de evadir o no, lleva aparejada un cálculo económico en el que de los posibles beneficios se restan los costes esperados, y en función del signo de esa esta se decidirá evadir, signo positivo, o no, signo negativo.

[304]   Vid: Spicer, M.W.; Lundstedt, S.B., (1.976) "Understanding tax evasion", *Public Finance*, vol. 31, pp.: 295-305.

[305]   Vid: Brennan, G.; Buchanan, J.M., (1.977) "Towards a tax constitution for Leviathan", *Journal of Publics Economics*, vol. 8, nº 3, pp.: 255-274.

[306]   Vid: Spicer, M.W., (1.990), Op. Cit., pp.: 125.

[307]   Vid: Lewis, A., (1.979) "An empirical assessment of tax mentality", *Public Finance*, vol. 34, nº 2, pp.: 245-256.

En este trabajo se demuestra analíticamente como no hay ninguna relación directa entre conciencia fiscal y evasión fiscal.

CAPITULO II

MODELO BASICO DE COMPORTAMIENTO DEL CONTRIBUYENTE.

A. INTRODUCCIÓN.

El estudio de la evasión fiscal hasta principios de los setenta había sido materia reservada de forma exclusiva a juristas, sociólogos y psicólogos[1]; los cuales habían estudiado este tema como un comportamiento de naturaleza colectiva centrando su atención en: las causas desencadenantes de dicho fenómeno, las formas en que se manifestaba, y las consecuencias que originaba[2]. Esta orientación cambió diametralmente a principios de los años setenta, desde entonces se comenzó a analizar el problema de la evasión fiscal con un planteamiento metodológico individualista.

Dentro de lo que se ha conocido como "imperialismo económico"[3], y que se refiere al hecho de que el análisis económico extiende su estudio a ámbitos de la conducta humana tradicionalmente ajenos al conocimiento del economista para abarcar el estudio de fenómenos sociales sin relación directa con el mercado, el análisis económico de la evasión fiscal constituye hoy en día una de las direcciones más consolidadas.

Vamos a detenernos, aunque sea muy brevemente, en los fundamentos teóricos sobre los que descansa el análisis económico de la evasión fiscal. La primera consideración es que en el estudio de cualquier fenómeno social el análisis económico elabora explicaciones, predicciones, y propone soluciones, centrándose en el estudio del comportamiento de los individuos. Por lo que el análisis económico de la evasión fiscal se fundamenta sobre la base del individualismo metodológico, ya que aborda el estudio de la evasión fiscal desde la perspectiva del comportamiento de los individuos que están detrás de ese fenómeno. Este individualismo metodológico postula que en la vida social so-

---

[1]   Con la salvedad del tratamiento teórico de la evasión, más concretamente del contrabando, llevado a cabo por los economistas italianos del Siglo XVIII: Beccaria y Silio.

[2]   Exceptuando las aportaciones dirigidas a estimar la magnitud del fenómeno del fraude con fines preventivos, la mayor parte de los trabajos sobre la evasión se dirigían al estudio de las causas que provocan la existencia de dicho evento.

[3]   Vid: Boulding, K., (1.969) "Economics as a moral science", *American Economic Review*, vol. 59, pp.: 3-15.

lo existen unos entes concretos que son los individuos, solo los cuales podrán experimentar placer o dolor, y consecuentemente, solo ellos podrán tomar decisiones y decidir lo que es bueno o es malo para sus intereses. Esta idea implica que las instituciones no son sino instrumentos que los individuos utilizan para el logro de sus fines y no tendrán, por tanto, objetivos diferentes de los perseguidos por los individuos que las componen. Estas instituciones tampoco tendrán capacidad de elección, sino que las elecciones que ellas adoptan son el resultado de alguna forma de agregación de decisiones individuales. Para el análisis económico serán los individuos las únicas unidades que valoran, deciden y eligen[4].

El individualismo metodológico conlleva el rechazo de una racionalidad social independiente de la racionalidad de los individuos[5]. Esta racionalidad individual va a suponer que el individuo es capaz de elegir entre alternativas de una forma suficientemente ordenada como para poder atribuir la cualidad de racionalidad al comportamiento observado[6].

El análisis económico desarrolla un planteamiento metodológico peculiar al basarse en la hipótesis del "homo economicus", lo que implica entender al individuo cuyo compartimiento busca la maximización de su utilidad; es decir, como un ser egoísta que persigue la consecución de su propio interés y que trata de maximizarlo de forma racional. El análisis económico se ha servido de la hipótesis del "homo economicus" para explicar el comportamiento de los individuos en los distintos tipos de mercados. La utilización del modelo de "homo economicus" en el análisis económico se justifica porque la tendencia del individuo estándar a guiarse en sus relaciones sociales por la consecución de sus propios objetivos se manifiesta con la suficiente fuerza como para hacer que este sea el modelo que mejor explica el comportamiento de los individuos. Modelo que, por otra parte, se utilizará para explicar todo comportamiento humano, independientemente del ámbito social en que se desarrolle, pues si en el estudio de las relaciones mercantiles se utiliza el modelo del "homo economicus", no resultaría muy congruente que para el estudio de relaciones sociales se utilizase un modelo diferente, ya que el individuo cuyo comportamiento es objeto de análisis es el mismo en el terreno económico que en el social. Desde el punto de vista metodológico es evidente que para construir una teoría sobre el comportamiento de los individuos en cualquier esfera de su actividad, es necesario suponer que en general estos se mueven por motivos similares, en caso contrario sería imposible construir una teoría científica con valor explicativo y predictivo general sobre el com-

---

[4]   Vid: Casas, J., (1.991) "Sobre la relevancia de la economía constitucional", en *Estudios en Homenaje al Profesor Carlos G. Otero Díaz*, Universidad de Santiago de Compostela, pp.: 253, y 257-259.

Salinas, F.J., (1.991) *Economía Política del Federalismo Fiscal Español*, Instituto de Estudios Fiscales, Madrid, pp.: 18-21.

[5]   Vid: Salinas, F.J., (1.991), Op. Cit., pp.: 19.

[6]   Vid: Casas, J., (1.991), Op. Cit., pp.: 256.

portamiento en los distintos escenarios y situaciones. Entendemos, por tanto, que el comportamiento humano no está tabicado y que, consecuentemente, los individuos no maximizarán en unos casos y en otros no, sino que todo comportamiento humano puede observarse como algo que afecta a agentes que maximizan algún tipo de variable[7].

A este cambio de orientación el en estudio de la evasión fiscal que se produjo a finales de los sesenta y principios de los setenta, pasando de un enfoque colectivista a uno más individualista, y más concretamente microeconómico, contribuyó la aparición de dos líneas de investigación: por un lado los estudios económicos sobre la conducta delictiva, siendo pionero el trabajo de Becker[8], sin olvidarnos de la aportación de Tulkens & Jacquemin[9]; y por otro los trabajos sobre la incertidumbre y aversión al riesgo, con las aportaciones de Arrow[10], Pratt[11], Mossin[12], Mirrlees[13], etc. Estas dos líneas de investigación constituyeron la semilla de una serie de estudios que a nivel microeconómico se realizaron sobre la evasión fiscal a principio de los años setenta.

Señalado lo anterior, no nos resta en esta introducción más que el referirnos a la estructura y contenido del presente capítulo. El cual queda como sigue.

En un primera parte exponemos un modelo inicial del comportamiento del contribuyente en base al elaborado por Allingham & Sandmo[14], con especial énfasis en las hipótesis que se establecen en el mismo y las condiciones de maximización. Modelo que iremos reelaborando a lo largo de este segundo capítulo.

En una segunda parte realizamos un ánalisis de estática comparativa sobre la formalización efectuada del comportamiento del contribuyente. Así, estudiamos cómo afecta a la cantidad óptima de cuota líquida a evadir la variación de: la renta real obtenida por el contribuyente, el tipo sancionador, el tipo impositivo, y la probabilidad de descubrimiento de la ocultación de in-

---

[7]   Vid:
- Casas, J., (1.991), Op. Cit., pp.: 253-255.
- Pastor, S., (1.989) *Sistema Jurídico y Economía. Una Introducción al Analisis Económico del Derecho*, Tecnos, Madrid, pp.: 33.

[8]   Vid.: Becker, G.S., (1968) "Crime and punishment: an economic approach", *Journal of Political Economy*, nº 76, pp.: 169-217.

[9]   Vid.: Tulkens, H.; Jacquemin, A., (1971) "The cost of delinquency: a problem of optimal allocation of private and public expenditure", *Papel de Trabajo C.O.R.E.*, nº 7133.

[10]   Vid.: Arrow, K.J., (1970) *Essays in the theory of risk-bearing*, North-Holland, Amsterdam.

[11]   Vid.: Pratt, J.W., (1964) "Risk-aversion in the small and the large", *Econometrica*, vol. 32, pp.: 122-136.

[12]   Vid.: Mossin, J., (1968) "Taxation and risk-taking: an expected utility approach", *Economica*, vol. 35, pp.: 74-82.

[13]   Vid.: Mirrlees, J.A., (1971) "An exploration in the theory of optimum income taxation", *Review of Economic Studies*, vol. 38, nº 2, pp.: 175-208.

[14]   Vid.: Allingham, M.G.; Sandmo, A., (1972). Op. cit.

gresos; así como, la relación entre el ritmo de crecimiento de la renta real con la base imponible declarada.

En una tercera parte relajamos las hipótesis iniciales una a una; así consideramos un tipo sancionador a aplicar sobre la cuota evadida[15]; adoptamos una función impositiva lineal[16]; habrá lugar a considerar la renta real como una variable endógena[17] y tendremos en cuenta una probabilidad de detección endógena.

En una cuarta parte procedemos a ampliar la capacidad explicativa de nuestro modelo añadiendo variables que recogen los costes no pecuniarios en los que incurre el evasor, y realizamos una aproximación dinámica al problema de la evasión.

Por último, estudiamos un modelo alternativo al visto[18]. Modelo que permitirá obviar el establecimiento de hipótesis sobre la forma de las funciones de utilidad, pero con la limitación de que considera a toda persona neutral al riesgo. Razón por la que exponemos este modelo con la única pretensión de destacar las ventajas y deficiencias del modelo con el que nosostros vamos a trabajar.

B. MODELIZACIÓN DE LA CONDUCTA DEL CONTRIBUYENTE[19].

El contribuyente se enfrenta a un conjunto de alternativas de declaración fiscal en condiciones de incertidumbre. El individuo-contribuyente tendrá que realizar una elección ex-ante que le origina una serie de posibles consecuencias que vamos a reducir a dos: inspección de su declaración, y, en su caso, sanción por esa declaración. El contribuyente, en definitiva, deberá elegir entre no declarar todos sus ingresos, aumentando de ese modo su renta disponible, pero con el riesgo de su posible sanción; o declarar todos sus ingresos, con la consiguiente reducción en su renta disponible. La ocultación de toda o parte de la base imponible no tiene porque desencadenar de modo automático la actividad sancionadora de la Administración Tributaria.

---

[15]   Vid.: Yitzhaki, S., (1974) "A note on imcome tax evasion: a theoretical analyisis", *Journal of Public Economics*, vol. 3, pp.: 201-202.

[16]   Vid.: Koskela, E., (1983b) "On the shape of tax schedule, the probability of detection, and the penalty schemes as deterrents to tax evasion", *Public Finance*, vol. 38, pp.: 70-80.

[17]   Vid.: Andersen, P., (1977) "Tax evasion and labor supply", *Scandinavian Journal of Public Economics*, vol. 79, nº 3, pp.: 375-383.

[18]   Vid.: Srinivasan, T.N. (1973). Op. Cit.

[19]   Aunque pueda parecer que el siguiente modelo solo es válido para contribuyentes que realicen trabajo autónomo: agricultores, comerciantes, profesionales, etc. Contribuyentes, en suma, no sujetos a retenciones en la fuente, como ocurre a los trabajadores por cuenta ajena. A pesar de esta apariencia en contrario, el siguiente modelo es aplicable a ambas figuras de trabajo por igual, pues todas ellas están más o menos controladas por Hacienda, y prueba de ello es la ingente cantidad de información cruzada que el Fisco tiene de la renta de todos los contribuyentes obtenidas gracias a las declaraciones del IVA.

Las hipótesis de partida que vamos a establecer en la modelización de la conducta del contribuyente son las siguientes:

a.- Renta personal del contribuyente exógena, "y".

b.- Tipo impositivo constante, "t", tal que $0 < t < 1$; es decir, un tipo impositivo positivo pero nunca confiscatorio.

c.- Tipo sancionador, "θ", aplicable sobre la base ocultada, "y-x". Considerando en todo caso que el tipo sancionador es mayor que el tipo impositivo, "$θ > t$".

d.- Una probabilidad, "p", de que la evasión sea detectada exógena. Este supuesto de exogeneidad equivale a establecer como hipótesis que un porcentaje, "p", de las declaraciones son inspeccionadas aleatoriamente. Esta exogeneidad va a implicar también que los contribuyentes conocen de antemano la posibilidad de que sean sometidos a inspección.

e.- Contribuyente racional que busca maximizar su utilidad, siendo el único argumento de la función de utilidad la renta de nuestro contribuyente a modelizar.

f.- Utilidad marginal positiva y estrictamente decreciente; lo que va a suponer el considerar a nuestro contribuyente con aversión al riesgo. Aversión al riesgo que va a afectar a la elección del contribuyente sobre la cantidad de renta a declarar al ser esta una actividad con incertidumbre.

Esas funciones de utilidad las vamos a representar mediante funciones de utilidad del tipo Von Neumann & Morgenstern, lo que conlleva el cumplimiento de los axiomas de la conducta racional bajo incertidumbre prescritos por la teoría de la utilidad esperada[20]. Los autores antes citados, y previamente Ramsey[21], han demostrado que en situaciones bajo incertidumbre, y con unos supuestos no excesivamente restrictivos, se podría obtener una función de utilidad que explicase el comportamiento del individuo en términos de maximización del valor esperado de su bienestar.

h.- Los bienes suministrados por el Sector Público tienen un carácter exógeno para nuestro contribuyente. Por lo que estos bienes se suministraran en una cuantía independiente de la contribución que este haga al erario público a tráves del impuesto de la renta.

En el modelo que vamos a desarrollar utilizaremos la siguiente notación:

y ⇒   Renta personal del contribuyente.

x ⇒   Base imponible declarada. Va a ser nuestra variable de elección.

t ⇒   Tipo impositivo.

θ ⇒   Tipo de imposición que recaerá sobre la base ocultada cuando ésta sea descubierta.

---

[20]   Vid.: Neumann (Von), J.; Morgenstern, O., (1944) *Theory of game and economic behaviour*, Princenton University Press.

[21]   Vid.: Ramsey, F.P., (1931) "Truth and probability" en *The foundations of mathematics and other logical essays*, London: Paul, Trench, Trubner.

p $\Rightarrow$ Probabilidad de detección.

U(y) $\Rightarrow$ Función cardinal de utilidad de la renta.

E[u] $\Rightarrow$ Utilidad esperada después de los impuestos.

$U_1 \Rightarrow$ Primera derivada, en este caso se trata de la utilidad marginal.

$U_{11} \Rightarrow$ Segunda derivada, en este caso es la derivada de la utilidad marginal.

Si el contribuyente decide realizar una declaración de renta inferior a la realmente obtenida, "x < y", pueden darse dos situaciones:

1ª Que la ocultación de renta llevada a cabo por el contribuyente no sea descubierta por las autoridades fiscales. En cuyo caso dispondrá de una renta igual a la diferencia entre su renta personal y la cuota tributaria liquidada; expresado en términos más formales:

$$y\text{-}tx \tag{1}$$

2ª Que la ocultación de toda o parte de la renta sea detectada por la actividad inspectora y por ello sancionado. En este caso la renta con la que podría disponer nuestro contribuyente sería la inicial menos los impuestos ya pagados y menos la sanción que recaería sobre la renta ocultada. Es decir:

$$y\text{-}tx\text{-}\theta(y\text{-}x) \tag{2}$$

Cada una de esas posibles situaciones en las que se puede encontrar el evasor está determinada por la renta disponible del sujeto: mayor que en la situación legal si la evasión tiene éxito, y menor si no lo tiene. El contribuyente deberá valorar la probabilidad de que ocurra cada uno de esos sucesos: "p" en el primer caso, y "1-p" en el segundo. Por tanto, con esas posibles alternativas tenemos como función objetivo a maximizar:

$$E[u] = (1\text{-}p)U(y\text{-}tx) + pU[y\text{-}tx\text{-}\theta(y\text{-}x)] \tag{3}$$

Vamos a simplificar esa expresión y para ello hacemos el siguiente cambio de variable:

$$\alpha = y\text{-}tx \tag{4}$$

$$\beta = y\text{-}tx\text{-}\theta(y\text{-}x) \tag{5}$$

Por lo que nuestra función objetivo inicial puede expresarse:

$$E[u] = (1\text{-}p)U(\alpha) + pU(\beta) \tag{6}$$

Nuestro contribuyente racional deberá elegir aquel valor de "x", base declarada, que haga máxima su función objetivo. El valor de "x" que obtengamos será la cantidad óptima que el contribuyente deberá declarar para maximizar su utilidad esperada una vez pagados los impuestos.

Para verificar que ese valor de "x" es el valor óptimo basta con que se cumplan las condiciones de maximización de la función objetivo respecto de la variable de elección "x".

A.- Condición de primer orden.

Esta condición de primer orden exige que la derivada de la utilidad esperada con respecto a la base declarada se anule.

$$\frac{\delta E[u]}{\delta x} = t(1-p)U_1(a) + (t-\theta)pU_1(\beta) = 0 \tag{7}$$

B.- Condición de segundo orden.

Para la existencia de máximo es necesario que la derivada segunda de la utilidad esperada respecto de la variable de decisión, "x", sea negativa.

$$\frac{\delta^2 E[u]}{\delta x^2} = t^2(1-p)U_{11}(a) + (t-\theta)^2 pU_{11}(\beta) < 0 \tag{8}$$

Para que resulte más sencillo operar en nuestro modelo realizamos el siguiente cambio de variable:

$$t^2(1-p)U_{11}(a) + (t-\theta)^2 pU_{11}(\beta) = Q < 0 \tag{9}$$

Esta condición de segundo orden se cumple en nuestro modelo, ya que solo requiere para ello que "$U_{11}(y) < 0$" lo cual quedaba fijado en muestras hipótesis iniciales al establecer que la utilidad marginal es estrictamente decreciente.

Llegados a este punto tenemos determinadas ya las condiciones de optimización para la existencia de máximo. Pero a priori no podemos asegurar que ese máximo sea interior, "$y > x > 0$", porque para que esto sea cierto es necesario que el valor de los parámetros tributarios: "p", "t", y "θ", sea compatible con el cumplimiento de las dos condiciones siguientes:

a)

$$\left.\frac{\delta E[u]}{\delta x}\right|_{X=0} = -t((1-p)U_1[y-t0] - (t-\theta)p[y-t0-\theta(y-0)]) > 0 \tag{10}$$

Operamos en esa expresión:

$$p\theta > t \left| p + (1-p)\frac{U_1[y]}{U_1[y-\theta y]} \right| \qquad (11)$$

Siendo esta expresión una cláusula de equilibrio que nos va a garantizar la existencia de solución interior. Es fácil comprobar, por otra parte, como el factor contenido entre corchetes es positivo y menor que la unidad.

b)

$$\left.\frac{\delta E[u]}{\delta x}\right|_{X=Y} = -t(1-p)U_1[y-ty]-(t-\theta)pU_1[y-ty-\theta y+\theta y]<0 \qquad (12)$$

Operando, se llega a:

$$p\theta < t \qquad (13)$$

La interpretación de esta segunda cláusula de equilibrio será la siguiente: cuando toda la renta es declarada por el contribuyente a la autoridad fiscal este contribuyente podría incrementar su utilidad esperada reduciendo la base imponible declarada si la sanción esperada fuese menor que la cuota tributaria a liquidar.

Resulta sencillo comprobar, fijándose en la expresión [13], que un individuo decidirá ocultar su renta si la sanción que espera pagar por cada unidad de renta no declarada, "(p*0)", es menor que el tipo impositivo, "t".

La expresión [13], "$p\theta < t$", resulta ser de este modo la condición de entrada en la evasión fiscal. Los contribuyentes solo estarán dispuestos a evadir una suma de su renta, considerada óptima, cuando el tipo sancionador esperado, que le seria impuesto en caso de ser descubierto por las autoridades fiscales, sea positivo pero menor que el tipo impositivo normal.

Del resultado [13] se deduce que para el control de la evasión fiscal la Administración Tributaria debe actuar sobre esos parámetros de tal modo que las sanciones esperadas superen a los tipos impositivos. Supongamos sin embargo que el nivel de sanciones esperadas permite la adopción racional de una conducta evasora[22]. El siguiente paso sería el estudiar la reacción de nuestro contribuyente modelizado ante variaciones de los distintos parámetros: "p", "t", "x/y", "y" y "θ".

---

[22]   En todo el desarrollo formal que vamos a realizar en el siguiente apartado supondremos que el valor de los parámetros tributarios satisface las condiciones [11] y [13].

C. ANÁLISIS DE ESTÁTICA COMPARATIVA.

Hasta aquí nos hemos limitado a plantear un modelo básico de comportamiento del contribuyente siguiendo las pautas establecidas en la formularización de Allingham & Sandmo. De acuerdo a la cual vamos a proceder, a continuación, a la variación de los parámetros de política tributaria: "p", "θ", y "t", además de "y" e "x/y"; y a analizar cual puede ser la reacción de nuestro contribuyente considerado ante dichas variaciones[23].

1. Efectos de la modificación de la renta real.

Vamos a tratar de determinar como afecta a la decisión de evadir de nuestro contribuyente cuando se producen variaciones en su renta real. Esto es, intentaremos averiguar el cociente de $\delta x/\delta y$.

Dado que:

$$\frac{\delta x}{\delta y} = \frac{\delta^2 E[u]/\delta x \delta y}{\delta^2 E[u]/\delta x \delta x} \tag{14}$$

Por lo tanto:

$$\frac{\delta x}{\delta y} = -\frac{1}{Q} t(1-p)U_1(a) \left[\frac{-U_{11}(a)}{U_1(a)} + (1-\theta)\frac{U_{11}(\beta)}{U_1(\beta)} \right] \tag{15}$$

Llegados a este punto vamos a abrir un paréntesis para recordar las expresiones de aversión absoluta al riesgo de Arrow y Pratt[24]:

$$R_A(a) = -\frac{U_{11}(a)}{U_1(a)} \tag{16}$$

---

[23] Teniendo en cuenta las conclusiones a las que llegamos, quizás mucha gente se pregunte el porqué del uso de tan complejo aparato matemático para alcanzar resultados que parecen de pura lógica y los cuales se podrían obtener sin necesidad de excesiva formalización. Como afirma el profesor Lagares "...en muchas ocasiones la formalización de opiniones más o menos comunes suele añadir a estas una cierta garantía de veracidad de la que antes es posible que no gozasen..." Vid: Lagares, M.J., (1.974), Op. Cit., pp.: 54.

El objetivo de esta parte de nuestro trabajo no es sino el demostrar de una forma analítica y rigurosa lo que de un modo intuitivo se presume.

[24] Vid.: Arrow, K.J., (1970) *Essays in the theory of risk-bearing*, North-Holland, Amsterdam.

Pratt, J.W., (1964) "Risk aversion in the small and the large", *Econometrica*, vol. 32, pp.: 122-136.

$$R_A(\beta) = -\frac{U_{11}(\beta)}{U_1(\beta)} \qquad (17)$$

Según estos autores, la hipótesis más plausible es que la aversión absoluta al riesgo sea una función decreciente de la renta; aunque esta hipótesis no esta refrendada por ninguna demostración teórica, parece aceptable por todos que la gente acepta las opciones más arriesgadas cuanto mayor volumen de renta tengan. Es decir, y aplicado a nuestro modelo,

$$R_A(a)\text{-}R_A(\beta) < 0 \Longleftarrow \Rightarrow a > \beta \qquad (18)$$

Utilizando los índices de aversión absoluta al riesgo en el presente desarrollo analítico tenemos que:

$$\frac{\delta x}{\delta y} = -\frac{1}{Q}t(1-p)U_1(a)[R_A(a)-(1-\theta)R_A(\beta)] \qquad (19)$$

Vamos a estudiar el signo de esta expresión [19]:

$1/Q < 0$ ⇒   Puesto que $Q<0$, expresión [8].

$t > 0$ ⇒   El tipo impositivo tendrá que tener necesariamente un signo positivo.

$(1\text{-}p) > 0$ ⇒   La probabilidad de no ser detectada siempre será positiva, su valor se encontrará dentro de un intervalo cuyo extremo inferior sea cero y cuyo extremo superior sea uno.

$U_1(a) > 0$ ⇒   La utilidad marginal es positiva, por hipótesis.

Si al signo de esos cuatro factores unimos el signo negativo por el que van precedidos tenemos que:

$$-\frac{1}{Q}t(1-p)U_1(a) > 0 \qquad (20)$$

¿Cuál es el signo del factor que se encuentra entre corchetes? El signo de esa expresión estará en función del valor de "0" y de la aversión absoluta al riesgo. Si suponemos que la aversión absoluta al riesgo es decreciente. Es decir, cuanta más renta posea estará más dispuesto a aceptar un riesgo mayor, y consecuentemente:

$$R_A(a) < R_A(\beta) \qquad (21)$$

De modo que, para que el valor de la expresión [19] situada entre corchetes tenga signo positivo, será necesario que el tipo sancionador, "θ", sea mayor o igual que uno,"θ > = 1".[25]

Podemos concluir, por tanto, que el modelo no asegura una respuesta concluyente en cuanto a la tendencia, a decrecer o aumentar, que experimentan las bases fiscales al variar la capacidad contributiva, solo con: a) una aversión absoluta al riesgo decreciente, y b) un tipo sancionador igual o superior a la unidad, podrá asegurarse que la renta declarada aumentará al hacerlo la renta real del contribuyente GRAFICO 10.[26]

GRÁFICO 10

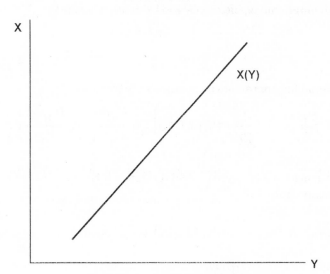

**Relación entre Renta Real y
Base Imponible Declarada**

---

[25] En nuestra legislación no resulta extraña la imposición de multas y sanciones superiores al importe de la cuota evadida, así en la disposición transitoria sexta de la Ley 29/1.987 de 18 de Diciembre se dice "... si por negativa infundada del contribuyente a presentar los documentos necesarios fuese preciso practicar la liquidación con los elementos que la misma Administración se procure, la multa será igual al importe de la cuota"

[26] Este resultado fue demostrado empíricamente, entre otros, por Vogel, Baldry, Clotfelter, etc. Vid:

- Baldry, J.C., (1.987) "Income tax evasion and the tax schedule: some experimental results", *Public Finance*, vol. 42, nº 3, pp.: 357-383.

- Clotfelter, C.T., (1.983) "Tax evasion and tax rates: an analysis of individual returns", *Review of Economic Statistics*, vol. 65, nº 3.

- Vogel, J., (1.974) "Taxation and public opinion in Sweden: an interpretation of recent survey", *National Tax Journal*, vol. 27, nº 4, pp.: 499-515.

2. Relación entre renta real y fracción de base imponible declarada.

Los resultados obtenidos en el epígrafe anterior resultan poco significativos, pues lo que nos vienen a decir es que a medida que aumenta la renta real aumenta la base tributaria declarada, y lo realmente importante no son tanto las magnitudes absolutas como las relativas; es decir, lo transcendental es averiguar si a medida que aumentan los ingresos obtenidos por nuestro contribuyente también lo hace la fracción de base imponible por él declarada a la Administración Tributaria, o si por el contrario disminuye.

En esta sección nos centramos en el análisis de la relación del incremento de ambas magnitudes, base declarada y renta personal.

$$\frac{\delta(x/y)}{\delta y} \tag{22}$$

Realizando las operaciones oportunas tenemos que:

$$\frac{\delta(x/y)}{\delta y} = -\frac{1}{y^2 Q} t(1-p)U_1(\alpha)\left[-\alpha\frac{U_{11}(\alpha)}{U_1(\alpha)} + \beta\frac{U_{11}(\beta)}{U_1(\beta)}\right] \tag{23}$$

Utilizamos ahora los índices de aversión relativa al riesgo para simplificar la expresión anterior.

$$R_R(\alpha) = -\alpha\frac{U_{11}(\alpha)}{U_1(\alpha)} \tag{24}$$

$$R_R(\beta) = -\beta\frac{U_{11}(\beta)}{U_1(\beta)} \tag{25}$$

Teniendo además en cuenta que la aversión relativa al riesgo es decreciente (constante) (creciente), si la fracción de recursos dedicados a activos con riesgo aumenta (permanece constante) (disminuye) al aumentar la renta; la expresión que nos queda es la siguiente:

$$\frac{\delta(x/y)}{\delta y} = -\frac{1}{y^2 Q} t(1-p)U_1(\alpha)[R_R(\alpha) - R_R(\beta)] \tag{26}$$

Al igual que en el apartado anterior vamos a examinar qué tipo de relación, directa o inversa, existe entre esas dos magnitudes.

$$1/y^2 \quad > \quad 0$$
$$-1/Q \quad > \quad 0$$
$$t \quad > \quad 0 \qquad > \quad 0$$
$$(1\text{-}p) \quad > \quad 0$$
$$U_1(a) \quad > \quad 0$$

El tipo de relación va a depender de la aversión relativa al riesgo. En este caso resulta más complejo establecer hipótesis de partida, pues a diferencia de lo que ocurría en el supuesto de la aversión absoluta al riesgo en el que parecía lógico suponer una aversión absoluta al riesgo decreciente, en el caso de la aversión relativa al riesgo resulta más complejo establecer ninguna hipótesis similar, por lo que el resultado de esta expresión **[26]** nos quedará más ambiguo que en [19][27]. De todos modos, podemos concluir que a medida que aumenten los ingresos reales obtenidos por el contribuyente, la fracción de ingresos declarados aumentará (permanecerá constante) (disminuirá) si la aversión relativa es un función creciente (constante) (decreciente) de la renta real del contribuyente. Así con aversión relativa al riesgo decreciente tenemos que:

$$\frac{\delta(x/y)}{\delta y} = -\frac{1}{y^2 Q}\, t(1-p)U_1(a)[R_R(a) - R_R(\beta)] < 0 \qquad (27)$$

Podemos interpretar esa desigualdad del siguiente modo: si nuestro contribuyente modelizado presentara una aversión relativa al riesgo decreciente, aumentos en los ingresos obtenidos irían acompañados de una disminución en la fracción de ingresos declarados al fisco[28].

---

[27] Así, mientras Mork se inclina por el decrecimiento de la aversión relativa al riesgo, Arrow es partidario de una relación creciente, aunque no descarta la posibilidad de fluctuaciones en sentido contrario. Y todo ello cuando este índice parece tener mayor utilidad que el índice de aversión absoluta al riesgo para el análisis de las decisiones económicas bajo incertidumbre, y es que se trata de la elasticidad de la utilidad marginal de la renta con relación a la renta:

$$R_R(a) = \frac{-a}{U_1}\frac{\delta U_1}{\delta y}$$

Vid:

- Arrow, K.J., (1.970), Op., Cit..

- Mork, K.A., (1.975) "Income tax evasion: some empirical evidence", Public Finance, vol. 30, nº 1, pp.: 70-76.

[28] Al mismo resultado llegó Mork a través de un estudio econométrico, según el cual la fracción de renta declarada disminuía al aumentar el nivel de renta. El lo achacaba a dos posibles motivos: al sistema impositivo progresivo, y a que la mayor parte de los ingresos no declarados no procedan de salarios sino de otros tipos de rendimientos para los que la evasión es más fácil de controlar e ingresos característicos de los contribuyentes con mayores niveles de renta.

Vid: Mork, K.A., (1.975), Op. Cit..

Por tanto, a medida que aumenta la capacidad contributiva del contribuyente la fracción de base imponible declarada aumentará, se mantendrá constante, o disminuirá, según que la aversión relativa al riesgo resulte ser, respecto de dicha capacidad contributiva, una función creciente, constante o decreciente.

3. Variación del tipo impositivo: efecto renta y efecto sustitución.

Bajo este epígrafe vamos a analizar cómo reacciona el contribuyente ante variaciones del tipo impositivo si el resto de parámetros permanecen constantes. Para lo cual tendremos que hallar la derivada de la base declarada en función de las variaciones del tipo impositivo,

$$\frac{\delta x}{\delta t} \tag{28}$$

Operando tenemos que:

$$\frac{\delta x}{\delta t} = \frac{1}{Q} xt(1-p)[R_A(\alpha) - R_A(\beta)] + \frac{1}{Q}[(1-p)U_1(\alpha) + pU_1(\beta)] \tag{29}$$

Al igual que en casos anteriores, el siguiente paso será el determinar el tipo de relación entre ambas variables. Sin embargo, y a diferencia de lo que ocurría en los apartados previos, en este caso tenemos dos sumandos y no uno. Respecto del primer sumando:

$$xt(1-p)[R_A(\alpha) - R_A(\beta)] \frac{1}{Q} \tag{30}$$

$Q < 0$
$x > 0$
$t > 0$
$(1-p) > 0$
$[R_A(\alpha) - R_A(\beta)] < = > 0$

El signo de este último factor va a depender del tipo de aversión absoluta al riesgo que presente nuestro contribuyente.

Siguiendo con la hipótesis establecida al examinar la relación entre base declarada y renta real podemos suponer una aversión absoluta al riesgo decreciente, por lo que:

$$R_A(\alpha) < R_A(\beta) \Rightarrow [R_A(\alpha) - R_A(\beta)] < 0 \tag{31}$$

Con esta hipótesis de aversión absoluta al riesgo decreciente, hipótesis bastante lógica y cercana al mundo real, tenemos que nuestro primer sumando de la expresión **[29]** presenta un signo positivo.

En cuanto al segundo de los sumandos de esa expresión, tenemos que:

$$[(1-p)U_1(\alpha) + pU_1(\beta)] \frac{1}{Q} \qquad (32)$$

Q   < 0

(1-p)   > 0

$U_1(\alpha)$ > 0   < 0

$U_1(\beta)$ > 0

Este segundo sumando tendrá siempre signo negativo, independientemente de la aversión absoluta al riesgo que presente el contribuyente.

El primero de esos sumandos representa el efecto renta: aumento de la base declarada debido a la disminución de renta disponible originada por un aumento en el tipo impositivo, y el efecto sustitución el segundo, que representa el aumento de la evasión necesaria para compensar la pérdida de renta provocada por un aumento en el tipo impositivo.

El resultado final será ambiguo, ya que tenemos dos sumandos con signos opuestos **(GRAFICO 11 y 12)**. Por lo que el tipo de relación final existente entre las variables renta declarada y tipo impositivo dependerá de cual de los dos tenga más fuerza. Por tanto, en nuestro modelo, y bajo la hipótesis de aversión absoluta al riesgo decreciente, el efecto que la variación del tipo impositivo tenga sobre la base declarada no esta claro debido al sentido opuesto con que actúan el efecto renta y el efecto sustitución. Así, mientras el efecto sustitución eleva la evasión en el margen al aumentar los tipos impositivos y hacerla de ese modo más rentable, el efecto renta, por el contrario, hará disminuir la evasión, ya que un tipo impositivo mayor emprobece al contribuyente con lo que se reducirían las ocultaciones de renta. Sólo en el caso de que los contribuyentes fueran neutrales al riesgo un aumento en el tipo impositivo aumentaría la evasión[29].

---

[29]   Prueba de esta ambigüedad son los resultados opuestos a los que llegaron los distintos trabajos empíricos que sobre el estudio de la relación entre tipo impositivo y renta ocultada se realizaron. Así, mientras Clotfelter halló una relación directa entre ambas magnitudes; Slmerod no consiguió demostrar, a través de un análisis econometrico, tal relación positiva.

Vid:

- Clotfelter, C.T., (1.983), Op. Cit..

- Slemrod, J., (1.985), "An empirical test for tax evasion", *Review of Economic and Statistics*, vol. 67, pp.: 232-238.

GRAFICO 11

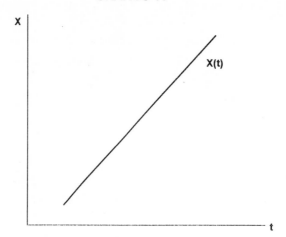

**Relación entre Tipo Impositivo y
Base Imponible Declarada (Efecto Renta)**

GRAFICO 12

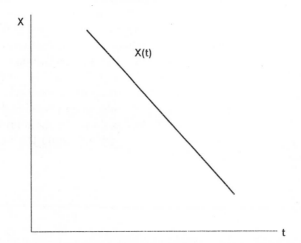

**Relación entre Tipo Impositivo
Base Imponible Declarada (Efecto Sustitución)**

4. Modificación del tipo sancionador.

¿Existe alguna relación entre tipo sancionador y cantidad de base imponible declarada? ¿Qué tipo de relación? A estas, y a preguntas similares, intentamos dar respuesta en el presente epígrafe. En otras palabras, se intenta determinar cuál es el signo de la derivada de la cantidad de base impositiva declarada respecto a cambios en el tipo sancionador.

$$\frac{\delta x}{\delta \theta} \geq \leq \tag{33}$$

Realizando el oportuno cáculo diferencial tenemos que:

$$\frac{\delta x}{\delta \theta} = \frac{-p(t-\theta)(y-x)\,U_{11}(\beta) - pU_1(\beta)}{Q} \tag{34}$$

Examinemos ahora el signo de esa expresión [34]

$$
\begin{aligned}
Q & < 0 \\
-p & < 0 \\
(t-\theta) & < 0 \\
(y-x) & > 0 \qquad\qquad > 0 \\
p & > 0 \\
U_1(\beta) & > 0 \\
U_{11}(\beta) & > 0
\end{aligned}
$$

La interpretación de este signo positivo sería la siguiente: a medida que las autoridades políticas decidan aumentar el tipo sancionador la cuantía de base declarada también aumenta (**GRAFICO 13**). En el caso de que la política seguida fuese la contraria, disminuciones en el tipo sancionador, la cuantía de base imponible declarada disminuiría.

GRAFICO 13

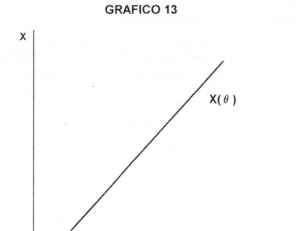

Relación entre tipo sancionador
Base Imponible Declarada

5. Modificación de la probabilidad de detección.

En este apartado intentamos determinar cual es la relación existente entre la base imponible declarada y la probabilidad de que la ocultación de ingresos sea detectada por los órganos encargados de la Administración tributaria.

Nuestro objetivo es el determinar, por tanto, el signo de la derivada de la base tributaria declarada con respecto a la probabilidad de detección.

$$\frac{\delta x}{\delta p} \geq \leq 0 \tag{35}$$

Derivada que es igual al siguiente valor:

$$\frac{\delta x}{\delta p} = \frac{(t-\theta)U_1(\beta) - tU_1(a)}{Q} \tag{36}$$

El tipo de relación entre ambas variables, directa o inversa, vendrá dado por el signo de la expresión [36]. Detengamonos pues en estudiar ese signo:

$$Q \quad\quad < \quad 0$$
$$(t-\theta) \quad < \quad 0$$
$$U_1(\beta) \quad > \quad 0 \quad\quad\quad\quad > \quad \mathbf{0}$$

$U_1(a) > 0$

$t > 0$

Este signo positivo implica que un aumento en la probabilidad de detección de la base ocultada por parte de la Administración Tributaria conlleva un aumento en la cuantía de la base imponible declarada por parte del contribuyente (**GRAFICO 14**). Esta variable actúa por tanto en la misma dirección que lo hace el tipo sancionador[30].

GRÁFICO 14

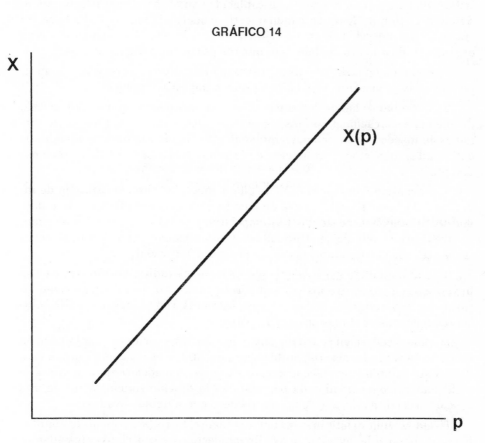

Relación entre probabilidad de detección y Base Imponible Declarada

[30] Así, entre otros, Singh demostró empíricamente como aumentos tanto en "p" como en "θ" conducen a acercar los ingresos declarados con los reales. Vid: Singh, B., (1.973) "Making honesty the best policy", *Journal of Public Economics*, vol. 2, nº 3, pp.: 257-263.

D. Relajación de las hipótesis en el modelo básico.

1. Introducción.

Una vez formalizado nuestro modelo básico de comportamiento del contribuyente, siguiendo las pautas establecidas en el modelo de Allingham & Sandmo, es tiempo de ir acercando nuestro modelo a la vida real. Es hora, en suma, de ir relajando las hipótesis iniciales para conseguir una mayor fuerza explicativa de nuestro modelo; y es que resulta obvio, por ejemplo, que:

1.- en la mayoría de los países el sistema impositivo no descansa en un tipo impositivo constante, sino en una función impositiva progresiva;

2.- la probabilidad de detección no es una variable exógena en el sentido de que las declaraciones son inspeccionadas aleatoriamente, sino que los órganos de inspección siguen determinadas estrategias a la hora de dirigir sus actividades inspectoras en función de la renta declarada, del tipo sancionador, etc;

3.- el contribuyente a la hora de elegir una determinada cantidad de ingresos a declarar no sólo tendrá en cuenta variables pecuniarias como pueden ser la sanción esperada, el tipo impositivo, etc., sino que tomará en cuenta otro tipo de variables no traducibles automáticamente en términos monetarios. El más claro ejemplo podía ser la reputación social;

4.- a la hora de llevar a cabo la elección entre evadir o no, nuestro contribuyente no se encuentra aislado temporalmente, sino que en esa elección influirá decisivamente las declaraciones anteriores, con evasión o sin ella, y las consecuencias soportadas en caso de evasión;

5.- como ocurre en la mayor parte de los países occidentales, la sanción recae no ya sobre la base imponible ocultada, sino sobre la cuota líquida evadida. Este cambio supone considerar el tipo sancionador como una variable endógena, endogeneidad dada por tratarse la función sancionadora de una función creciente respecto de la cuantía de la cuota líquida evadida;

6.- en la vida existe una relación evidente entre la decisión de cuantas horas trabajar y la decisión de evadir impuestos, los contribuyentes además de tomar la decisión de declarar u ocultar su verdadera base imponible, tienen que adoptar decisiones sobre su oferta de trabajo, lo que va a implicar que la renta pasa a convertirse en una variable endógena, en cuyo caso las políticas gubernamentales de control y represión del fraude van a diferir considerablemente respecto del modelo básico;

7.- el contribuyente adoptará comportamientos estratégicos; etc.

Además de estos refinamientos que entendemos que permiten aumentar el caracter explicativo de nuestro modelo, haremos otras relajaciones en nuestras hipótesis iniciales que aun cuando sea más que discutible su adecuación para la consecución del objetivo de hacer más realista nuestro modelo, pero si nos permitirán obtener conclusiones que cuestionan las obtenidas por el modelo desarrollado. Así, supondremos que nuestro contribuyente modelizado intenta maximizar, no ya su utilidad esperada, sino su renta esperada una vez pagados los impuestos. O bien, en lugar de suponer que nuestro contribuyente presenta aversión al riesgo suponer que es neutral al mismo, etc.

Sin más dilaciones pasamos a modelizar cada una de esas relajaciones apuntadas.

2. Tipo sancionador aplicable sobre la cuota líquida evadida.

Los resultados obtenidos en el modelo estudiado referentes a las relaciones entre base imponible real, incremento de la base imponible, y tipo impositivo, con la base declarada; aunque de gran interés no estaban exentos de ambigüedades. Ambigüedades salvadas en el primer caso por la adopción de la hipótesis de un tipo sancionador mayor o igual que la unidad; en el segundo, por las hipótesis adoptadas sobre la aversión relativa al riesgo; y en el último, por la existencia de un efecto renta y un efecto sustitución que actúan en direcciones opuestas y que nos obligaban a concluir que no se puede predecir cuál será el efecto de la variación del tipo impositivo sobre el nivel de evasión.

Yithzaki ha contrastado que estas ambigüedades se deben al hecho de hacer recaer la sanción sobre la base imponible ocultada. Este es un componente del modelo teórico que no se corresponde con la realidad de los sistemas sancionadores vigentes en la mayoría de los países occidentales, en los cuales el tipo sancionador se aplica sobre la cuota líquida evadida. Por ello, a continuación vamos a considerar el tipo sancionador no como un tipo fijo y constante aplicable sobre la base imponible ocultada sino como una función creciente de la cuantía de la cuota evadida y aplicable a dicha cuantía. De este modo, la variable pasa de ser una variable exógena a ser una función dependiente[31].

Si denominamos "M" a este multiplicador sancionador, nuestra función objetivo a maximizar respecto a la variable de elección "x" será:

$$E[U] = (1-p)U(y\text{-}tx) + pU[y\text{-}tx\text{-}Mt(y\text{-}x)] \qquad (37)$$

Como ya señalamos anteriormente, el multiplicador sancionador se aplica sobre la cuota del impuesto evadido, es decir sobre: "t(y-x)".

---

[31]   Vid.: Yitzhaki, S., (1974). Op. Cit.

Realizamos el siguiente cambio de variable para facilitar el cálculo matemático:

$$\alpha = y\text{-}tx \qquad (38)$$

$$\beta = y\text{-}tx\text{-}Mt(y\text{-}x) \qquad (39)$$

Las condiciones de optimización que nos garantizan la existencia de máximo ahora son las siguientes:

a.- Condición de primer orden:

$$\frac{\delta E[u]}{\delta x} = t[-(1-p)U_1(\alpha) + p(M-1)U_1(\beta)] = 0 \qquad (40)$$

b.- Condición de segundo orden:

$$\frac{\delta^2 E[u]}{\delta x^2} = Q = t^2[(1-p)U_{11}(\alpha) + p(M-1)^2 U_{11}(\beta)] < 0 \qquad (41)$$

Condición de segundo orden que se cumple en nuestro caso ya que:

$t^2 \quad > \quad 0$
$(1\text{-}p) \quad > \quad 0$
$p \quad > \quad 0$
$(M\text{-}1)^2 \quad > \quad 0$
$U_{11}(\alpha) \quad < \quad 0 \quad$ por ser las utilidades marginales estrictamente decrecientes.
$U_{11}(\beta) \quad < 0$

En resumen, el cumplimiento de las condiciones anteriores nos garantizan la existencia de máximo, pero a priori no podemos asegurar que ese máximo sea interior: "$0 < x < y$". Para que la solución sea interior es necesario que el valor de los parámetros: "p", "θ", "t", y "M", sea compatible con el cumplimiento de las dos condiciones siguientes:

a.-

$$\left.\frac{\delta E[u]}{\delta x}\right|_{x=0} = t[-(1-p)U_1(y-0) + p(M-1)U_1(y-0-Mty-0) > 0 \qquad (42)$$

Operando en esa expresión nos queda la siguiente cláusula de equilibrio:

$$pM > p + (1-p)\frac{U_1(y)}{U_1(y-yMt)} \qquad (43)$$

b.-

$$\frac{\delta E|u|}{\delta x}\bigg|_{x=y} = t|-(1-p)U_1(y-ty)|+t[p(M-1)U_1(y-ty-tyM+Mty-0)]<0 \quad (44)$$

Si pasamos el primer sumando del primer término de la desigualdad al segundo término y simplificamos, obtenemos la siguiente desigualdad:

$$pM<1 \quad (45)$$

Si comparamos la expresión [45] con la obtenida en [13], vemos que para que sean equivalentes, basta con que "M = θ/t". Es decir, si en [45] hacemos ese cambio de variable tenemos:

$$p\frac{0}{t}<1 \Rightarrow p0<t \quad (46)$$

Que es la desigualdad recogida en [13]. Por lo tanto, demostramos como la condición de entrada en la evasión es la misma, independientemente que el tipo sancionador se aplique sobre la base imponible ocultada o sobre la cuota líquida evadida.

A continuación vamos a analizar la relación entre la base tributaria declarada y el tipo impositivo en este caso, para compararlo con los resultados obtenidos en nuestro modelo básico. En definitiva, nuestro objetivo no va a ser otro que estudiar el signo de la derivada de la renta declarada con respecto del tipo impositivo.

Procediendo de modo similar al hecho en el desarrollo de la formalización del comportamiento básico de nuestro contribuyente tenemos que hallar

$$\frac{\delta x}{\delta t} \leq \geq 0 \quad (47)$$

Operando, y teniendo en cuenta los índices de aversión absoluta al riesgo de Arrow y Pratt, llegamos a la siguiente igualdad:

$$\frac{\delta x}{\delta t} = -\frac{t}{Q}(1-p)U_1(a)[x(R_A(\beta)-R_A(a))+M(y-x)R_A(\beta)] \quad (48)$$

A continuación examinaremos el signo de esa expresión:

Q   < 0
t   > 0
(1-p)   > 0
$U_1(a)$ > 0
(y-x)   > 0   > 0
M   > 0

$R_A(\beta) > 0$

$x \quad\;\; > 0$

$R_A(\beta) - R_A(\alpha) > 0$; si y solo si nuestro contribuyente presenta aversión absoluta al riesgo decreciente lo que implica que

$R_A(\beta) > R_A(\alpha)$.

La interpretación de este signo positivo es que un aumento en el tipo impositivo lleva aparejado un aumento en la base imponible declarada y, consecuentemente, una disminución en la base ocultada.

Las diferencias de este resultado con respecto a nuestro modelo inicial las podemos reducir a dos:

* No existe efecto sustitución. El porqué de este hecho lo podemos explicar en base a la proporcionalidad existente entre la sanción y el tipo impositivo.

* El efecto total, la suma del efecto renta (positivo) y efecto sustitución (nulo), será positivo.

El efecto renta, al igual que ocurría en nuestro modelo básico, tiene signo positivo. La explicación de este signo positivo es la siguiente: al aumentar el tipo impositivo (el precio del bien) disminuye la renta disponible, y suponiendo una aversión absoluta al riesgo decreciente, nuestro contribuyente invertirá una porción menor de su renta en activos con riesgo, por lo que declarará una fracción mayor de su renta.

La interpretación, por tanto, que podemos hacer de esa expresión es que cuando la sanción recae sobre la cuota líquida evadida, el efecto sustitución desaparece, traduciéndose el efecto total en un puro efecto renta. Por lo que un aumento en el tipo impositivo tendrá como consecuencia un aumento del total de ingresos fiscalmente declarados (**GRAFICO 15**).

En el modelo inicial la relación entre la renta personal y la base impositiva declarada era indeterminada, y sólo en el caso de un tipo sancionador superior al cien por cien y una aversión absoluta al riesgo decreciente se podría afirmar la existencia de una inequívoca relación positiva entre ambas. A continuación, vamos a ver como afecta a esa relación la consideración de una sanción aplicable a la cuota evadida, para ello nos basta con derivar la base declarada con respecto la renta personal. Asi:

$$\frac{\delta x}{\delta y} = \frac{MtR_A(\beta) - [R_A(\beta) - R_A(\alpha)]}{MtR_A(\beta) - t[R_A(\beta) - R_A(\alpha)]} \tag{49}$$

Bajo los supuestos establecidos por Yitzhaki (sanción aplicable sobre la cuota líquida evadida) al aumentar los ingresos realmente percibidos por el contribuyente, sus ingresos declarados también aumentan, aunque más lentamente. Puesto que:

$$MtR_A(\beta) - [R_A(\beta) - R_A(\alpha)] < MtR_A(\beta) - t[R_A(\beta) - R_A(\alpha)] \tag{50}$$

GRAFICO 15

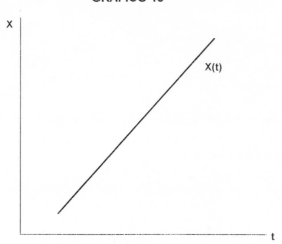

**Relación entre Tipo Impositivo y
Base Imponible Declarada (Efecto Renta)**

3. De un tipo impositivo constante a una función impositiva lineal.

En esta sección vamos a examinar cómo se ve afectado nuestro modelo básico por el hecho de considerar un función impositiva lineal en lugar del impuesto proporcional hasta ahora considerado[32]. Quiere esto decir que pasamos de analizar un impuesto de la forma "tx", siendo "t" el tipo impositivo y "x" la base imponible, con "1 > t > 0", a un impuesto de la forma "T(x) = - r + tx", donde "T" es el impuesto soportado por la renta "x", "r" es el mínimo exento y "t" es el tipo marginal. Un impuesto lineal, en suma, con "1 > t > 0" y estos posibles casos:

a) Si "r > 0" se estará ante un impuesto progresivo lineal.

b) Si "r < 0" se estará ante un impuesto regresivo lineal.

c) Si "r = 0" se estará ante un impuesto proporcional.

Esta relajación de nuestra hipótesis inicial de considerar un tipo impositivo constante va a implicar un cambio en la función objetivo a maximizar, siendo en este caso:

$$E[u] = (1-p)U[y-t(x)] + pU[y-t(x)-0(y-x)] \tag{51}$$

Para operar con esta expresión de forma más sencilla hacemos los siguientes cambios de variables:

[32]   Vid: Koskela, E., (1983a). Op. Cit.

$$y\text{-}t(x)=\alpha \tag{52}$$

$$y\text{-}t(x)\text{-}\theta(y\text{-}x)=\beta \tag{53}$$

Por lo que la formulación de nuestra función objetivo se transforma en:

$$\text{max. } E[u]_x=(1\text{-}p)U(\alpha)+pU(\beta) \tag{54}$$

Ahora, las condiciones de maximización de nuestra función objetivo son las siguientes:

a) Condición de primer orden.

$$\frac{\delta E[u]}{\delta x}=t_1(x)(1-p)U_1(\alpha)+p[t_1(x)-\theta]U_1(\beta)=0 \tag{55}$$

b) Condición de segundo orden.

$$\frac{\delta^2 E[u]}{\delta x^2}=Q=[t_1(x)]^2(1-p)U_{11}(\alpha)-t_{11}(x)pU_1(\beta)+ \tag{56}$$

$$+t_{11}(x)(1-p)U_1(\alpha)+[t_1(x)-\theta]^2pU_{11}(\beta)<0 \tag{57}$$

¿Cuál es el signo de esa desigualdad? Veámoslo sumando a sumando. El primer sumando de [57] va a tener un indudable signo negativo ya que:

$[t_1(x)]^2 \qquad >0$
$(1\text{-}p) \qquad\qquad >0 \qquad\qquad <\ 0$
$U_{11}(\alpha) \qquad\quad <0$

El segundo sumando también presenta signo negativo,

$p \qquad\qquad\quad >0$
$[t_1(x)\text{-}\theta]^2 \qquad >0 \qquad\qquad <\ 0$
$U_{11}(\beta) \qquad\quad <0$

El tercer sumando, dado que estamos trabajando con funciones impositivas lineales, va a ser igual a cero, puesto que al ser impuestos lineales la derivada segunda de la función impositiva será nula, "$t_{11}(x)=0$". Por tanto, la expresión [57] se reduce a dos sumandos:

$$Q=[t_1(x)]^2(1-p)U_{11}(\alpha)+p[t_1(x)-\theta]^2U_{11}(\beta)<0 \tag{58}$$

Estas son las condiciones de optimización exigibles para la existencia de máximo; sin embargo, a pesar de su cumplimiento, no podemos asegurar a priori que ese máximo sea interior. Ello dependerá del valor que tengan los distintos parámetros tributarios. A continuación vamos a estudiar las condiciones exigibles a esos parámetros para garantizar la existencia de una solución interior:

1ª.

$$\frac{\delta E[u]}{\delta x}\bigg|_{x=0} = t_1(0)(1-p)U_1[y-t_1(0)] + p[0-0]U_1[y-t_1(0)-\theta(y-0)] \Rightarrow \quad (59)$$

$$\Rightarrow -p\theta U_1(y(1-\theta)) > 0 \quad (60)$$

2ª.

$$\frac{\delta E[u]}{\delta x}\bigg|_{x=y} = t_1(y)(1-p)U_1[y-t_1(y)] + p[t_1(y)-\theta]U_1[y-t_1(y)-\theta(y-y)] < 0 \quad (61)$$

$$\Rightarrow p\theta > t_1(y) \quad (62)$$

A continuación pasamos a considerar como afecta a la relación entre base imponible declarada y renta real, ya vista en páginas anteriores, el cambio de un impuesto proporcional a un impuesto lineal, ¿seguirá teniendo la derivada de la renta declarada respecto de la renta real signo positivo? Vamos a verlo.

$$\frac{\delta x}{\delta t} = -\frac{t}{Q}t_1(x)(1-p)U_1(a)[R_A(a)-(1-\theta)R_A(\beta)] \quad (63)$$

El valor de esta expresión va a depender del signo que presente "$t_1(x)$", a diferencia de lo que ocurría en nuestro modelo básico donde el signo de esa relación era positivo. En suma, si suponemos una función impositiva lineal el carácter de la relación entre la base imponible declarada y la renta real va a depender del valor de "$t_1(x)$".

En lo que respecta a la relación entre renta real y fracción de base imponible declarada en el caso de considerar un impuesto lineal, seguimos idéntica metodología a la utilizada hasta ahora. Y así,

$$\frac{\delta(x/y)}{\delta y} = -\frac{1}{y^2 Q}t_1(x)(1-p)U_1(a)[R_R(a)-R_R(\beta)] \quad (64)$$

El signo de esa expresión dependerá del valor de "$t_1(x)$" y de la diferencia entre los índices de aversión relativa al riesgo.

$1/y^2$	>	0	
$1/Q$	>	0	
$(1-p)$	>	0	> 0
-	<	0	
$U_1(a)$	>	0	

Si el impuesto es lineal progresivo, "$|t(x)-t_1 x < 0|$", solo si la aversión relativa al riesgo es creciente, "$(R_R(a) > R_R(\beta))$", o constante, la fracción de base declarada aumenta cuando lo hace la renta obtenida por nuestro contribuyente.

Si el impuesto fuera lineal regresivo, "$[t(x)-t_1 x > 0]$", solo si la aversión relativa al riesgo fuera decreciente $[R_R(\alpha) < R_R(\beta)]$ la fracción de renta declarada disminuye cuando lo hace la renta personal.

4. Consideración de la renta real como una variable endógena: incorporación del mercado de trabajo.

Allingham & Sandmo señalaron la posibilidad de integrar en su modelización de la conducta del contribuyente la decisión de éste sobre su oferta de trabajo: "... se podrían descubrir ciertas relaciones de interés entre los incentivos a la evasión fiscal y los que influyen en la oferta de trabajo"[33], y con no poca humildad reconocen que ellos no habían conseguido alcanzar resultados aceptables al respecto, por lo que la cuestión quedaba abierta a trabajos posteriores.

Como ya se señaló en el capítulo precedente, fueron muchos los trabajos que se dedicaron a examinar esa relación entre oferta de trabajo y decisión de evadir. Nosotros vamos a centrarnos en el modelo elaborado por Andersen[34] por ser uno de los pioneros en integrar la teoría de la evasión fiscal con las teorías convencionales de la oferta de trabajo, y por seguir una metodología similar a la empleada en el modelo básico estudiado[35].

Las modificaciones que introducimos aquí con respecto a nuestro modelo básico son las siguientes:

1. Las variables de decisión serán, en este caso, la cantidad de base imponible declarada, "x", y el tiempo que se dedica al trabajo, "h".

2.- "w" representará el salario bruto, y "b" la renta no salarial. De modo que:

$$y = wh + b$$

3.- Supondremos que la función de utilidad es aditivamente separable[36], y así

$$T(y,h) = U(y) + V(h)$$

Con: $U_1(y) > 0; U_{11}(y) < 0; U_1(h) > 0; U_{11}(h) < 0.$

33   Vid: Allingham, M.G.; Sandmo, A., (1.972). Op. Cit., pp.: 337-338.
34   Vid: Andersen, P., (1977). Op. Cit.
35   Vid: Andersen, P. (1.977). Op. Cit., pp.: 375.
36   Andersen reconoce que es una restricción bastante fuerte, pero sin embargo frecuentemente usada en modelos de asignación atemporal de recursos, así cita un trabajo de R. Musgrave de 1.959. Vid: Andersen, P., (1.977). Op. Cit., pp.: 376.

Bajo esas condiciones si la ocultación de renta no es descubierta, la renta disponible que tendría el contribuyente sería:

$$a = wh + b\text{-}tx \tag{65}$$

Por el contrario, si fuera descubierto:

$$\beta = wh + b\text{-}tx\text{-}\theta \, (wh + b\text{-}x) \tag{66}$$

Por lo que el contribuyente tendrá que elegir aquellos valores de "x" y "h" que maximicen la siguiente función objetivo:

$$E[T] = (1\text{-}p) \, U(a) + pU(\beta) + V(h) \tag{67}$$

Las condiciones de primer orden para la existencia de máximo son:

1ª

$$\frac{\delta E[T]}{\delta x} = 0 = -(1-p) \, tU_1(a) + p(\theta - t)U_1(\beta) \tag{68}$$

La interpretación de esta igualdad sería la siguiente: la utilidad marginal esperada de un cambio marginal en la base imponible declarada deberá ser igual a cero.

2ª

$$\frac{\delta E[T]}{\delta h} = 0 = (1-p) \, wU_1(a) + pw(1-\theta)U_1(\beta) + V_1(h) \tag{69}$$

La interpretación de esta igualdad es que la utilidad marginal esperada de un cambio marginal en la oferta de trabajo debería igualarse con la desutilidad marginal del trabajo que dicho cambio provoca.

Mientras que las condiciones de segundo orden para la existencia de máximo interior exigen que:

$$\frac{\delta^2 E[T]}{\delta x \delta x} = (1-p) \, t^2 U_{11}(a) + p(t-\theta)^2 U_{11}(\beta) < 0 \tag{70}$$

$$\frac{\delta^2 E[T]}{\delta h \delta h} = (1-p) \, w^2 U_{11}(a) + pw^2(1-\theta)^2 U_{11}(\beta) + V_{11}(h) < 0 \tag{71}$$

El cumplimiento de las condiciones de segundo orden queda garantizado por la concavidad de las funciones de utilidad.

En adelante se supondrá que los parámetros: "b", "w", "t", "p" y "θ" adoptan valores que posibilitan alcanzar soluciones interiores para las variables de decisión, de modo que "$0 < x < y$" y "$0 < h < 24$".

A continuación examinaremos los efectos que sobre la cuantía de la base ocultada producen las variaciones de los distintos parámetros. Así:

A.- Efectos que ocasiona la modificación de la renta no salarial sobre la cuantía de la base imponible ocultada.

Para intentar determinar cual sea el sentido de esa relación tendremos que averiguar el signo de la siguiente derivada:

$$\frac{\delta(wh+b-x)}{\delta b} = b\,\frac{\delta h}{\delta b} + 1 - \frac{\delta x}{\delta b} \tag{72}$$

Realizando la correspondiente diferenciación tenemos que:

$$\frac{\delta(wh+b-x)}{\delta b} = \frac{V_{11}(h)\,(1-t)\,[pU_{11}(\beta)(\theta-t)-(1-p)\,U_{11}(a)t]}{\phi} \tag{73}$$

Donde ϕ es positivo y equivalente a:

$$V_{11}(h)[pU_{11}(\beta)(\theta\text{-}t)^2 + (1\text{-}p)U_{11}(a)t^2] +$$
$$+ [w\theta(1\text{-}t)]^2 p(1\text{-}p)U_{11}(a)U_{11}(\beta) = \phi$$

Puesto que además el numerador de la expresión **[73]** también es positivo la interpretación razonable a este signo positivo de la relación entre renta no salarial y base fiscal ocultada es que a medida que aumenta la renta no salarial la base imponible ocultada variara en la misma dirección.

B.- Modificación del tipo sancionador.

Será necesario calcular la siguiente derivada:

$$\frac{\delta(wh+b-x)}{\delta\theta} \tag{76}$$

Obteniendo de esa derivada los sumandos siguientes:

$$-t\,\frac{(wh+b-x)}{\theta(1-t)}\,\frac{\delta(wh+h-x)}{\delta b} < 0 \tag{77}$$

$$+\frac{p(1-p)U_{11}(a)U_{11}(\beta)w^2[wh+b-x]\theta(1-t)^2]}{\phi} < 0 \tag{78}$$

$$\frac{V_{11}(h)[\dfrac{-(wh+b-x)}{\theta}\,\dfrac{\delta^2 E[U]}{\delta x^2} + pU_1(\beta)]}{\phi} < 0 \tag{79}$$

A la vista de los signos de esos sumandos anteriores tenemos que el signo de la expresión [76] será inequívocamente negativo, por lo que al aumentar la severidad de las sanciones se reduce la cuantía de base tributaria ocultada por el contribuyente-trabajador al Fisco.

C.- Variaciones en la probabilidad de detección.

Siguiendo la misma metodología que en casos anteriores, no intentamos otra cosa que determinar la relación entre base imponible ocultada y probabilidad de detección o, lo que es lo mismo, determinar el signo de la siguiente derivada:

$$\frac{\delta(wh+b-x)}{\delta p} \tag{80}$$

Operando, obtenemos que esa expresión es equivalente a:

$$\frac{\theta[w(1-t)]^2[pU_{11}(\beta)U_1(\alpha)+(1-p)U_{11}(\alpha)U_1(\beta)]}{\phi}$$

$$+\frac{V_{11}(h)[U_1(\beta)(\theta-t)+tU_1(\alpha)]}{\phi} \tag{82}$$

Siendo el signo de esa derivada negativo, como no podría ser de otra forma, por lo que un aumento en la probabilidad de detección conlleva una disminución en la base tributaria ocultada.

D) Variación de la renta salarial.

En este caso habrá que intentar determinar como varía la cuantía de base imponible ocultada cuando lo hace la renta salarial, para lo cual tendremos que hallar el signo del siguiente cociente:

$$\frac{\delta(wh+b-x)}{\delta w} \tag{83}$$

Calculando esa derivada tenemos:

$$=\frac{1}{\phi}(pU_1(\alpha)(1-\theta)+(1-p)U_1(\beta)w(1-t)[pU_{11}(\alpha)(\theta-t)-(1-p)U_{11}(\beta)t>0 \tag{84}$$

Ese signo positivo nos indica que a medida que aumenta la renta salarial del contribuyente-trabajador aumentara la cuantía de base imponible ocultada al Fisco.

Por tanto, los resultados obtenidos en el trabajo de Andersen al considerar la oferta de trabajo conjuntamente con la evasión fiscal no difieren en gran medida a los obtenidos en el modelo básico. Así, relación positiva entre base ocultada y aumento en la renta salarial y no salarial; y relación negativa entre base ocultada con probabilidad de detección y tasa sancionadora[37]. Información, en su mayor parte, ya obtenida en el modelo básico.

5. Consideración de costes no pecuniarios.[38]

Aunque hasta el momento solo hemos estudiado las elecciones individuales de nuestro contribuyente basadas en motivos económicos, nuestro modelo permite analizar la influencia que, en la decisión de evadir, tienen factores no pecuniarios y para ello en esta sección vamos a introducir una variable que recoge factores no "estrictamente" pecuniarios que influyen en la decisión de evadir o no impuestos. Esta variable que vamos a conocer como reputación social, "r", podrá tomar los siguientes valores:

- r_0 estado de consciencia del contribuyente cuando decide no ocultar su renta.

- r_1 estado de consciencia de nuestro contribuyente cuando decide llevar a cabo alguna actividad evasora.

Por lo que en el argumento de la función de utilidad de nuestro contribuyente recogerá no solo los niveles de renta disponible sino otros factores no pecuniarios que hemos engoblado en la variable reputación social, "r".

$$U(y,r) \tag{85}$$

Una hipótesis razonable que podemos adoptar al respecto es que la utilidad de nuestro contribuyente, dado un nivel de renta fijo "x", será mayor cuando el contribuyente decida no ocultar sus ingresos al fisco, "$r = r_0$", que cuando decida ocultar su renta, "$r = r_1$". Es decir:

$$U(a,r_0) > U(a,r_1) \tag{86}$$

$$U(\beta,r_0) > U(\beta,r_1) \tag{87}$$

La función objetivo a maximizar sería:

$$E[U] = (1-p)\, U[a,r_0] + p\,U[\beta,r_1] \tag{88}$$

---

[37]   También se alcanza el mismo resultado que en Christiansen referente a la superioridad de la tasa sancionadora sobre la probabilidad de detección para conseguir un mayor grado de cumplimiento fiscal. Vid: Christiansen, V., (1.980) "Two coments on tax evasion", *Journal of Public Economics*, vol. 13, pp.: 389-393.

[38]   Para un estudio más amplio de los costes psíquicos en los modelos de evasión vid: Gordon, J.P.F., (1.989) "Individual morality and reputation costs as deterrents to tax evasion", *European Economic Review*, vol. 33, pp.: 797-805.

Con:

$$a = y\text{-}tx \tag{89}$$

$$\beta = y\text{-}tx\text{-}\theta(y\text{-}x) \tag{90}$$

Las condiciones de maximización de esta función objetivo serían:

a) Condición de primer orden.

$$\frac{\delta E[u]}{\delta x} = -t(1-p)U_1(a,r_0) - (t-\theta)pU_1(\beta,r_1) = 0 \tag{91}$$

b) Condición de segundo orden.

$$\frac{\delta^2 E[u]}{\delta x \delta x} = Q = t^2(1-p)U_{11}(a,r_0) + (t-\theta)^2 pU_{11}(\beta,r_1) < 0 \tag{92}$$

Nuestra función objetivo cumple esta condición de segundo orden. Recordar al respecto que en nuestras hipótesis iniciales habíamos establecido funciones de utilidad marginal estrictamente decrecientes, "$U_{11}(\ ) < 0$", con lo que consecuentemente nuestra desigualdad se cumple.

Una de las condiciones que debe reunir el valor de los parámetros tributarios: "θ", "t" y "p" para que el máximo sea un máximo interior, "$0 < x < y$", es la siguiente:

$$\left.\frac{\delta E[u]}{\delta x}\right|_{x=y} = -t(1-p)U_1(y-ty,r_0) + (\theta-t)pU[y-ty-\theta(y-y),r_1] < 0 \tag{93}$$

Operando:

$$\theta p < tp + t(p + (1-p)\frac{U_1[y(1-t),r_0]}{U_1[y(1-t),r_1]}) \tag{94}$$

Esta igualdad [94] será equivalente a la [11] solo cuando "$U_1[y(1\text{-}t), r_0] = U_1[y(1\text{-}t), r_1]$". Es decir, cuando dado un nivel de renta determinado la utilidad marginal para nuestro contribuyente es la misma en el caso de existencia de costes psíquicos, "r_1", que en el caso de no existir dichos costes.

Si establecemos como hipótesis que la utilidad marginal de la renta disminuye a medida que aumenta la reputación, lo cual va a implicar que renta y reputación sean sustitutivos, entonces:

$$U_1[y(1-t),r_1] > U_1[y(1-t),r_0] \tag{95}$$

En cuyo caso

$$\theta[p + (1-p)\frac{U_1[y(1-t),r_0]}{U_1[y(1-t),r_1]}] < \theta \tag{96}$$

Por lo que las condiciones de entrada en la evasión se vuelven más restrictivas que en el supuesto de no considerar los factores no pecuniarios de la evasión. La consideración de los factores no pecuniarios encarece el precio de la evasión.

En conclusión, bajo las hipótesis establecidas la toma en consideración de los factores pecuniarios encarece la evasión fiscal.

6. Incorporación en el modelo de la variable tiempo.

El modelo básico de comportamiento del contribuyente analizado no hace ninguna referencia al tiempo. En él hacemos un análisis de estática comparativa sin tener en cuenta los efectos que la decisión adoptada por el contribuyente en un ejercicio determinado pueda tener en las declaraciones de años posteriores, y sin detenernos en como la declaración que haga en ese año vendrá condicionada por la de años pasados.

Resulta más realista considerar el supuesto en que el individuo debe tomar una serie de decisiones a lo largo del tiempo, decisiones interrelacionadas, que el pensar que las decisiones de nuestro sujeto adoptadas en diferentes momentos temporales son independientes unas de otras. Por ejemplo, es fácil comprender que si se detecta evasión en las declaraciones de ingresos de ejercicios fiscales anteriores, en la declaración que se presente al Fisco en el año actual se decidirá no evadir ingresos ya que se estima una mayor probabilidad de investigación y, por tanto, de descubrimiento de la base fiscal ocultada. A su vez, la declaración actual puede comprometer las futuras. Así, si nuestro contribuyente decidiera en el caso actual declarar todos sus ingresos y si éstos fueran muy cuantiosos, resultaría muy poco recomendable que en años posteriores, y con vistas a pagar menos impuestos, decidiera declarar unos ingresos muy por debajo, pues ello podría poner en alerta a los órganos inspectores, los cuales podrían detectar esa evasión.

El objetivo de esta consideración dinámica de la conducta de nuestro contribuyente es el tratar de investigar si su declaración de ingresos aumentará o disminuirá con el tiempo, si el individuo que inicialmente declaraba todos sus ingresos en un momento determinado decidirá ocultar todos sus ingresos o parte de los mismos; o viceversa, si el individuo que ocultara sus ingresos en un momento determinado decidirá declarar toda su renta.

Nos vemos en la necesidad de introducir hipótesis adicionales en nuestro modelo a las ya establecidas en el principio de este segundo capítulo, alguna de ellas muy restrictivas. Así, vamos a suponer que:

1.- nuestro contribuyente tiene una esperanza de vida infinita,

2.- nuestro contribuyente obtiene los mismos ingresos durante toda su existencia y los cuales son la unidad (una peseta, un millón de pesetas, etc.),

2.- su período temporal se puede dividir en subperiodos,

3.- y, por último, que los individuos no tienen preferencias temporales.

La notación que vamos a utilizar, además de la ya señalada, es:

* x_t, base imponible declarada en el período "t".

* $a_t = y_t - t\,x_t$, renta que nuestro contribuyente le queda si no es detectada la ocultación de renta.

*

$$\beta_t = Y_t - tX_t - \theta \sum_{t=1}^{t} (Y_t - X_t) \qquad (97)$$

Renta que le queda a nuestro contribuyente después de pagados los impuestos y las sanciones por la detección de la evasión.

La función objetivo a maximizar quedaría como:

$$E[U_t] = (1-p)U[a_t] + pU[\beta_t] \qquad (98)$$

Si tomamos "t = 1" tenemos:

$$a = y - tx_1 \qquad (99)$$
$$\beta = 1 - tx_1 - \theta(1-x_1) \qquad (100)$$

El problema en cuyo caso sería idéntico al del modelo estático, por lo que habrá situaciones donde en un principio exista ocultación parcial de los ingresos.

Por otro lado, si la base tributaria ocultada de cualquier declaración realizada fuese menor que la renta real tendríamos que:

$$(1-p)U[a_t] + pU[\beta_t] > U[1-t_1] \qquad (101)$$

Pero, ¿realmente en todos los períodos la renta declarada va a ser menor que la real? Vamos a demostrar que no, existiría un "t" en donde la renta declarada sea toda la renta real si "t→∞" y "x_t →1"

$$pU[1 - t - \theta \sum_{1}^{\infty} (1-1)] > pU[1-t] \qquad (102)$$

Lo cual es imposible, pues:

$$pU(1-t) > pU(1-t) \qquad (103)$$

Y no tiene ningún sentido decir que algo es mayor que si mismo. Por lo que tendrá que existir algún "t" en el que nuestro contribuyente decida declarar toda su renta.

Si ahora en nuestro modelo añadimos una sanción que varía con el tiempo, "M_t". Cuando exista evasión tenemos:

$$\beta = y \text{-} tx \text{-} \theta(y \text{-} x) \text{-} M_t \tag{104}$$

La relación entre base imponible declarada y esta sanción la obtenemos a través de la siguiente derivada:

$$\frac{\delta x}{\delta M_t} = -\frac{1}{Q}(t-\theta)pU_{11}(\beta) \tag{105}$$

Por lo que entre ambas variables existe una relación positiva al ser el signo de la derivada positiva:

.	< 0		
1/Q	< 0		
(t-θ)	< 0	> **0**	
p	> 0		
U_{11}	< 0		

Si "M" varía con el tiempo de modo que "$M_t < M_{t+1}$", entonces "$x_t < x_{t+1}$". Es decir, la base imponible declarada aumenta con el paso del tiempo.

Hasta el momento hemos considerado que en la decisión de nuestro contribuyente de declarar influían las declaraciones pasadas, si en el modelo se incorporan las declaraciones futuras nuestro contribuyente declarará mayor fracción de renta.

Por tanto, las conclusiones a las que se llega considerando un modelo dinámico:

1.- En un período inicial los resultados a los que se llega son similares a los obtenidos con el análisis estático-comparativo.

2.- La cuantía de base imponible declarada aumenta con el tiempo, y si a esto añadimos que hemos trabajado con una renta real constante a lo largo del tiempo estamos destacando el hecho de que la fracción de base fiscal declarada aumenta con el paso del tiempo.

3.- Habrá un período temporal en el cual nuestro contribuyente decida declarar toda su renta.

4.- Por último, si la estrategia de inspección de la Administración Tributaria preve que sean sometidas a examen las declaraciones relativas a un número determinado de años precedentes, el contribuyente-evasor realizará sus declaraciones más veridicas con el paso del tiempo para compensar el riesgo creciente de una posible inspección.

7. Un modelo alternativo: contribuyente maximizador de su renta disponible.[39]

En esta sección pasamos a analizar la conducta de un contribuyente racional cuyo objetivo no es ya el maximizar la utilidad esperada de sus ingresos una vez pagados los impuestos, sino el de maximizar su renta disponible. Por tanto, no necesitaremos de la utilización de las funciones de utilidad, consecuentemente no necesitaremos establecer ninguna hipótesis de partida sobre como tienen que ser esas funciones de utilidad. Sin embargo, esta no toma en consideración de las funciones de utilidad en nuestro modelo nos va a impedir el utilizar los índices de aversión al riesgo, tanto relativos como absolutos, de Arrow y Pratt; por lo que consideraremos a todo contribuyente como neutral al riesgo, y nos va a impedir también considerar los efectos de la evasión sobre la oferta de trabajo al no poder incorporar ningún otro argumento que no sea la renta real del contribuyente. Limitaciones éstas por las que, en los próximos capítulos de este trabajo de investigación, nos centramos en nuestro modelo básico, y nos olvidamos, casí por completo, de esta modelización alternativa.

En esta formalización de la conducta del contribuyente que vamos a acometer, las principales diferencias con respecto al modelo básico, a parte de las ya reseñadas, son las siguientes:

a.- El sistema sancionador va a descansar no en tipo sancionador sino en una función creciente, positiva y convexa, con relación a la proporción de la renta ocultada; es decir,

$$S(\lambda) > 0, \ S_1(\lambda) > 0, \ S_{11}(\lambda) > = 0$$

b.- El sistema impositivo no se basará en un tipo impositivo fijo y constante, sino en una función impositiva T(y) positiva, creciente y convexa, respecto de la renta; es decir, "T(y)>0", "0<T_1(y)<1", "T_{11}(y)> = 0". Siendo un sistema progresivo cuando "T_{11}(y)>0", y proporcional cuando "T_{11}(y)=0".

c.- Se va a suponer que una vez descubierta la evasión el contribuyente deberá pagar el impuesto correspondiente no a la base imponible inicialmente declarada, sino el correspondiente a su verdadero nivel de renta, además de la sanción oportuna.

d.- Otra diferencia que se va a establecer en este desarrollo con respecto al modelo ya estudiado es que la variable de decisión respecto de la que nuestro contribuyente pretende maximizar su renta disponible no va a ser la cantidad de base imponible a declarar, "x", sino la fracción de base ocultada, "λ".

[39] Vid: Srinivasan, T.N., (1973) "Tax evasion: a model", *Journal of Public Economics*, vol. 2, pp.: 339-346.

Con estas modificaciones la función objetivo queda de la siguiente forma:

$$max.\ E[y] = (1-p)[y-T([1-\lambda]y)] + p[y-T(y)-S(\lambda)\lambda y] \qquad (106)$$

Siendo la cuota liquidada por ese impuesto de:

$$T(1-\lambda)y \qquad (107)$$

Y la diferencia entre la renta real y el impuesto liquidado de:

$$y-T[(1-\lambda)y] \qquad (108)$$

En el caso de que la ocultación de ingresos de nuestro contribuyente sea detectada la renta disponible será la renta real menos el impuesto correspondiente a la renta, menos la sanción aplicable a la fracción de base ocultada. Es decir:

$$y-T(y)-\lambda y S(\lambda) \qquad (109)$$

Mientras que si la ocultación no es detectada, la renta disponible será la renta personal menos los impuestos pagados por la base declarada. Es decir,

$$y-T[(1-\lambda)Y] \qquad (110)$$

Siendo "P" la probabilidad del primer suceso y, consecuentemente, "1-P" la del segundo.

Entonces, dada aquella función objetivo, el contribuyente deberá elegir aquel valor de "λ", fracción de base ocultada, que la haga máxima. El valor de "λ" que se obtenga será la fracción óptima de la renta real que el contribuyente deberá ocultar para maximizar su nivel de renta esperada una vez pagados los impuestos.

Dado que el contribuyente goza de plena libertad para elegir el volumen de la variable "λ", las condiciones de maximización que ha de cumplir la función objetivo en este caso, para garantizar la existencia de un óptimo son las siguientes:

a) Condición de primer orden.

$$\frac{\delta E[y]}{\delta\lambda} = p[S(\lambda)y + \lambda S_1(\lambda)y] - (1-p)yT_1[(1-\lambda)y] = 0 \qquad (111)$$

b) Condición de segundo orden.

$$\frac{\delta^2 E[y]}{\delta\lambda^2} = -py[2S_1(\lambda) + \lambda S_{11}(\lambda)] - (1-p)y^2 T_{11}[(1-\lambda)y] < 0$$

Esta igualdad verifica la condición de maximización de segundo orden puesto que:

P $\quad\quad$ > 0
Y $\quad\quad$ > 0
[...] $\quad\quad$ > 0 $\quad\quad$ < 0
$T_{11}[(1-\lambda)y]$ > = 0
- $\quad\quad$ < 0

Estas condiciones de optimización garantizan la existencia de máximo; sin embargo, a priori, no podemos asegurar que el máximo sea interior, ello dependerá del valor de los distintos parámetros tributarios exógenos. Valores que deberán ser compatibles con las dos desigualdades siguientes:

1ª:

$$\frac{\delta E[y]}{\delta \lambda}\bigg|_{\lambda=0} = -p[S(0)y + 0S_1(0)y] + (1-p)yT_1[(1-0)y] \quad\quad (113)$$

$$(1-p)yT_1(y) > 0 \quad\quad (114)$$

2ª:

$$\frac{\delta E[y]}{\delta \lambda}\bigg|_{\lambda=1} = -p[S_1(1)y + S_1(1)y] + (1-p)yT_1[(1-1)y] \quad\quad (115)$$

$$= -py[S(1) + S_1(1)] < 0 \quad\quad (116)$$

A partir del cumplimiento de las anteriores relaciones podemos afirmar que existirá una fracción de base imponible declarada, "$1 > \lambda > 0$", que permitirá al contribuyente maximizar su renta disponible.

Examinemos ahora el tipo de relación existente entre el valor óptimo de base impositiva ocultada y la probabilidad de detección de esa ocultación, por un lado; y por otro lado, la relación entre ese mismo valor óptimo y la renta real obtenida por nuestro contribuyente.

En cuanto a la primera relación debemos de hallar la siguiente derivada, "$\delta\lambda/\delta p$".

$$\frac{\delta\lambda}{\delta p} = \frac{y[S(\lambda) + \lambda S_1(\lambda)] + yT_1[(1-\lambda)y]}{-py[2S_1(\lambda) + \lambda S_{11}(\lambda)] - (1-p)y^2 T_{11}[(1-\lambda)y]} \quad\quad (117)$$

El signo de esta expresión va a ser negativo ya que el denominador tal como vimos en la igualdad [112] tiene signo negativo, y en cuanto al numerador:

y $\quad\quad$ > 0
$S(\lambda)$ $\quad\quad$ > 0
$S_1(\lambda)$ $\quad\quad$ > 0 $\quad\quad\quad$ > 0
T_1 $\quad\quad$ > 0

El significado de este resultado es que a medida que aumenta la probabilidad de que la ocultación de nuestro contribuyente sea detectada, permaneciendo el resto de parámetros constantes, disminuirá la fracción óptima de base fiscal ocultada, y por ende aumentará la declaración de ingresos al Fisco, independientemente de que la función impositiva sea progresiva o proporcional (**GRAFICO 16**).

GRÁFICO 16

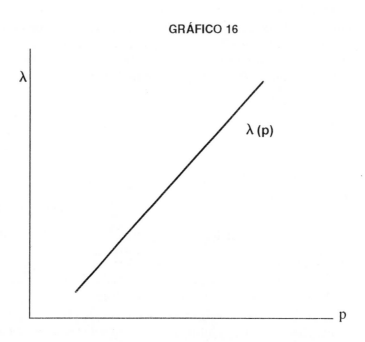

Relación entre probabilidad de detección y
fracción de Base Imponible Ocultada

Respecto a la segunda relación: ¿Cómo afecta a la fracción de ocultación óptima la variación de la renta real? Para contestar a este interrogante examinaremos el signo de la siguiente derivada: "$\delta\lambda/\delta y$". Seguimos similar procedimiento al visto en casos anteriores.

$$\frac{\delta x}{\delta y} = \frac{-(1-p)y(1-\lambda)T_{11}[(1-\lambda)y]}{-py[2S_1(\lambda)+\lambda S_{11}(\lambda)]-(1-p)y^2 T_{11}[(1-\lambda)y]} \tag{118}$$

Pensemos sobre el signo que tendrá esa expresión:

- El denominador tiene signo negativo, pues al tratarse de la condición maximizadora de segundo orden esta debe ser menor que cero.

- En cuanto al signo del numerador dependerá del que tenga "T_{11}", y solo en el caso de que sea mayor que cero, función impositiva progresiva, el numerador será positivo. Si se tratase de un impuesto proporcional, "$T_{11}=0$", esa derivada sería cero, por lo que la fracción de base impositiva ocultada sería independiente del nivel de renta de los contribuyentes (**GRAFICO 17**).

Por tanto, con una función impositiva progresiva, "$T_{11}>0$", ante aumentos de la renta real de nuestro contribuyente este reaccionará aumentando su fracción de renta ocultada (**GRAFICO 18**).[40]

GRÁFICO 17

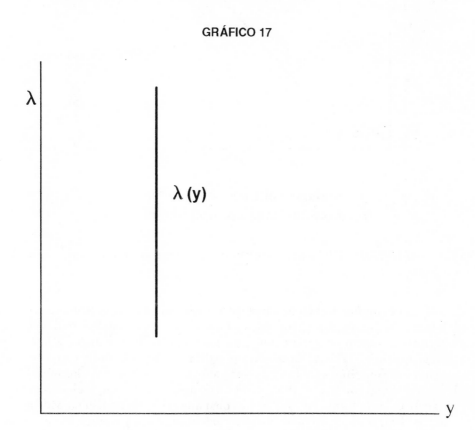

Relación entre renta real y fracción de Base Imponible Ocultada

---

[40] Esta afirmación ha sido contrastada empíricamente por Mork. Vid: Mork, K.A. (1.975) "Income tax evasion: some empirical evidence", *Public Finance*, vol. 30, nº 1, pp.: 70-76.

GRÁFICO 18

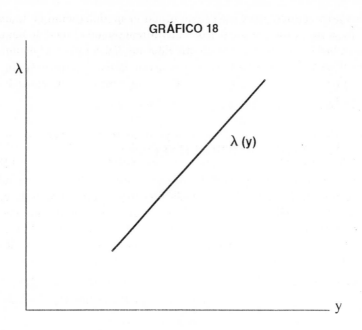

Relación entre renta real y
fracción de Base Imponible Ocultada

8. Consideración de la probabilidad de detección como una variable endógena.

Hasta el momento hemos considerado a la probabilidad de detección como una variable exógena, suponíamos que el órgano inspector realizaba su actividad aleatoriamente. Sin embargo, esta hipótesis no se ajusta a la realidad, ya que la actividad inspectora sigue determinadas pautas, bien sea inspeccionar a contribuyentes con mayor volumen de ingresos declarados, bien inspeccionando con mayor frecuencia a los que ya lo fueron, etc[41]. En suma, el tomar la probabilidad de detección como una variable endógena podría aumentar el valor explicativo de nuestro modelo, siempre y cuando no sea necesario incorporar hipótesis muy restrictivas y las relaciones que obtengamos no sean ambiguas.

---

[41]   Así, en nuestro país en los artículos 18 y 19 del Reglamento General de la Inspección Tributaria, bajo la rubrica de "Planificación de las Actuaciones", se prevé la confección de un Plan Nacional de Inspección.

Vamos a introducir esta modificación en la modelización de la conducta del contribuyente. Comenzaremos con su aplicación en el modelo básico y seguiremos con el examen de como afecta esta modificación en el modelo alternativo anteriormente señalado.

a. Probabilidad de detección endógena en el modelo básico.

Supongamos que los órganos inspectores llevan a cabo su actividad en función de la renta declarada por los contribuyentes; es decir "P = P(x)".

A la vez, vamos a establecer la hipótesis siguiente: "$P_1 < 0$", lo cual implica que la probabilidad de detección será una función inversa de la cantidad de renta declarada. Hipótesis plausible si tenemos en cuenta que los gobiernos poseen estimaciones sobre la renta media de cada actividad profesional, por lo que los recursos de inspección se deberían destinar allí donde la diferencia entre estimación estatal y base imponible declarada fuese mayor[42].

De modo que nuestra función objetivo a maximizar queda como:

$$E[u] = [1 - p(x)]U[y\text{-}tx] + p(x)U[y\text{-}tx\text{-}\theta(y\text{-}x)] \qquad (119)$$

Las condiciones de maximización quedan:

a) Condición de primer orden.

$$\frac{\delta E[u]}{\delta x} = p_1(x)U[a] + t[1 - p(x)]U_1[a] - p_1(x)U[\beta] + (t - \theta)p(x)U_1(\beta) = 0 \qquad (120)$$

Previamente hemos realizado los cambios de variable habituales para simplificar las operaciones:

$$a = y\text{-}tx \qquad (121)$$
$$\beta = y\text{-}tx\text{-}\theta(y\text{-}x) \qquad (122)$$

b) Condición de segundo orden.

$$\frac{\delta^2 E[u]}{\delta x^2} = Q = -p_{11}(x)U[a] + tp_1(x)U_1[a] + tp_1(x)U_{11}[a] +$$

[42]   Vid: Allingham, M.G.; Sandmo, A., (1972). Op. Cit., pp.: 331. Estos autores al estudiar el signo más apropiado para $P_1(x)$ entienden que, por un lado, resulta lógico el inclinarse por el signo positivo, ya que son aquellas personas con mayor nivel de renta las más propensas a evadir. Pero por otro lado, en ausencia de todo conocimiento acerca del nivel de renta real es posible pensar que aquellos que declaran menos evaden en mayor medida, por lo que esa derivada tendría carácter negativo. Inclinándose definitivamente por este último razonamiento.

Al igual que Allingham & Sandmo vamos a trabajar con la hipótesis de que $P_{11}(x) > 0$.

$$+p_{11}(x)U[\beta] - (t-0)p_1(x)U_1[\beta] - (t-\theta)p_1(x)U_1[\beta] +$$

$$t^2[1 - p(x)]U_{11}(\alpha) + (t-\theta)^2 p(x)U_{11}(\beta) < 0 \qquad (125)$$

Es fácil observar como esa expresión es negativa. Por lo que existirá un máximo y vamos a suponer, además, que esa solución óptima es una solución interior, "y > x > 0".

Analicemos ahora la relación renta declarada/tipo sancionador, y renta declarada/probabilidad de detección. Tratamos de determinar cómo afecta a la cuantía de base declarada cambios en los instrumentos de política tributaria más importantes para el control de la evasión fiscal: el tipo sancionador y la probabilidad de detección.

1.- Relación entre renta declarada-tipo sancionador.

Tratamos de averiguar cual es el signo de la derivada de la renta declarada respecto del tipo sancionador.

$$\frac{\delta x}{\delta \theta} = \frac{p_1(x)(y-x)U_1[\beta]}{Q} - \frac{p(x)U_1[\beta]}{Q} - \frac{(y-x)(t-\theta)p(x)U_{11}[\beta]}{Q} \qquad (126)$$

El signo de la presente igualdad es positivo por las siguientes razones:

- Los dos últimos sumandos se corresponden con la expresión [34], la cual tenía un indudable carácter positivo.

- En cuanto al tercer sumando:

Q	< 0	
(y-x)	> 0	
(t-θ)	< 0	> 0
$U_{11}[\beta]$	< 0	
-	< 0	

La conclusión a la que se llega considerando una probabilidad de detección como función de la base declarada es idéntica a la alcanzada en el modelo básico inicial con probabilidad de detección exógena: a medida que aumenta el tipo sancionador aplicable a la base ocultada, esta tiende a disminuir.

2.- Relación entre renta declarada y probabilidad de detección.

El desarrollo de esta relación va a presentar alguna novedad respecto a los desarrollos realizados hasta el momento. La razón estriba en que al ser la variable "p" endógena, dependiente de "x", no será posible hallar la derivada de la base declarada con respecto a la probabilidad de detección. Sin embargo, si es posible estudiar variaciones infinitesimales en la probabilidad de detección, "p(x) + ξ", con "ξ" muy cercano a cero, diferenciaremos con respecto a "ξ" y evaluando la derivada en el punto "ξ" igual a cero.

La función objetivo a la que se enfrenta nuestro contribuyente para maximizar su nivel de utilidad es:

$$E[u] = [1-(p(x) + \varepsilon)]U[\alpha] + [p(x) + \varepsilon]U[\beta] \qquad (127)$$

Obviaremos las condiciones de maximización para no resultar excesivamente reiterativos.

Por otro lado:

$$\frac{\delta x}{\delta \varepsilon} = \frac{-tU_1[\alpha] + (t-\theta)U_1[\beta]}{Q} \qquad (128)$$

El signo de esta igualdad resulta ser positivo, para ello basta con que comparemos la exactitud de los términos de nuestra expresión [128] con la expresión [38]. Quiere esto decir que, independientemente se considere una probabilidad de detección como función de la base imponible declarada, [128], o exógena, [38], a medida que aumenta la probabilidad de detección en nuestro modelo básico aumentará la base impositiva declarada por el contribuyente. No estudiamos la relación entre base imponible declarada y el resto de parametros en este apartado, pues dichas relaciones son más complicadas de obtener con esta modelización y sus resultados no tan evidentes como los obtenidos en el modelo básico.

b. Probabilidad de detección endógena en el modelo alternativo.

A diferencia del modelo básico, en este se va a considerar que la probabilidad es función, no ya de la base imponible declarada, sino de la renta real obtenida por el contribuyente. Es decir, "p = p(y)", y sostendremos la idea de que "$p_1(y) > 0$", lo cual va implicar que a medida que aumente la renta real del contribuyente aumentará la probabilidad de detección de la renta ocultada. Hipótesis bastante plausible si tenemos en cuenta que va a ser en los mayores niveles de renta donde se situaran las mayores bolsas de fraude, y por tanto deberá ser ahí donde actúen los órganos inspectores para la detección de la evasión fiscal.

La función objetivo a maximizar por el contribuyente racional, respecto de la variable de elección, fracción de base imponible ocultada, "λ", queda así:

$$E[y] = p(y)[y\text{-}T(y)\text{-}\lambda y S(\lambda)] + [1\text{-}p(y)][y\text{-}T(y\text{-}\lambda y)] \qquad (129)$$

Las condiciones de maximización para una solución interior de "λ" serían las siguientes:

a) Condición de primer orden.

$$\frac{\delta E[u]}{\delta \lambda} = yp(y)[S(\lambda) + \lambda S_1(\lambda)] - [1 - p(y)]yT'_1[(1 - \lambda)y] = 0 \qquad (130)$$

b) Condición de segundo orden.

$$\frac{\delta^2 E[u]}{\delta x \delta x} = Q = -p(y)y[2S_1(\lambda) + \lambda S_{11}(\lambda)] - T_{11}[(1 - \lambda)y]y^2[1 - p(y)] < 0 \qquad (131)$$

Si suponemos un impuesto proporcional, tenemos que "$T_{11} = 0$", con lo que el segundo sumando será cero. En cuanto al primer sumando:

$p(y) \quad\quad > 0$
$y \quad\quad\quad > 0$
$P_1(\lambda) \quad\quad > 0 \quad\quad\quad\quad < 0$
$P_{11}(\lambda) \quad\quad > = 0$
$\text{-} \quad\quad\quad\quad < 0$

De modo que esta función objetivo cumple la condición de segundo orden de maximización.

Pasamos a continuación a estudiar la relación entre la renta real de nuestro contribuyente y la fracción óptima de base tributaria ocultada o, lo que es lo mismo, el signo de la derivada de la fracción de base ocultada óptima con respecto a su renta real.

$$\frac{\delta \lambda}{\delta y} = \frac{P_1(y)y\{[S(\lambda) + \lambda S_1(\lambda)] + T_1[(1 - \lambda)y]\}}{-p(y)y[2S_1(\lambda) + \lambda S_{11}(\lambda)]} \qquad (132)$$

Para estudiar que tipo de relación se da entre la renta real y la fracción de base ocultada habrá que estudiar cual es el signo de la expresión [132].

- El denominador, como quedo demostrado líneas arriba, tiene signo inequívocamente negativo.

- El numerador, sin embargo, tiene signo positivo, pues:

$P_1(y) \quad\quad > 0$
$y \quad\quad\quad\quad > 0$
$S(\lambda) \quad\quad > 0$
$\lambda \quad\quad\quad\quad > 0 \quad\quad\quad\quad > 0$
$S_1(\lambda) \quad\quad > 0$
$T_1[(1-\lambda)y] \quad > 0$

Por lo que el signo de esta igualdad será inequívocamente negativo. Podemos concluir, por tanto, que con un impuesto proporcional y una probabilidad de detección creciente con la renta real de nuestro contribuyente que persigue maximizar su renta una vez pagados los impuestos y las sanciones, si hubiese lugar a ello, a medida que aumenta la renta real menor será su fracción óptima de base a ocultar.

Como señalamos anteriormente, tanto la variación de la probabilidad de detección, como la de la tasa sancionadora, producen un efecto de signo inequívocamente positivo sobre los niveles de renta declarados. Lo cual, no deja de cumplirse por el hecho de que la probabilidad de detección se haga depender inversamente de la base declarada.

CAPITULO III

JUDICIALIZACION DE LA EVASION FISCAL: CONSIDERACION CONJUNTA DE LA EVASION FISCAL Y DE LA LITIGACION.

A. Introducción.

En el presente capítulo recogemos la principal aportación de este trabajo de investigación al análisis económico de la evasión fiscal. En el mismo intentamos determinar, tanto teórica como empíricamente, los resultados que origina el sistema jurídico en la conducta de los contribuyentes a través de los incentivos generados por la forma peculiar que reviste la aplicación de las normas sobre infracciones y sanciones tributarias. En otras palabras, intentamos sumar a las contribuciones habidas en la economía de la evasión aquellas otras de la teoría de la litigación. Para conseguir tal objetivo la estructura de este capítulo queda como sigue.

En la primera sección vemos cuales son los factores que influyen en la decisión del contribuyente de recurrir o no la sanción que le imponga la Administración Tributaria. Con ese propósito elaboramos una teoría de la litigación, que aplicable a este campo tributario, nos sirva como teoría explicativa de los factores que afectan a la decisión del contribuyente sobre si litigar o no.

En la sección siguiente recuperamos el modelo básico estudiado en el segundo capítulo e incorporamos al mismo la posibilidad de litigar del contribuyente-detectado, integrando de este modo la teoría de la litigación y la teoría económica de la evasión fiscal. Por ello introducimos nuevas variables: los costes de litigar, la posibilidad de que el potencial evasor decida recurrir, y la probabilidad de perder el litigio. Y ampliamos el ámbito decisional del contribuyente modelizado, ya que en el caso de que su base ocultada sea descubierta por los órganos de inspección tendrá que decidir si recurre o no la sanción que le impongan.

Dentro de esta sección hacemos especial énfasis en la condición de entrada en la evasión fiscal cuando existe posibilidad de litigar y comparamos esa condición de entrada con la vista en el capítulo anterior. Para, en una sección posterior, pasar a examinar como varía la cuantía de base imponible declarada por el contribuyente ante modificaciones de las distintas variables que entran en el modelo.

En la sección cuarta estudiamos como se ve afectada la política de disuasión óptima de la evasión fiscal cuando relajamos la hipótesis que supone que todas las conductas evasoras detectadas son efectivamente sancionadas.

El capítulo lo cerramos con una sección donde intentamos demostrar por medio de la economía experimental los resultados alcanzados en nuestro modelo teórico. Con los datos que obtengamos con nuestra contrastación empírica examinaremos econométricamente la relación de las distintas variables con la base imponible declarada.

Antes de comenzar con el desarrollo de este capítulo vamos a dar unas notas muy generales sobre la situación española en el campo de la evasión fiscal y la litigiosidad que esta lleva acompañada.

Según informaciones suministradas por altos cargos de la Administración el volumen de la evasión fiscal se situa en torno a los 5.6 billones de pesetas[1]. En la lucha contra ese elevado volumen de evasión la Administración Tributaria, más concretamente la Agencia Estatal de Administración Tributaria, durante el año 1.991 (1.992) por el IRPF extendió 48.488 actas con deuda (78.930 actas en 1.992, con un incremento del 40%) que generaron una deuda tributaria de 51.151 millones de pesetas (83.585 en 1.992, con un incremento de 60%[2]). Un hecho a destacar es que un porcentaje superior al 93% de las actas con deuda contaran con la conformidad de los contribuyentes, y tan solo el 6% (2.900 actas) se tramitaran en disconformidad, aunque con un porcentaje de deuda superior al 26%.

Las liquidaciones tributarias producidas conforme a las propuestas contenidas en las actas de inspección son recurribles en via económico-administrativa, sin embargo la impugnación de las actas de conformidad estan sujetas a ciertos límites al no ser posible la impugnación de los hechos y elementos determinantes de la base tributaria de los cuales se dio la conformidad, salvo cuando pruebe haber incurrido en error de hecho[3].

En las distintas memorias elaboradas por la Administración Tributaria no se recogen cuantas de esas actas de disconformidad son recurribles ante el TEAC y los TEAR's aunque existe una presunción generalizada de el porcentaje es cercano al 100%, presunción que obtenemos tras las reuniones que con inspectores y asesores fiscales hemos mantenido a lo largo de la elaboración

---

[1]   Información suministrada por el Director General de Planificación en el seminario "Deficit Público" celebrado en Abril de 1.993 en la Universidad Carlos III de Madrid.

[2]   Este incremento del 92 con respecto al 91 se debe a la posibilidad de que los contribuyentes se acogieran a la regularización fiscal en el IRPF, lo que motivo que a 31 de Diciembre estuvieran interrumpida la comprobación de 34.000 contribuyentes.

[3]   Un estudio más detallado de los posibles recursos y de sus requisitos puede verse en Gamazo, J.C., (1.993) *Consideracion de los costes de litigación en el análisis económico de la evasión fiscal.* Valladolid

de este trabajo. Sin embargo, sí sabemos que el 30% de estos recursos resueltos en 1.991 obtuvieron fallo estimatorio, por lo que no menos de 750 juicios en esta materia se fallaron a favor del contribuyente. Si los fallos negativos fueran recurridos ante la jurisdicción contencioso-administrativa, en esta jurisidicción el porcentaje de fallos estimatorios esta cercano al 50%, por lo que de esos 1.500 recursos posibles 750 obtendrían fallo estimatorio.

B. Teoría de la litigación: ¿por qué recurren los contribuyentes?

Antes de entrar con el análisis de los incentivos que genera el sistema jurídico en la conducta del contribuyente (potencial evasor) y con la inserción del sistema jurídico en el modelo básico de evasión fiscal examinado en el capítulo anterior, es aconsejable establecer una teoría de la litigación que nos explique el porque el contribuyente-evasor decide recurrir. La teoría de la litigación nos permitirá explicar cúales son los factores que hacen que la gente en general, los contribuyentes en nuestro caso, decida litigar en lugar de emplear otros procedimientos alternativos. Una teoría en suma que determine los factores que inciden en la adopción de esa decisión: recurrir. Una vez analizados esos factores entraremos de lleno con la inclusión del sistema jurídico en el modelo básico de evasión fiscal con el objeto de estudiar cómo afecta la consideración de la posibilidad de litigar en la decisión y cuantía de la evasión fiscal.

Dentro de este ámbito tributario que estamos estudiando una vez que el evasor sea detectado, la decisión de recurrir en vía administrativa, mediante un recurso opcional de reposición o mediante un recurso ante el TEA competente, depende de la discrepancia de las partes -sujeto pasivo y Administración Tributaria (representada por la Inspección)- en su percepción sobre sus respectivas probabilidades de prevalecer en caso de recurso, de los costes de recurrir y de los costes de llegar a un acuerdo. Expresado funcionalmente nos quedaría:

$$R = R\,(\theta\,,\,p_a - p_3,\,n,\,\mu) \tag{1}$$

La notación que utilizamos es:

R   Posibilidad de interponer recurso ante los órganos competentes.

$\theta(y-x)$ Cuantía de la sanción potencial.

p_3 Probabilidad de que el recurrente, evasor-detectado, pierda el pleito según su propia estimación.

p_a Probabilidad de que el evasor pierda el pleito a juicio de la Administración Tributaria.

п(y-x)   Costes de litigar. Costes que pueden ser monetarios o no; entre los costes monetarios más importantes se incluyen los honorarios de los letrados, peritos y expertos.

μ(y-x)   Costes de llegar a un acuerdo. Acuerdo que sustituya al pleito. Estos costes consisten, principalmente, en pagos de honorarios a letrados y tiempo y dinero empleados por los afectados.

Podemos leer la función anterior [1] como que el interponer recurso depende de la sanción esperada del pleito para cada parte, neto de los costes de litigación, y de los costes de llegar a un acuerdo.

Más adelante analizamos que tipo de relación existe entre cada una de esas variables y la decisión final de interponer o no recurso, para lo cual nos bastara con unas elementales nociones de cálculo diferencial.

Las hipótesis que de partida vamos a establecer en nuestro modelo son las siguientes:

1ª las partes son neutrales al riesgo,

2ª las partes no se van a comportar estratégicamente[4],

3ª los costes de llegar a un acuerdo son cero,

4ª los costes de recurrir son positivos e iguales para ambas partes,

5ª sólo hay dos resultados posibles: a favor o en contra del recurrente,

6ª la cuantía en litigio es la misma tanto para la Administración Fiscal como para el evasor,

7ª y que hay simultaneidad en la decisión. Es decir, no hay dilación.

1. Modelo básico de litigación.[5]

En las situaciones en que se dan los supuestos anteriormente especificados, al evasor le compensará dirimir sus diferencias mediante un litigio cuando la pérdida esperada neta que experimentaría su patrimonio al interponer recurso fuera menor que la mejor de las ofertas posibles provenientes de la Administración Tributaria. En caso contrario, sería racional para ambas partes llegar a un acuerdo.

$$\theta (y\text{-}x)\, p_3 + \text{п}\,(y\text{-}x) < \theta\,(y\text{-}x)\, p_a\text{-}\text{п}\,(y\text{-}x) \qquad (2)$$

El lado izquierdo de la desigualdad representa la cantidad máxima que el evasor estaría dispuesto a pagar a la Administración Tributaria para lle-

4   No consideramos, por tanto, la estrategia que se sigue en las Administraciones Públicas de recurrir toda resolución o acto administrativo contrario a sus intereses.

5   Un estudio más general de la Teoría de la Litigación se puede ver en: Pastor, S., (1989) *Sistema Jurídico y Economía. Una introducción al Análisis Económico del Derecho*, Tecnos, Madrid, pp.: 206-253.

gar a un acuerdo. Cantidad compuesta por los costes esperados del pleito según su estimación, y por los costes de litigar. Mientras que en el lado derecho de la desigualdad se representa lo mínimo que la Administración Tributaria estaría dispuesta a aceptar para llegar a un acuerdo.

La expresión [2] puede escribirse como:

$$\pi\,(y-x) < \frac{0\,(y-x)\,(p_a - p_3)}{2} \tag{3}$$

Por lo que el pleito se producirá cuando los costes del litigio sean menores que la mitad del producto de la sanción por la diferencia de las percepciones de Administración Tributaria y evasor sobre el resultado esperado del pleito.

De la expresión anterior podemos deducir qué tipo de relación existe entre cada uno de esos factores y la posibilidad de dirimir el conflicto mediante recurso.

a. Relación entre la cuantía de la sanción y la posibilidad de recurrir.

No se trata más que intentar determinar cuál es el signo de la derivada de recurrir respecto de la cuantía de la sanción. Es decir,

$$\frac{\delta R}{\delta 0\,(y-x)} < = > 0 \tag{4}$$

En la expresión [3] vemos que cuanto mayor sea la cuantía de la sanción más probable será el litigio, por lo tanto ",$\delta R/\delta 0(y-x) > 0$". Intuitivamente cabe pensar que cuanto mayor sea la cuantía objeto de controversia mayor será la posibilidad de que la diferencia termine ante órganos judiciales. Así, en un supuesto donde la cantidad de evasión detectada fuese de 10.000 pesetas, resultará mucho más sencillo llegar a un acuerdo extrajudicial, que en el caso de que cantidad evadida fuese cien o doscientas veces mayor. En éste último caso sería mucho más fácil que ese evasor decidiese recurrir la sanción que le fuera impuesta por los órganos tributarios.

b. Relación entre el optimismo de las partes y la posibilidad de recurrir.

Tratamos de determinar el signo de la siguiente derivada:

$$\frac{\delta R}{\delta\,(p_a - p_3)} < = > 0 \tag{5}$$

Si nos fijamos en la expresión [3] vemos que la posibilidad de recurrir aumenta a medida que aumenta la diferencia entre las percepciones de ganar el litigio que tienen la Administración Tributaria y el evasor. Ello ocasionará que disminuyan las concesiones que otorguen en la negociación. Ese optimismo de las partes puede hacer imposible el acuerdo y conducir a las partes a la litigación. Consecuentemente, cuanto mayor sea esa diferencia de probabilidades, es decir, cuanto más optimistas sean las partes litigantes sobre el resultado del pleito, más probable será el juicio.

De modo que:

$$\frac{\delta R}{\delta(p_a - p_3)} > 0 \tag{6}$$

c. Relación entre los costes de litigación y la posibilidad de recurrir.

El signo de la derivada de recurrir respecto de los costes de litigar es negativo, pues a medida que aumentan estos descenderá la posibilidad de que el evasor decida litigar. Por lo tanto:

$$\frac{\delta R}{\delta \pi(y - x)} < 0 \tag{7}$$

Tratemos de ver lo hasta aquí dicho mediante un sencillo ejemplo.

Supongamos que $p_3 = 0.6$; $p_a = 0.7$; $\theta(y-x) = 100$ u.m.; $\pi(y-x) = 5$ u.m.[6] En este caso al evasor no le interesa recurrir puesto que:

$$100*0.6 + 5 < = > 100*0.7 \text{-} 5$$
$$65 \ u.m. = 65 \ u.m.$$

En este caso el acuerdo sería ventajoso para las dos partes y éste se alcanzaría exclusivamente con un valor de la sanción posible de 65 u.m., ya que es ésta la cantidad máxima que el evasor-recurrente estaría dispuesto a pagar y la cantidad mínima que la Administración Tributaria estaría dispuesta a aceptar.

a) ¿Que sucedería si, ceteris paribus, aumentase la posible sanción a 1000 u.m.? Entonces tendríamos:

$$600 + 5 < 700 \text{-} 5$$
$$605 \ u.m. < 695 \ u.m.$$

---

[6]   u.m. ⇒ unidades monetarias.

En cuyo caso el evasor decidiría recurrir. Comprobamos por tanto que al aumentar la sanción esperada aumenta la posibilidad de que el evasor recurra.

b) ¿Como reaccionaría el evasor ante una disminución de la diferencia de las percepciones de la posible resolución contraria al recurrente, manteniéndose constantes el resto de variables? Supongamos que la probabilidad de que el evasor pierda el litigio según sus estimaciones disminuye a 0.5, y que la percepción de la Administración Tributaria de que el recurrente pierda el litigio desciende a 0.5. Tendríamos que:

$$100*0.5 + 5 < = > 100*0.5\text{-}5$$
$$55\ u.m. > 45\ u.m.$$

El evasor estaría dispuesto a pagar una sanción de 55 u.m., y por su parte los órganos tributarios estarían dispuestos a aceptar como mínimo una sanción de 45 u.m.. Por tanto, se podía llegar a un acuerdo extrajudicial por una cuantía comprendida entre la cantidad máxima ofertada por el evasor, 55 u.m., y la cuantía mínima demandada por la Administración, 45 u.m. Queda así demostrado que al disminuir la diferencia de las estimaciones que las partes tienen de ganar el juicio el acuerdo es más factible.

c) ¿Cual sería la reacción del evasor si, ceteris paribus, descendieran los costes de litigación? Imaginémonos que dichos costes se reducen de 5 u.m. a 1 u.m. Obtendríamos la siguiente desigualdad

$$100*0.6 + 1 < = > 100*0.7\text{-}1$$
$$61\ u.m. < 69\ u.m.$$

En cuyo caso el recurrente decidirá dirimir sus diferencias con la Administración Tributaria mediante la interposición de un recurso. Comprobamos, como ya señalamos líneas arriba, la existencia de una relación inversa entre los costes del litigio y la posibilidad de recurrir.

d. Conclusiones.

De lo ya visto podemos extraer las siguientes conclusiones:

1. La prohibición legal de llegar a acuerdos extrajudiciales, recogida en nuestro ordenamiento jurídico[7], impide en muchas ocasiones que se alcancen situaciones de optimalidad paretiana. Podemos ilustrar esta idea mediante el

---

[7]   Vid: artículo 39 de la Ley General Preupuestaria, aprobada por Real Decreto Legislativo 1.091/1.988 de 23 de Septiembre, que dice: "No se podrá transigir judicial o extrajudicialmente sobre los derechos de la Hacienda Pública, ni someter a arbitraje las contiendas que se susciten respecto de las mismos, sino mediante Decreto acordado en Consejo de Ministros, previa audiencia del Consejo de Estado en pleno".

siguiente ejemplo: tengan las variables los siguientes valores: $\theta(y\text{-}x) = 100$ u.m.; $p_a = 0.5$; $p_3 = 0.5$; $n(y\text{-}x) = 5$ u.m. El recurrente estaría dispuesto a ofrecer una cuantía de 55 u.m. para llegar a un acuerdo, mientras que la Administración para llegar a un acuerdo le tendrían que ofrecer como mínimo una cantidad de 45 u.m.. Se podría llegar a un acuerdo sobre una cuantía que oscilase entre la oferta máxima del recurrente, 55 u.m. y la demanda mínima de la Administración Tributaria, 45 u.m.. Por lo que en el caso de no ser posible legalmente el acuerdo extrajudicial la Administración tributaria esta incurriendo en un derroche de 10 u.m., 55-45 = 10.

En consecuencia, es socialmente deseable el permitir el acuerdo entre las partes, evasor y Administración Tributaria, en sus valores de convergencia: máxima oferta del evasor y demanda mínima de la Administración Tributaria. La prohibición legal de llegar a este tipo de acuerdo debería ser, en suma, levantada.

2. El reducir los costes de litigación a través de subsidios estatales produce el efecto directo de aumentar el número de litigios planteados por las partes. Ante esta situación, y dado que los recursos administrativos que se sustancian suelen ser de importantes cuantías de ingresos evadidos, no hay razón alguna que justifique tal subsidio, ni distributivas ni equitativas. E incluso podíamos llegar más lejos, admitiendo que los contribuyentes con niveles de ingresos más bajos acudieran a esta vía legal para tratar de impedir la imposición de sanción por la ocultación de renta cometida: ¿qué motivación social podría justificar que se estuviese financiando públicamente este fraude contra la Hacienda Pública? No parece factible encontrar alguna. En base a lo cual resulta pertinente defender la supresión de todo tipo de subsidio público que permita a los evasores detectados por los órganos inspectores el recurrir las sanciones impuestas, sin que con ello se vulnere el principio constitucional de presunción de inocencia.

2. Relajación de los supuestos de partida.

En las siguientes páginas estudiamos como afecta a la decisión de recurrir de nuestro evasor la modificación de las hipótesis iniciales establecidas en nuestro modelo de litigación. Así, analizamos la conducta del evasor en los siguientes casos:

1º Las partes no sean neutrales al riesgo.

2º Los costes de llegar a un acuerdo sean positivos.

3º Los costes de recurrir y de llegar a un acuerdo sean positivos y distintos para las partes.

4º Exista dilación. Esto es, no haya simultaneidad entre la presentación del recurso y la resolución del órgano decisor.

Sin más preámbulos pasamos a analizar cada una de estas conductas.

a. Existencia de costes positivos para llegar a un acuerdo.

Estamos suponiendo que "$\mu > 0$". Como ya demostraremos esta variable tiene una gran fuerza explicativa del fenómeno de la litigación. Ello es así dado el carácter sustitutivo del acuerdo extrajudicial con el pleito, y como ocurre con dos bienes sustitutivos cualesquiera: al aumentar el precio de uno de ellos mayor será la demanda del otro bien.

En los costes de llegar a un acuerdo se incluyen las minutas de los letrados y el tiempo y dinero perdido por las partes. Un factor elemental en la determinación de llegar a acuerdo es la posible existencia de comportamientos estratégicos en la negociación, conductas estratégicas que pueden existir en ambas partes o en alguna de ellas.

En general, se tiende a alabar el acuerdo extrajudicial frente al litigio, destacando las ventajas y beneficios del primero frente al segundo, así se señala como aquél es más barato, más rápido y ágil. Aunque, todo hay que decirlo, en determinados casos no están nada claras las ventajas del acuerdo sobre el litigio, así ocurre cuando la sentencia conlleva un reproche adicional al condenado, como puede ser el deteriorar su imagen pública, reproche social que no se consigue mediante un acuerdo.

Veamos cómo se modifica nuestro modelo cuando añadimos la variable de los costes de llegar a un acuerdo, "$\mu(y\text{-}x)$". En este caso, la mejor de las ofertas del evasor estaría compuesta por la cuantía de la sanción esperada, más los costes de litigación, menos los costes de llegar a un acuerdo. Mientras que la oferta mínima que la Administración Tributaria estaría dispuesta a recibir sería la cuantía de la sanción esperada según su criterio, menos los costes del litigio, más los costes para llegar a un acuerdo. Con estas condiciones, para que la diferencia se sustanciase ante los tribunales la pérdida esperada neta que experimentaría el patrimonio del evasor al interponer recurso fuese menor que la mejor de las ofertas posibles provenientes de la Administración Tributaria. En otro caso, sería mejor para las partes llegar a un acuerdo extrajudicial. Por tanto:

$$\theta\,(y\text{-}x)\,p_3 + \pi\,(y\text{-}x) - \mu\,(y\text{-}x) < \theta\,(y\text{-}x)\,p_a - \pi\,(y\text{-}x) + \mu\,(y\text{-}x) \qquad \textbf{(16)}$$

Operando en esa desigualdad llegamos a:

$$\pi\,(y-x) < \frac{\theta\,(y-x)\,(p_a - p_3)}{2} + \mu\,(y-x) \qquad \textbf{(17)}$$

El litigio tendrá lugar cuando los costes del mismo sean menores que la mitad del producto de la cuantía de la sanción por la diferencia de las percepciones de Administración Tributaria y evasor sobre el resultado esperado del pleito, más los costes del litigio.

La relación entre las diferentes variables y la posibilidad de dirimir el conflicto en juicio no sufre modificación alguna respecto al modelo básico. Por tanto:

$\delta R/\delta\theta(y\text{-}x) > 0 \Rightarrow$ A medida que aumenta la posible sanción aumenta la posibilidad de que el evasor recurra.

$\delta R/\delta(p_a\text{-}p_3) > 0 \Rightarrow$ A medida que aumenta la diferencia entre las percepciones de las partes sobre la probabilidad de que el evasor sea sancionado, aumenta la posibilidad de que este último recurra.

$\delta R/\delta n(y\text{-}x) < 0 \Rightarrow$ A medida que aumentan los costes de litigar descenderá la posibilidad de que el evasor interponga recurso.

A estas relaciones debemos añadir aquella que vincula los costes del acuerdo con la posibilidad de recurrir, y así:

$\delta R/\delta\mu(y\text{-}x) > 0 \Rightarrow$ A medida que aumentan los costes del acuerdo más probable será que se acuda a la vía judicial para solucionar los conflictos.

Resulta conveniente ilustrar estas relaciones a través del siguiente ejemplo: sean $p_a = 0.7$; $p_3 = 0.6$; $\theta(y\text{-}x) = 100$ u.m.; $n(y\text{-}x) = 5$ u.m.; $\mu(y\text{-}x) = 1$ u.m.. En este caso al evasor si le compensaría recurrir puesto que:

$$100*0.6 + 5\text{-}1 < 100*0.7\text{-}5 + 1$$

$$64\ u.m. < 66\ u.m.$$

a) Si la sanción disminuyese a 10 u.m.

$$10*0.6 + 5\text{-}1 < 10*0.7\text{-}5 + 1$$

$$10\ u.m. < 3\ u.m.$$

En estas condiciones al evasor ya no le interesa el recurrir, sino más bien llegar a un acuerdo con la otra parte. Vemos por tanto que una disminución de la sanción, permaneciendo el resto de variables constantes, ocasiona que lo que antes era ventajoso, recurrir, ahora no lo sea. El mismo razonamiento lo podemos hacer con signo contrario: ante subida de las sanciones puede que resulte más ventajoso al evasor recurrir la sanción final; mientras que con la sanción inicial podría ser el no recurrir.

b) Aumento de la diferencia entre las percepciones de las partes de ganar el litigio, $p_a = 0.8$; $p_3 = 0.4$.

$$100*0.4 + 5\text{-}1 < 100*0.8\text{-}5 + 1$$

$$44\ u.m. < 76\ u.m.$$

Por tanto, cuanto mayor sea la diferencia de esas percepciones más probable es que las partes diriman sus diferencias en juicio.

c) Aumento, ceteris paribus, de los costes de litigación de 5 u.m. a 25 u.m..

$$100*0.6 + 25\text{-}1 < = > 100*0.7\text{-}25 + 1$$
$$84 \ u.m. > 46 \ u.m.$$

Las partes podrían llegar a un acuerdo entre la sanción máxima dispuesta a pagar por el recurrente, 84 u.m, y la cuantía mínima que la Administración Tributaria exigiría para llegar a un acuerdo, 46 u.m. El acuerdo sería posible entre la cantidad ofrecida, 84 u.m., y la cantidad demandada, 46 u.m.

Demostramos de esta forma que con una simple subida de los costes de litigación permaneciendo el resto de variables constantes es suficiente para que las partes desistan de acudir a juicio y decidan resolver sus diferencias mediante acuerdo extrajudicial.

d) Aumento de los costes del acuerdo de 1 u.m. a 10 u.m.

$$100*0.6 + 5\text{-}10 < = > 100*0.7\text{-}5 + 10$$
$$55 \ u.m. < 75 \ u.m.$$

La diferencia entre la oferta máxima que el recurrente estaría dispuesto a hacer a la Administración Tributaria y la demanda mínima que esta exigiría se ha ampliado considerablemente, pasando de 2 u.m. en la situación inicial a 20 u.m. cuando se produce un aumento de los costes de llegar a un acuerdo. Consecuentemente, la posibilidad de que el conflicto se resuelva mediante pleito es mayor cuanto más grandes sean los costes de llegar a un acuerdo.

La conclusión que podemos destacar en este punto es que, de acuerdo con nuestro modelo, cuanto más se facilite el acuerdo más factible es que las partes no acudan a litigios para resolver sus diferencias. De modo que cuanto menor sea "$\mu(y\text{-}x)$" más posibilidades habrá para que los conflictos se solucionen mediante acuerdos inter-partes sin necesidad de recurrir a ningún pleito. Aunque esto no implique el subsidiar "$\mu(y\text{-}x)$" si apunta la necesidad de reducir los valores de "$\mu(y\text{-}x)$" artificialmente aumentados.

b. Costes de litigar y de llegar a un acuerdo positivos y distintos para las partes.

Hasta el momento hemos trabajado bajo el supuesto de que el evasor y la Administración tributaria van a incurrir en los mismos costes para llegar a un acuerdo; sin embargo, nada más lejos de la realidad, pues los costes de ambos son muy diferentes no sólo en costes monetarios, sino también en costes-oportunidad. Por tanto, corresponde que nuestro modelo desdoble la variable "$\mu(y\text{-}x)$" en dos:

$\mu_e(y\text{-}x)$ = costes en que incurre el evasor para llegar a un acuerdo extrajudicial.

$\mu_a(y\text{-}x)$ = costes en que incurre la Administración Tributaria para llegar a un acuerdo.

Nuestro modelo se ve afectado por la toma en consideración de esos diferentes costes que para las partes suponen llegar a un acuerdo. Quedando el mismo como sigue:

$$\theta\,(y\text{-}x)\,p_3 + \pi\,(y\text{-}x)\,\text{-}\mu_e\,(y\text{-}x) < p_a\theta\,(y\text{-}x)\,\text{-}\pi\,(y\text{-}x) + \mu_a\,(y\text{-}x) \qquad (28)$$

$$\pi\,(y-x) < \frac{\theta\,(y-x)\,(p_a - p_3)}{2} + \frac{(\mu_a + \mu_e)(y-x)}{2} \qquad (29)$$

El evasor decidirá interponer recurso en estas condiciones cuando los costes de litigar sean menores a la mitad del producto de la cuantía de la sanción esperada por la diferencia de las estimaciones de la Administración Tributaria y del evasor sobre la probabilidad de que este último obtenga sentencia contraria, más la semisuma de los costes de llegar a un acuerdo para ambas partes.

La relación entre las distintas variables y la posibilidad de que el evasor interponga recurso es semejante a las analizadas en los casos anteriores. Es decir:

$\delta R/\delta\theta(y\text{-}x) > 0 \Rightarrow$ Cuanto mayor sea la cuantía de la sanción más posibilidades habrá para que el conflicto se sustancie judicialmente.

$\delta R/\delta(p_a\text{-}p_3) > 0 \Rightarrow$ Cuanto mayor sea la diferencia de las estimaciones de las partes sobre una resolución contraria a los intereses del evasor más fácil será que el evasor decida interponer recurso ante el órgano competente.

$\delta R/\delta(\mu_a + \mu_e)(y\text{-}x) > 0 \Rightarrow$ Cuanto mayor sean los costes para llegar a un acuerdo, la probabilidad de que la diferencia se dirima judicialmente será mayor.

$\delta R/\delta\pi(y\text{-}x) < 0 \Rightarrow$ Cuanto mayores sean los costes de litigar más probable es que el evasor desista de la interposición de recurso.

Comprobemos la existencia de este tipo de relaciones mediante un sencillo ejemplo, sean: $p_a = 0.7$; $p_3 = 0.6$; $\theta(y-x) = 100$ u.m.; $n(y-x) = 5$ u.m.; $\mu_a(y-x) = 1$ u.m.; $\mu_e(y-x) = 2$ u.m.; por lo que

$$100*0.6 + 5-2 < = > 100*0.7-5+1$$

$$63 \ u.m. > 66 \ u.m.$$

El evasor decidirá interponer recurso ya que lo máximo que esta dispuesto a ofrecer a la Administración Tributaria es menor que la cuantía mínima que ésta esta dispuesta a aceptar.

a) Si la cuantía de la sanción se elevase a 1.000 u.m.

$$1000*0.6 + 5-2 < = > 1000*0.7-5+1$$

$$603 \ u.m. < \ 696 \ u.m.$$

Vemos como la diferencia entre la máxima oferta del evasor y la demanda mínima de la Administración Tributaria se ha ampliado por lo que la posibilidad de acuerdo es menor que en el caso anterior.

b) Si aumentase la diferencia entre las percepciones de las partes sobre la posibilidad de que el evasor perdiera el litigio: $p_a = 0.8$ y $p_3 = 0.4$.

$$100*0.4 + 5-2 < = > 100*0.8-5+1$$

$$43 \ u.m. < 76 \ u.m.$$

A medida que esa diferencia se amplíe, mayor será la posibilidad de que las partes acudan a los órganos judiciales.

c) Aumento de los costes de litigación de 5 u.m. a 25 u.m.

$$100*0.6 + 25-2 < = > 100*0.7-25+1$$

$$83 \ u.m. > 46 \ u.m.$$

Entre la cuantía máxima dispuesta a pagar el evasor, 83, y la cuantía mínima que aceptaría la Administración tributaria, 46, se podría alcanzar un acuerdo. Por lo que cuantos mayores sean esos costes de litigación más probable es que se llegue a un acuerdo.

d) Aumento de los costes del evasor para alcanzar un acuerdo de 2 u.m. a 4 u.m.

$$100*0.6 + 5-4 < = > 100*0.7-5+1$$

$$61 \ u.m. < 66 \ u.m.$$

Al aumentar en 2 u.m. los costes del evasor para alcanzar un acuerdo la diferencia entre la oferta máxima que el evasor realizara y la cuantía mínima exigida por la Administración Tributaria también aumenta en 2 u.m. respecto a la situación inicial. Por lo que la posibilidad de que el evasor interponga recurso es mayor.

e) Aumento de los costes de la Administración Tributaria para alcanzar un acuerdo de 1 u.m. a 3 u.m.

$$100*0.6+5\text{-}2 < = > 100*0.7\text{-}5+3$$

$$63 \; u.m. < 68 \; u.m.$$

Al aumentar los costes del acuerdo para una sola de las partes, en este caso para la Administración Tributaria, la diferencia entre la oferta máxima del evasor y la demanda mínima de la Administración Tributaria aumenta en la misma cuantía. Por tanto, la probabilidad de resolución judicial aumenta.

Si observamos detenidamente los dos casos anteriores, d) y e), vemos que al aumentar los costes del acuerdo en la misma cuantía para cualquiera de las partes se producen los mismos efectos sobre la probabilidad de recurrir. Ello es debido a que ambos ocasionan los mismos incrementos en la diferencia entre la mínima oferta aceptable por la Administración Tributaria y la máxima cuantía dispuesta a pagar por el evasor. Por tanto, y siempre según nuestro modelo, no hay ninguna base que nos permita afirmar que disminuciones en los costes de llegar a un acuerdo para el evasor reduzcan en mayor cuantía la probabilidad de que la diferencia se resuelva judicialmente, que en el caso de reducir los costes de llegar al acuerdo para la Administración Tributaria.

c. El evasor presente aversión al riesgo.

En este caso la probabilidad de que se llegue a un acuerdo extrajudicial, frente a la interposición de recurso, es mayor que en el caso de que el evasor sea neutral al riesgo. La explicación es la siguiente: el evasor estaría dispuesto a pactar por una sanción mas cuantiosa ante el temor-riesgo de una resolución judicial contraria a sus intereses.

Lo mismo cabría decir si los miembros de la Administración Tributaria presentan aversión al riesgo, pues en ese caso estarían dispuestos a aceptar en el acuerdo una sanción menor para el evasor ante el temor-riesgo de que este obtuviera una resolución judicial favorable a sus intereses.

Consecuentemente, si el evasor está dispuesto a pagar una cuantía mayor y la Administración, a su vez, aceptase una cuantía menor, la probabilidad de que el acuerdo se alcanzase sería más elevada.

d. Existencia de dilación en la resolucion de los conflictos.

La dilación existente en nuestra Administración de Justicia es explicable, en términos económicos, por la existencia de un exceso de demanda del bien "justicia". Como todo exceso de demanda esta se debe a un desajuste entre demanda y oferta, al ser la primera mayor que la segunda. En términos no económicos podemos entender por dilación la no simultaneidad entre la presentación del recurso y la resolución del mismo por el órgano competente.

La preocupación por el retraso en la resolución de los expedientes de esta materia en el ámbito administrativo motivo que el TEAC realizará en 1.989, y en años posteriores, un estudio exhaustivo sobre los tiempos invertidos en la sustanciación de las reclamaciones y recursos[8].

En ese estudio se comprobó como la mayoría de los asuntos (48.51%) tardan en resolverse entre uno y dos años; y el resto, en su mayor parte (40%) más de dos años. Tan solo el 11.49% de los expedientes de esta materia se resuelven en un año. CUADRO 14.

Si nos fijamos en el CUADRO 15 vemos como el tiempo medio, la moda y, sobre todo, la media se han incrementado en 1.988 respecto a 1.987, debido al fuerte aumento (220%) de los asuntos resueltos entre dos y tres años, de 1.272 asuntos resueltos en 1.987 a 4.072 en 1.988. Esto no implica un mayor retraso, sino que en 1.988 los asuntos resueltos han aumentado en un 45.15% respecto 1.987 (CUADRO 16), incidiendo especialmente en el intervalo 2-3 años. Este aumento ha supuesto que por primera vez desde 1.985 los asuntos despachados hayan superado los ingresados en una cuantía importante, 3.510[9].

---

[8] Prueba de esa preocupación es que entre los objetivos que se marcó para 1.992 la Agencia Estatal de Administración Tributaria estaba el reducir el plazo resolución de recursos y reclamaciones, para lo cual se proponia "el simplificar la tramitación de los recursos acortando los plazos". Vid: Agencia Estatal de Administración Tributaria (1.992) "Objetivos para 1.992 de los servicios centrales de la A.E.A.T." Ministerio de Economía y Hacienda.

[9] Vid: Secretaría de Estado de Hacienda (1.989) "Memoria de la Administración Tributaria 1.988", Ministerio de Economía y Hacienda, pp.: 360-361.

CUADRO 14

DEMORA EN LAS RECLAMACIONES PRESENTADAS ANTE EL TEAC.

AÑOS	HASTA 1 AÑO %	HASTA 1 AÑO NUMERO	DE 1 A 2 AÑOS %	DE 1 A 2 AÑOS NUMERO	DE 2 A 3 AÑOS %	DE 2 A 3 AÑOS NUMERO	DE 3 A 4 AÑOS %	DE 3 A 4 AÑOS NUMERO	DE 4 A 5 AÑOS %	DE 4 A 5 AÑOS NUMERO	MAS DE 5 AÑOS %	MAS DE 5 AÑOS NUMERO
1982	19,51	436	48,75	1098	17,53	392	5,55	124	5,51	123	3,17	71
1983	15,17	616	57,46	2333	9,91	402	10,52	427	3,67	149	3,27	133
1984	21,07	1155	32,04	1756	24,59	1348	9,51	521	7,77	426	3,92	275
1985	17,17	1008	41,58	2441	18,23	1071	12,12	712	5,57	327	5,33	314
1986	14,27	1329	51,63	4809	15,71	1464	9,31	865	6,53	608	2,55	238
1987	11,37	1603	49,92	4665	13,64	1272	13,53	1265	7,98	746	3,56	333
1988	11,82	1603	40,06	4349	30,02	4072	14,97	2031	8,2	1113	2,93	395

Fuente: Secretaría de Estado de Hacienda, (1989) "Memoria de la Administración Tributaria 1989"; y elaboración propia.

CUADRO 15
**ANALISIS DE LOS TIEMPOS (MESES) DE TARDANZA EN LA RESOLUCION
DE LAS RECLAMACIONES PLANTEADAS ANTE EL TEAC**

Años	Recorrido	Valor Mínimo	Valor Máximo	Mediana	Moda	Tiempo Medio	Coeficiente Pearson	Desviación Típica
1982	114	2	116	16	14	21,8	0,7	15,1
1983	114	1	115	17	15	22,1	0,7	14,8
1984	118	1	119	23	25	26,5	0,7	18,4
1985	127	1	128	19	12	24,5	0,6	15,3
1986	128	1	129	18	15	23,6	0,7	15,6
1987	129	1	130	19	15	25,5	0,6	15,8
1988	138	1	139	27	17	28,9	0,5	15,1

Fuente: Secretaría de Estado de Hacienda, (1989) "Memoria de la Administración tributaria
1989"; y elaboración propia.

CUADRO 16
**NUMERO DE RECLAMACIONES INGRESADAS, DESPACHADAS
Y PENDIENTES EN EL TEAC**

Años	Existencias Iniciales	Ingresadas	Despachadas	Pendientes
1979	3078	2415	2735	2758
1980	2758	2318	2488	2588
1981	2588	3581	2256	3913
1982	3913	7649	2433	9129
1983	9129	5471	4073	10527
1984	10527	7017	6353	11191
1985	11191	8217	5873	13535
1986	13535	10771	8313	14993
1987	14993	11470	9344	17119
1988	17119	10053	13563	13609
1989	13609	6574	8306	11577
1990	11491	12202	10798	12895
1991	12895	8732	10354	11273

Fuente: Secretaría de Estado de Hacienda, (1984-1991) "Memoria de la Administración Tributaria 1984 (1985, 1986, 1987, 1988, 1989, 1990, 1991)"; y elaboración propia.

Esto en cuanto a la demora en los expedientes planteados ante el TEAC, en lo referente a la dilación existente en los TEAR`s señalar que:

1º El número de reclamaciones pendientes pasa de 155.393 en 1.990 a 136.929 en 1.991 (CUADRO 17) lo que supuso una reducción de 18.464 (12%). Al final de 1.989 el número de reclamaciones pendientes (184.022) era aproximadamente el doble de las ingresadas en ese año. A finales de 1.990 la relación del número de asuntos pendientes con respecto al de ingresados paso de 2.06 a 1.73; a finales de 1.991 este índice se ha reducido hasta el 1.46.

2º Otro índice significativo de la evolución experimentada, viene dado por la relación entre asuntos pendientes al final del ejercicio respecto de los despachados en el año. El índice más'elevado corresponde al año 1.989 donde alcanzo un valor de 2.08. Desde entonces ese índice ha disminuido hasta alcanzar en 1.991 un valor de 1.22[10].

CUADRO 17
NUMERO DE RECLAMACIONES INGRESADAS, DESPACHADAS Y PENDIENTES EN EL TEAC

Años	Ingresadas	Despachadas	Pendientes	Pendientes
1979	73633	54236	59238	68631
1980	68631	110848	55235	124244
1981	124244	84754	107754	101244
1982	101244	57292	76186	82882
1983	82882	131077	88271	125670
1984	125670	146112	128356	143125
1985	143125	200069	125656	217538
1986	217371	149018	132185	234371
1987	234371	115000	147649	201722
1988	201722	100093	119682	182133
1989	182133	89253	88263	183123
1990	184022	89540	118079	155393
1991	155393	93980	112444	136929

Fuente: Secretaría de Estado de Hacienda, (1984-1991) "Memoria de la Administración Tributaria 1984, 1985, 1986, 1987, 1988, 1989, 1990, 1991"; y elaboración propia.

La dilación va a afectar a la decisión de las partes de litigar o intentar solucionar sus problemas a través de acuerdos extrajudiciales, pues se reduce el valor actual de la sanción del evasor-recurrente en contra de la Administración Tributaria que verá como el valor de la sanción que aquel acaba pa-

---

[10] Vid: Secretaría de Estado de Hacienda (1.992) "Memoria de la Administración Tributaria 1.991", Ministerio de Economía y Hacienda, pp.: 314-315.

gando, si llega el caso, es inferior a la que sin descapitalización hubiese recibido. Por tanto, la existencia de tasas de descuento positivas para ambas partes va a provocar una reducción en la oferta máxima que el evasor estaría dispuesto a hacer para llegar a un acuerdo y, a su vez, un aumento en la cantidad mínima que la Administración Tributaria tendría que recibir para alcanzar el acuerdo.

La dilación, en suma, va a suponer un beneficio adicional para el evasor que va a inducir a éste a interponer recursos una vez detectada su ocultación de ingresos, y la consiguiente reducción de la solución de las diferencias por medio de acuerdo. La existencia de esta dilación va a producir fuertes incentivos el evasor descubierto para que recurra a pesar de que las posibilidades de ganar en juicio sean remotas.

La dilación también afectará a la incertidumbre sobre el resultado final del pleito, reduciendo de ese modo la probabilidad de acuerdo, puesto que las diferencias en las estimaciones de las partes sobre la probabilidad de que el evasor gane son mayores.

En nuestro modelo inicial deberemos introducir una variable más: la tasa de descuento, "d". Quedando el mismo de la siguiente forma:

$$[\theta p_3 + \pi - \mu](y-x)\ \frac{1}{(1+d)^t} < [\theta p_a - \pi + \mu](y-x)(1+d)^t \quad (42)$$

$$\pi(y-x)\ \frac{1}{(1+d)^t} < \frac{[0(y-x)(p_a-p_3)+2\mu(y-x)](1+d)^t}{2} \quad (43)$$

La interpretación de esa expresión será que el litigio tendrá lugar cuando el valor actual de los costes de litigio en el año "t" sean menores que la mitad del valor de la suma de los costes del acuerdo y el producto de la sanción por la diferencia de las estimaciones de las partes sobre el resultado del pleito, valorada esta suma en el año "t".

Como ocurría en los supuestos anteriores la relación entre las distintas variables y la posibilidad de recurrir no va a sufrir cambio alguno respecto del modelo básico. Así:

$\delta R/\delta\theta(y-x) > 0 \Rightarrow$ A medida que aumenta la sanción aumentará la posibilidad de la interposición de recurso.

$\delta R/\delta(p_a-p_3) > 0 \Rightarrow$ A medida que aumenta la diferencia entre las estimaciones de las partes sobre la probabilidad de que el evasor sea sancionado, aumenta la posibilidad de que este ultimo recurra.

$\delta R/\delta\pi(y-x) < 0 \Rightarrow$ A medida que aumentan los costes de litigar se reduce la probabilidad de que el evasor interponga recurso.

$\delta R/\delta\mu(y-x) > 0 \Rightarrow$ A medida que aumentan los costes de llegar a un acuerdo, más factible resultará que se acuda a los órganos judiciales para solucionar los conflictos.

$\delta R/\delta d > 0 \Rightarrow$ A medida que aumente la tasa de descuento será mas probable que los conflictos se sustancien ante órganos judiciales.

Como en casos anteriores vamos a tratar de ilustrar lo hasta aquí dicho a través de un sencillo ejemplo, con el cual intentamos demostrar la relación positiva entre la probabilidad de recurrir y la existencia de la dilación.

Sean: $p_a = 0.7$; $p_3 = 0.6$; $0(y\text{-}x) = 100$ u.m.; $n(y\text{-}x) = 6$ u.m.; $\mu(y\text{-}x) = 1$ u.m.; la tasa de descuento anual, "d", del 10%; y la dilación en la resolución del conflicto, "t", sea de un año.

a) Veamos en primer lugar la resolución del ejercicio sin tener en cuenta la tasa de descuento, para pasar a continuación a comparar ese resultado con el que se obtendría si consideráramos dicha tasa de descuento.

$$100*0.6 + 6\text{-}1 < = > 100*0.7\text{-}6 + 1$$

$$65 \ u.m. = 65 \ u.m.$$

Por tanto, en este supuesto, al no tener en cuenta la dilación consustancial con todo litigio, al evasor no le interesaría tanto acudir a juicio como alcanzar un acuerdo entre su oferta máxima, 65 u.m., y la cantidad mínima que la Administración Tributaria exigiría para olvidarse del tema, 65 u.m.

Consideremos ahora la dilación a través de la variable, "d", tasa de descuento.

$$\frac{(100*0.6 + 6 - 1)}{(1 + 0.1)} < (100*0.7 - 6 + 1)(1 + 0.1)$$

$$64,356 \ u.m. < 65,65 \ u.m.$$

En este caso el evasor decidirá interponer recurso, pues la sanción máxima que esta dispuesto a pagar, 64,356 u.m., es menor a la cantidad mínima que la Administración tributaria exige, 65,65 u.m.

Vemos como la existencia de dilación incentiva a los evasores a la interposición de recursos tratando de reducir el valor real de la sanción que esperan pagar.

b) ¿Qué ocurre si la tasa de descuento aumenta del 10% anual a un 50%?

$$\frac{(100*0.6 + 6 - 1)}{(1 + 0.5)} < (100*0.7 - 6 + 1)(1 + 0.5)$$

$$43.33 \ u.m. < 97.5 \ u.m.$$

Al aumentar la tasa de descuento aumenta la diferencia entre la cuantía máxima que el evasor esta dispuesto a pagar y la oferta mínima que la Administración Tributaria aceptaría para no tener que dirimir esa diferencia ante los tribunales. Pasamos de una diferencia inferior a una unidad monetaria, en el caso de que la dilación fuese del 10%, a una diferencia de algo mas de 54 u.m. cuando introducimos en el modelo una tasa de descuento del 50%. Al considerar el fenómeno de la dilación comprobamos con este ejemplo como aumenta la probabilidad de que el conflicto se sustancie ante los órganos judiciales. O lo que es lo mismo, la derivada de la interposición de recurso respecto de la tasa de dilación es positiva, "$\delta R/\delta d > 0$", por lo que al aumentar esta tasa también lo hace la posibilidad de interposición de recurso, y al disminuir dicha tasa de descuento también disminuye la posibilidad de que el problema no se resuelva mediante acuerdo.

No creo que sea necesario ilustrar, una vez más, mediante ejemplos la relación existente entre la posibilidad de que la diferencia se dirima ante juicio y las siguientes variables: cuantía de la sanción, costes de llegar a un acuerdo, costes del litigio, diferencia en las estimaciones de las partes sobre la probabilidad de resolución judicial desfavorable para el evasor. Se mantienen el tipo de relaciones ya analizadas en el modelo básico de litigación y en la relajación de los supuestos estudiados.

Por lo que la toma en cuenta de la dilación exige un aumento de la sanción que contrarreste el efecto del descuento que aquella proporciona al litigador temerario. La sanción óptima que se establece para luchar contra la evasión fiscal, y con ella toda política de disuasión óptima, ha de variar como consecuencia del fenómeno de la dilación; y más concretamente deberá aumentar si se pretende que siga manteniendo su efecto disuasor óptimo sobre la conducta de los contribuyentes.

C. Inclusión en el modelo básico de evasión de los costes de litigación.

En el modelo básico de evasión fiscal que hemos analizado en el capítulo segundo se equiparaba detección de la evasión con imposición y pago de la sanción, como si una acción condujera automáticamente a la otra. Sin embargo, nada más lejos de la realidad, pues el evasor, una vez detectado, tiene la posibilidad de recurrir ante los órganos competentes la imposición de todo tipo de sanción que su conducta evasora pudiera llevar aparejada. Por tanto, en la decisión del contribuyente de evadir o no, y en qué cuantía, en este último caso, habrá que considerar:

a) la posibilidad de recurrir,

b) la probabilidad en ese caso de obtener sentencia favorable,

c) y los costes que el pleito le acarreará si la sentencia es condenatoria.

Por tanto, estudiamos ahora el análisis de la conducta del contribuyente que se enfrenta a la decisión de evadir junto a la posibilidad de recurrir y a los costes que esta actividad puede conllevar. Acometemos, en suma, la integración de la teoría de la litigación y la teoría ecomómica de la evasión fiscal. Para ello analizamos cómo afecta al modelo básico de comportamiento del contribuyente la inclusión de los costes de litigación y todo lo que ello implica.

En este caso el contribuyente se enfrenta al siguiente árbol de decisiones:

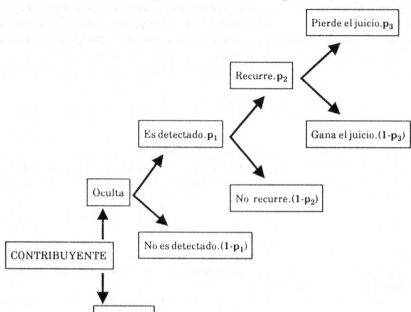

I. Contribuyente decide no ocultar su base imponible.

II. Contribuyente decide ocultar (total o parcialmente) su base imponible.
　　A. No es descubierto. $(1-p_1)$
　　B. Es descubierto. p_1
　　　　1. Decide no recurrir. $(1-p_2)$
　　　　2. Decide recurrir. p_2
　　　　　　a. Gana el juicio. $(1-p_3)$
　　　　　　b. Pierde el juicio. p_3

Examinamos a continuación cual será la decisión que finalmente adopte nuestro contribuyente en cada caso. Pero antes de esto vamos a recordar la notación que utilizamos:

y ⇒ Renta personal del contribuyente.

x ⇒ Base imponible declarada. Va a ser nuestra variable de decisión.

t ⇒ Tipo impositivo.

θ ⇒ Tipo de imposición que recaerá sobre la base ocultada cuando está sea descubierta.

p_1 ⇒　Probabilidad de detección.

R $\Rightarrow$ Posibilidad de recurrir. También es una variable de decisión que controla el contribuyente, y tomará un valor cero cuando el contribuyente decida no recurrir, y valor uno si decide recurrir. Esta varible, como hemos visto en la sección anterior, es una variable endógena en cuanto va a depender a su vez de: los costes de litigar, la estimación del contribuyente sobre las probabilidades de ganar el pleito, y de la sanción recurrida.

$p_3 \Rightarrow$ Probabilidad de perder el litigio.

n $\Rightarrow$ Costes de litigar.

U(y) $\Rightarrow$ Función cardinal de utilidad de la renta.

E[u] $\Rightarrow$ Utilidad esperada después de los impuestos.

$U_1 \Rightarrow$ Primera derivada, en este caso se trata de la utilidad marginal.

$U_{11} \Rightarrow$ Segunda derivada, en este caso es la derivada de la utilidad marginal.

Las hipótesis de partida que vamos a establecer en la modelización de la conducta del contribuyente son las siguientes:

a) Renta personal del contribuyente exógena, "y".

b) Tipo impositivo constante, "t", tal que $0 < t < 1$; es decir, un tipo impositivo positivo pero nunca confiscatorio.

c) Tipo sancionador, "θ", aplicable sobre la base ocultada, "y-x". Considerando en todo caso que el tipo sancionador es mayor que el tipo impositivo, "$\theta > t$".

d) Las probabilidades de ser detectada la evasión y de perder el litigio, "p_1" y "p_3", son conocidas de antemano por los contribuyentes.

e) Contribuyente racional que busca maximizar su utilidad, siendo el único argumento de la función de utilidad la renta del contribuyente.

f) Utilidad marginal positiva y estrictamente decreciente; lo que va a suponer el considerar a nuestro contribuyente con aversión al riesgo.

g) Los bienes suministrados por el Sector Público tienen un carácter exógeno para nuestro contribuyente. Por lo que estos bienes se suministrarán en una cuantía independiente de la contribución que éste haga al erario público a través del impuesto de la renta.

h) El total de los costes del litigio corren a cargo de la parte que pierda el mismo.

1. Utilidad esperada cuando el contribuyente decida recurrir.

El objetivo de esta apartado va a ser el estudiar la utilidad esperada del contribuyente cuando decida recurrir. En este caso nuestro contribuyente tendrá que maximizar la siguiente función:

$$E\ [u] = p_3 U\ [\ y - tx - (\theta + \pi)\ (y\text{-}x)] + (1\text{-}p_3)\ U\ (y\text{-}tx) \qquad (50)$$

El primer sumando de esa expresión representa la ganancia esperada del contribuyente una vez que, habiendo evadido y habiendo sido descubierto, decide recurrir y pierde el pleito. En cuyo caso su renta disponible sería su renta real, "y", menos los impuestos ya pagados,"tx", menos la sanción aplicable sobre la base imponible ocultada, "θ(y-x)", menos los costes de litigación, los cuales hemos supuestos proporcionales a la renta ocultada por lo que serán: "π(y-x)"[11].

Mientras que si el contribuyente evasor gana el litigio la utilidad esperada vendrá dada por la renta real, "y", menos los impuestos pagados, "tx". Lo cual esta representado por el segundo sumando de la expresión anterior.

2. ¿ Cuándo decidirá recurrir el evasor descubierto?

Si en el anterior apartado veíamos cual sería la utilidad esperada del contribuyente cuando decida recurrir, a continuación trataremos de ver bajo que condiciones le resulta rentable al contribuyente modelizado el recurrir la sanción que la administración le imponga por su conducta evasora.

Cuando el contribuyente-evasor se enfrenta ante la decisión de recurrir o no la sanción impuesta por los órganos tributarios correspondientes por la ocultación de sus ingresos, tendrá que maximizar la siguiente función objetivo:

$$E\ [u] = R\ [p_3 U\ [\ y - tx - (\theta + \pi)(y\text{-}x)] + (1\text{-}p_3)\ U\ (y\text{-}tx)] + (1\text{-}R)\ U\ [\ y - tx - \theta(y\text{-}x)] \qquad (52)$$

El primer sumando de esta expresión representa la utilidad esperada del contribuyente cuando decide recurrir la sanción impuesta y pierde el juicio, más la utilidad esperada en el caso de que gane el pleito. Mientras que el segundo sumando representa la utilidad esperada cuando decida no recurrir la sanción que se le imponga.

---

[11]   Hipótesis bastante plausible, ya que lo normal es que la renta que se está dispuesto a destinar a un litigio está directamente relacionada con la cuantía de la pretensión. Vid: Pastor, S., (1.993) *¡Ah de la justicia! Política judicial y economía,* Civitas, Madrid.

Hagamos los siguientes cambios de variable para facilitar el trabajo:

$$\alpha = y - tx \tag{53}$$
$$\beta = y - tx - \theta \ (y-x) \tag{54}$$
$$\gamma = y - tx - \theta \ (y-x) - \pi \ (y-x) \tag{55}$$

El contribuyente *decidirá recurrir*, y por tanto "R = 1", dada la función objetivo anterior, cuando la utilidad esperada de dicha acción sea mayor que la utilidad esperada de no recurrir. Es decir, cuando:

$$p_3 U \ [\gamma] + (1-p_3) \ U \ [\alpha] > U \ [\beta] \tag{56}$$

Por el contrario, el contribuyente *decidirá no recurrir*, y consecuentemente "R = 0", cuando la utilidad esperada que le reporte la acción de recurrir sea menor o igual que la utilidad que espera obtener cuando no recurra.

$$p_3 U \ [\gamma] + (1-p_3) \ U \ [\alpha] \leq U \ [\beta]$$

A continuación nos detendremos en averiguar las condiciones, necesarias y suficientes, que deben concurrir para que el contribuyente decida litigar. Para lograr ese propósito nos vamos a ayudar del **GRAFICO 19**.

En el mismo representaremos una función de utilidad "U" cóncava, consecuentemente estamos descartando neutralidad al riesgo del contribuyente, y en el eje de abcisas se representará el nivel de renta.

GRÁFICO 19

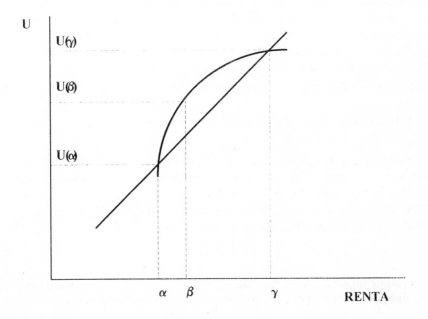

El punto "β" de este gráfico lo podemos expresar como combinación lineal de los puntos "α" y "γ", con lo que:

$$y\text{-}tx\text{-}\theta\,(y\text{-}x) = k\,(y\text{-}x) \text{-}\pi\,(y\text{-}x) + (1\text{-}k)\,(y\text{-}tx) \tag{58}$$

Despejamos "k" de la expresión anterior:

$$k = \frac{\theta}{n+\theta} \tag{59}$$

Por la concavidad de "U" sabemos que:

$$k\,U(\gamma) + (1\text{-}k)\,U(\alpha) < U(\beta)$$

Con lo que la condición necesaria, pero no suficiente, para litigar es que:

$$p_3 < k \tag{60}$$

Condición que se cumplirá si y solo si:

$$p3 < \frac{\theta}{\pi+\theta} \Longleftarrow\Rightarrow p_3\,(\pi+\theta) \tag{61}$$

Lo cual quiere decir que el contribuyente decidirá recurrir si la sanción esperada más los costes esperados son menores que la sanción.

Por otra parte, la condición suficiente para litigar exige que:

$$p_3 < h \tag{62}$$

Donde "h" es la probabilidad de perder el litigio que deja indiferente a nuestro contribuyente entre litigar y no litigar. Es decir:

$$U\,(\beta) = U\,(k\gamma + (1\text{-}k)\,\alpha) = hU\,(\gamma) + (1\text{-}h)\,U\,(\alpha) \tag{63}$$

3. Utilidad esperada en el caso de ser o no descubierto.

Finalmente, dentro de esta sección, analizamos la utilidad esperada del contribuyente ante el suceso incierto de que su comportamiento evasor sea detectado o no por los organos inspectores.

En el caso de que la evasión fuese detectada por los órganos inspectores, la utilidad que el contribuyente obtendría sería:

$$m\acute{a}ximo\,\,[p_3 U\,(\gamma) + (1\text{-}p_3)\,U\,(\alpha); U\,(\beta)] \tag{64}$$

Por el contrario, en el caso de que dicha ocultación no fuera descubierta la utilidad que el contribuyente obtendría por su conducta sería:

$$U \, (y\text{-}tx) \tag{65}$$

Por tanto, la utilidad esperada por este contribuyente será la utilidad de que gozaría en el supuesto de que la evasión se detectará por la probabilidad de que esto ocurra, "P_1", más la utilidad en el caso de que la ocultación no se descubra multiplicada por la probabilidad de que dicha actividad ilícita no se descubra, "$1\text{-}P_1$". La función objetivo a maximizar en este caso quedaría de la siguiente forma:

$$E \, [u] = (1\text{-}p_1) \, U \, (a) + p_1 \text{ máximo } [p_3 \, U \, (y) + (1\text{-}p_3) \, U \, (a); \, U \, (\beta)] \tag{66}$$

A partir de este momento vamos a suponer que se cumple la condición necesaria antes indicada para que el evasor, una vez descubierto, decida recurrir esa sanción impuesta. En este caso la función objetivo a maximizar sería:

$$E \, [u] = (1\text{-}p_1) \, U \, (a) + p_1 p_3 U \, (y) + p_1 \, (1\text{-}p_3) \, U \, (a) \tag{67}$$

El contribuyente deberá elegir el valor de "x", base imponible declarada, que haga máxima la anterior función objetivo[12].

Las condiciones de maximización para la existencia de solución en nuestra función objetivo son:

a) Condición de primer orden.

$$\frac{\delta E[u]}{\delta x} = t(1 - p_1) U_1(a) + p_1 p_3 (t - \theta - n) U_1(y) + t p_1(1 - p_3) U_1(a) = 0 \tag{68}$$

b) Condición maximizadora de segundo orden.

$$\frac{\delta^2 E[u]}{\delta x^2} = t^2 (1 - p_1) U_{11}(a) + t^2 p_1 (1 - p_3) U_{11}[a] + p_1 p_3 (t - n - \theta)^2 U_{11}[y] = Q < 0 \tag{69}$$

A continuación, al igual que hicimos en el modelo básico, vamos a determinar las condiciones que han de cumplir los valores de los parámetros tributarios que nos garanticen que ese máximo va a ser un máximo interior. Es decir, que la evasión va a existir, pero nunca por una cuantía equivalente a la renta personal. A esos efectos se tendrá que cumplir que la derivada de la función objetivo respecto de la base impositiva declarada, evaluada en aquel punto donde la base fiscal declarada es igual a la renta total, "x = y", sea negativa.

---

[12] Recordemos que en el caso de no considerar la posibilidad de litigar la función objetivo a maximizar por el contribuyente es:

$$E \, [u] = (1\text{-}p_1) \, U \, (a) + p_1 U(\beta)$$

$$\frac{\delta E[u]}{\delta x}\Big|_{x=y} = -t\,(1-p_1)\,U_1\,|\,y\,(1-t)\,|-t\,p_1\,(1-p_3)\,U_1\,[y\,(1-t)\,]- \qquad (71)$$

$$-p_1\,p_3\,(t-\text{n}-\theta)\,U_1\,[y\,(1-t)]< 0$$

Operando obtenemos que:

$$p_1\,p_3\,(\theta+\text{n})< t \qquad (72)$$

Esta última desigualdad es la condición de entrada en la evasión cuando se tiene en cuenta la posibilidad de que la sanción impuesta al evasor se impugne ante los órganos judiciales competentes para ese caso. La lectura de esa expresión es bastante sencilla: la evasión sólo resultará rentable cuando el tipo impositivo al que están sujetos los ingresos del contribuyente sea mayor que el valor esperado de la suma del tipo sancionador y de los costes de litigio.

Si comparamos esa condición de entrada con la condición de entrada vista en el modelo básico, "$p\theta<t$", se puede apreciar cómo esta última es más restrictiva que en el caso de considerar la posibilidad de litigar. Esto es fácil de demostrar, pues:

$$p_3\,(\theta+\text{n})< \theta \qquad (73)$$

Esta desigualdad es la condición necesaria para litigar. Si en la misma multiplicamos ambos miembros por "p_1" nos queda:

$$p_1\,p_3\,(\theta+\text{n})< p_1\theta \qquad (74)$$

De esta desigualdad se deduce que el coste esperado de la evasión con posibilidad de litigar, $[p_1\,p_3\,(\theta+\text{n})]$, es menor que el coste esperado de la evasión cuando no hay posibilidad de litigar, $[p_1\,\theta]$. Por lo que para un beneficio potencial constante, "t", el contribuyente racional decidirá evadir en mayor cuantía en el primer caso (posibilidad de litigar) que en el segundo (no exista posibilidad de litigar).

D. Análisis de estática comparativa.

A partir de las expresiones [68] y [69] podemos realizar un análisis de estática comparativa sobre cómo se verá afectada la cantidad de base imponible declarada por el contribuyente ante variaciones en los distintos parámetros tributarios y el resto de variables consideradas en el modelo.

1. Modificación del nivel de renta real.

En el capítulo anterior vimos como existe una relación directa entre el nivel de renta real del contribuyente con la cuantía de la base imponible declarada, a continuación tratamos de ver si este tipo de relación se mantiene cuando tenemos en cuenta la posibilidad de litigar.

Para determinar cómo varía la base impositiva declarada por el contribuyente al fisco ante modificaciones del volumen de ingresos basta con que determinemos el signo de "$\delta x/\delta y$".

$$\frac{\delta x}{\delta y} = \frac{1}{Q}[-tU_1(a)[1-p_1+p_1(1-p_3)][R_A(a)-(1-\theta-n)R_A(y)] \quad (75)$$

El signo de esa expresión dependerá, al igual que en el modelo básico, de la hipótesis que aceptemos sobre la aversión absoluta al riesgo. Si aceptamos una aversión absoluta al riesgo decreciente; es decir:

$$R_A(a) < R_A(y)$$

En ese caso, y al igual que ocurre en el modelo básico, el signo de la derivada será positivo, y por tanto, podemos concluir que a medida que aumenta la renta real del contribuyente aumentará también la cuantía de base imponible declarada al fisco.

2. Efectos de la variación del nivel de renta real sobre la fracción de base imponible declarada.

De mucho más interés que el estudio de la relación entre base impositiva y renta real, resulta el examen de las variaciones en la fracción de base declarada ante cambios en el volumen de ingresos del contribuyente. Para acometer este examen tenemos que determinar el valor de [$\delta(x/y)/\delta y$], que es equivalente a:

$$\frac{\delta(x/y)}{\delta y} = \frac{1}{y^2 Q} tU_1(a) \, \Psi \, [R_R(a)-R_R(y)] \quad (77)$$

Donde:

$$1 - p_1 + p_1(1-P_3) = \Psi \quad (78)$$

Expresión [77] que podemos interpretar del siguiente modo: a medida que aumentan los ingresos reales obtenidos por el contribuyente, la fracción de base imponible declarada aumentará (permanecerá constante) (disminuirá) si la aversión relativa al riesgo es una función creciente (constante) (decreciente) del nivel de renta real. Por tanto, esa expresión será menor que cero, y consecuentemente existirá, al igual que en el modelo básico, una relación inversa entre fracción de renta declarada y renta real si y sólo si la aversión absoluta al riesgo es decreciente.

3. *Modificación del tipo sancionador.*

En este apartado estudiamos la relación existente entre tipo sancionador y base imponible declarada. Ver, en suma, en que dirección varía la cantidad de base imponible declarada ante variaciones del tipo sancionador.

$$\frac{\delta x}{\delta \theta} = \frac{1}{Q} \left[- p_1 p_3 \, U_1 \, (\gamma) - p_1 p_3 \, (y-x)(t-\theta-\pi) \, U_{11} \, (\gamma) \right] \qquad (79)$$

Expresión que resulta negativa puesto que:

$-[P_1 \, P_3 \, U_1 \, (y)] < 0$
$[P_1 \, P_3 \, U_{11} \, (y) \, (y-x) \, (t-\theta-\pi)] > 0$
$Q < 0$

Consecuentemente:

$(-) \, [(-) - (+)] = (-) \, (-) = (+)$

Podemos interpretar este signo positivo de la forma siguiente: ambas variables, tipo sancionador y renta declarada, se van a mover siempre en la misma dirección. Así, al igual que sucede en el modelo básico, a medida que aumenta la severidad de las sanciones aplicables a la evasión aumenta la cuantía de base imponible declarada por los contribuyentes a la Hacienda Pública.

4. *Variación del coste de litigación.*

Una de las modificaciones de nuestro modelo respecto a los vistos en capítulos anteriores es la inclusión en el mismo de una nueva variable: los costes de litigación. A continuación analizamos como afecta al nivel de evasion variaciones en los costes de litigación, para lo que basta con derivar la base imponible declarada con respecto de los costes de litigación.Así,

$$\frac{\delta x}{\delta \pi} = \frac{1}{Q} \left[- p_1 p_3 \, U_1 \, (\gamma) - p_1 p_3 \, (y-x)(t-\theta-\pi) \, U_{11} \, (\gamma) \right] \qquad (80)$$

Expresión que resulta positiva, por lo que al variar los costes de litigación la cuantía de renta base imponible declarada variará en el mismo sentido. Así, aumentos en los costes de litigación irán acompañados por aumentos en la cantidad de base fiscal declarada (**GRAFICO 20**).

GRÁFICO 20

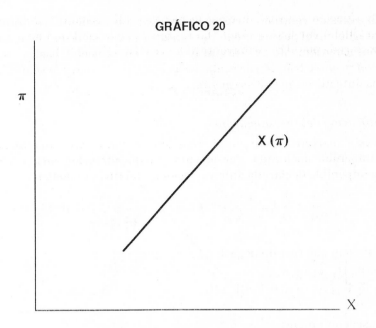

**Relación entre los costes de litigar y
la Base Imponible Declarada**

5. *Modificación de la probabilidad de perder el litigio.*

En este apartado tratamos de ver cómo varía la cantidad de base tributaria declarada ante variaciones en la probabilidad de perder el litigio, para lo cual vamos a ver cuál es el signo de la derivada de la base imponible declarada con respecto de la probabilidad de perder el litigio que el evasor inicie una vez que la ocultación de ingresos sea descubierta.

$$\frac{\delta x}{\delta p_3} = \frac{1}{Q} \left[-t p_1 U_1(a) + p_1 (t - \theta - n) U_1(y) \right] \qquad (81)$$

El signo de esa expresión es positivo ya que:

$[-t\, p_1\, U_1(a)] < 0$
$[p_1\, (t\text{-}\theta\text{-}n)\, U_1(y)] < 0$
$Q < 0$

Por tanto:

$(\text{-}) [(\text{-}) + (\text{-})] = (\text{-})(\text{-}) = (+)$

Este signo positivo nos dice que aumentos en la probabilidad de perder el evasor el juicio van acompañados de aumentos en la cantidad de base imponible declarada por el contribuyente al Fisco (**GRAFICO 21**).

GRÁFICO 21

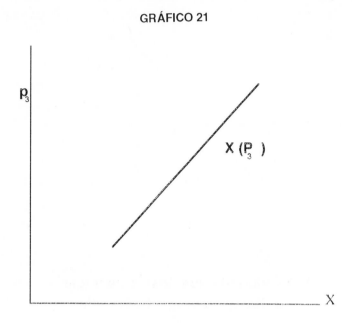

Relación entre la Probabilidad de perder el Litigio y la Base Imponible Declarada

6. Variación de la probabilidad de detección.

En el modelo básico hemos visto como al aumentar la probabilidad de detección de la evasión aumenta la cuantía de base imponible declarada por el contribuyente al Fisco. Ahora comprobamos cual es la relación entre ambas variables (volumen de evasión fiscal y probabilidad de detección) en nuestro modelo cuando tenemos en cuenta la posibilidad de litigar, para ello derivamos la base imponible declarada con respecto de la probabilidad de detección.

$$\frac{\delta x}{\delta p_1} = \frac{1}{Q} \left[-t \, U_1(a) \, p_3 + p_3 \, (t-\theta-n) \, U_1(y) \right] \tag{82}$$

El signo de esa expresión es inequívocamente positivo ya que:
Q < 0

$(-t\ U_1\ (a)\ p_3) < 0$

$[(t-\theta-\pi)\ U_1\ (\gamma)\ p_3)] < 0$

$(-)\ [(-) + (-)] = (-)\ (-) = (+)$

Ese signo positivo nos viene a indicar que a medida que aumenta la probabilidad de detección de la base imponible ocultada el contribuyente decidirá ocultar un menor volumen de la misma.

7. *Modificación del tipo impositivo.*

En este apartado vamos a analizar como varía la base imponible declarada cuando, permaneciendo el resto de variables constantes, se modifica el tipo impositivo. Lo cual no es otra cosa que estudiar el signo de "$\delta x/\delta t$".

$$\frac{\delta x}{\delta t} = \frac{1}{Q} xt U_1 (a)(1 - p_1 p_3)[R_A (a) - R_A (\gamma)] +$$

$$+ \frac{1}{Q}\ [(1 - p_1 p_3)\ U_1 (a) + p_1 p_3 U_1 (\gamma)] \tag{83}$$

El segundo de los sumandos, efecto sustitución, es inequívocamente negativo ya que "$Q < 0$"; mientras que el primero, efecto renta, será positivo (nulo) (negativo) si y sólo si la aversión absoluta al riesgo es una función decreciente (constante) (creciente) del nivel de renta.

8. *Conclusiones.*

Observamos por tanto como las relaciones entre las distintas variables con la base imponible declarada son del mismo sentido en el modelo básico que en nuestro modelo, en el cual hemos incorporado la posibilidad del evasor descubierto de acudir a la oportuna vía judicial. Sin embargo, nuestro modelo antes expuesto presenta la novedad frente al modelo básico de que en él recogemos nuevas variables: posibilidad de recurrir, probabilidad de que el evasor-recurrente pierda el juicio, y los costes que el mismo conlleva. Siendo la relación de estas variables con la base imponible declarada de sentido positivo: a medida que aumentan los costes del litigio, y/o la probabilidad de perder el litigio, la cuantía de la base imponible declarada también aumenta, y, consecuentemente, disminuirá la cantidad de cuota liquida evadida. Por tanto, y a diferencia de lo que ocurría con otros trabajos que intentaron aumentar la capacidad explicativa del modelo, hemos conseguido introducir nuevas variables en el modelo que aumentan su capacidad explicativo sin que ello implique un aumento en las ambigüedades e indeterminaciones en las relaciones que ligan a las distintas variables.

E. Determinación de la probabilidad de detección y sanción óptimas.

1. En situaciones en que la litigación no es factible.

En la presente sección estudiamos como se ve afectada la política de disuasión óptima de la evasión fiscal cuando relajamos la hipótesis del modelo básico que establece que todas las conductas evasoras son efectivamente sancionadas. Para ello analizamos en primer lugar la disuasión óptima en los supuestos en que no se considera la posibilidad de litigar y posteriormente cuando esa posibilidad se incorpora al modelo de evasión, para posteriormente comparar esos dos supuestos.

La versión más simple de la teoría de la disuasión óptima de la evasión fiscal sostiene que las variables relevantes consisten en el coste esperado y en el beneficio esperado; aquel determinado por la probabilidad de detección y el tipo sancionador, éste por el tipo impositivo, aunque como vimos en la modelización de la conducta del contribuyente esta variable actúa de manera indeterminada en el modelo[13].

Supondremos, en principio, que: 1) toda evasión detectada es efectivamente sancionada; 2) no hay dilación; es decir, simultaneidad en la detección y aplicación efectiva de la sanción; 3) no hay costes de detección.

Sea "θ" no una función creciente de la renta personal sino una alicuota fija aplicable sobre la fracción de la base imponible que ha sido ocultada, "λy"; "p" la probabilidad de detección de la base ocultada; y "t" el tipo impositivo.

Si la evasión fuera detectada, la renta disponible sería: la renta personal menos los impuestos correspondientes a toda su renta personal y menos la sanción que recaería sobre la base ocultada[14]. Es decir,

$$a = [y\text{-}tx\text{-}\theta\lambda y] \tag{84}$$

Si por el contrario no fuera detectado, la renta disponible sería: la renta personal inicial menos la cuota tributaria ya liquidada.

$$\beta = y\text{-}t[(1\text{-}\lambda)y] \tag{85}$$

Por lo que el contribuyente tendrá que maximizar la siguiente función objetivo:

---

[13]   Vid. Allingham, M.G.; Sandmo, A., (1972). Op. Cit., pp.: 329-330.
[14]   Hipótesis con la que se trabajaba en el modelo de Srinivasan.

$$E(u) = pU(\beta) + (1-p)U(a) \tag{86}$$

La condición de maximización de primer orden de esta expresión será:

$$\frac{\delta E(u)}{\delta \lambda} = - p\theta U_1(\beta)y + (1-p)yt_1[(1-\lambda)y]U_1[a] = 0 \tag{87}$$

Despejamos el valor de la tasa sancionadora "θ":

$$\theta(\lambda, p, t_1, y) = \frac{(1-p)yt_1[(1-\lambda)y]U_1[y - t_1(1-\lambda)y]}{pyU_1[\beta]} \tag{88}$$

Para "$\lambda = 0$"; es decir, para el caso de que no exista ocultación alguna, el valor óptimo de la sanción será:

$$\theta(0, p, t_1, y) = \frac{(1-p)yt_1[(1-0)y]U_1[y - t(1-0)y]}{pyU_1[y - ty - \theta 0 y]} \tag{89}$$

$$\theta^* = \frac{(1-p)t_1[y]}{p} \tag{90}$$

Esta última expresión nos muestra cual será la sanción óptima. De esa igualdad podemos deducir la probabilidad óptima de detección, para ello basta con que despejemos "p" de dicha expresión.

$$p^* = \frac{t_1[y]}{\theta + t_1[y]} \tag{91}$$

En el **CUADRO 18** recogemos que sanción óptima se debería imponer a los contribuyentes-evasores, para distintas probabilidades de detección y dados los tipos marginales del IRPF del último ejercicio fiscal.

CUADRO 18

	$P^* = 0.1$	$P^* = 0.25$	$P^* = 0.50$	$P^* = 0.75$	$P^* = 1$
$t_1 = 0.25$	2.25	0.75	0.25	0.083	0
$t_1 = 0.26$	2.34	0.78	0.26	0.086	0
$t_1 = 0.41$	3.69	1.23	0.41	0.136	0
$t_1 = 0.56$	5.04	1.68	0.56	0.168	0

Una conclusión inmediata que podemos extraer de la contemplación de esta tabla es que a medida que la probabilidad de detección aumenta se requiere un tipo sancionador menor para lograr erradicar la evasión. Dicho de otro modo: a medida que aumenta el tipo sancionador aplicable a la base imponible ocultada la probabilidad de detección óptima disminuye, por lo que se necesitará una menor partida presupuestaria destinada a la inspección. Consecuentemente, y como ya adelantamos en el primer capitulo, se demuestra como "p" y "θ" actúan con carácter sustitutivo, correspondiendo al gobierno el decidir la relación más idónea entre ambas[15].

A continuación examinamos el supuesto en que la tasa sancionadora recae no ya sobre la base imponible ocultada, sino sobre la cuota líquida evadida[16]. En este caso la renta disponible del contribuyente cuando la evasión fuese detectada sería: la renta personal inicial menos los impuestos ya pagados menos la sanción aplicable a la fracción de cuota no liquidada. Por lo que tenemos:

$$\beta = y\text{-}t[(1\text{-}\lambda)y]\text{-}\theta(t(y)\text{-}t[(1\text{-}\lambda)y]) \tag{92}$$

Mientras que si la evasión fuese detectada, la renta disponible sería: la renta personal inicial menos la cuota tributaria liquidada. Es decir:

$$a = y\text{-}t[(1\text{-}\lambda)y] \tag{93}$$

Por lo que la renta esperada vendrá dada por la siguiente expresión:

$$E[y] = (1\text{-}p)U[a] + pU[\beta] \tag{94}$$

---

[15] Vid: Visco, V., (1.978) "Reforma tributaria y evasión fiscal", *Hacienda Pública Española*, nº 56, pp.: 284.
[16] Vid. Yitzhaki, S., (1974). Op. Cit.

La condición de primer orden de maximización de la anterior función exige que la derivada primera de la utilidad esperada con respecto de la variable de decisión "λ" sea cero. Por tanto:

$$\frac{\delta E[y]}{\delta \lambda} = p\{t_1[(1-\lambda)y - \theta t_1[(1-\lambda)y]\}U_1[\beta] + (1-p)t_1[(1-\lambda)y]U_1[\alpha] =$$

$$= p t_1[(1-\lambda)y][1-\theta]U_1[\beta] + (1-p)t_1[(1-\lambda)y]U_1[\alpha] = 0 \qquad (96)$$

Despejamos el valor del tipo sancionador "θ":

$$\theta(\lambda,p,t_1,y) = \frac{(1-p)t_1[(1-\lambda)y]U_1[\alpha] + p t_1[(1-\lambda)y]U_1[\beta]}{p t_1[(1-\lambda)y]U_1[\beta]} \qquad (97)$$

Si evaluamos el valor que ha de tener "θ" para que no exista evasión, "λ=0". Tenemos:

$$\theta(0,p,t_1,y) = \frac{(1-p)U_1[y-ty] + p\,U_1[y-ty]}{p U_1[y-ty]} \qquad (98)$$

La sanción óptima será:

$$\theta^* = \frac{1}{p} \qquad (99)$$

Consecuentemente, la probabilidad de detección óptima será:

$$p^* = \frac{1}{\theta^*} \qquad (100)$$

En el **CUADRO 19** examinamos cual serían las sanciones óptimas para diferentes niveles de detección de la base imponible ocultada.

CUADRO 19

θ^*	2.25	1.5	1	0.75	0.25	0
P^*	0.44	0.66	1	1.33	4	-----

Si comparamos este cuadro con el **CUADRO 18**, se desprende una superioridad técnica de un sistema sancionador aplicable a la base imponible ocultada, frente a un sistema sancionador aplicable a la cuota liquida evadida del impuesto. Ello porque el diseño de la sanción como función de la cuota líquida evadida origina que ante incrementos de los tipos impositivos los contribuyentes decidan disminuir su base ocultada, cuando desde un punto de vista de disuasión óptima al incremetar el beneficio potencial de la evasión esta tendría que aumentar[17].

A continuación estudiamos el caso en que la tasa sancionadora recaiga de nuevo sobre la base fiscal ocultada, pero con la diferencia con respecto del primer caso examinado de que, en el supuesto de que la evasión fuese detectada, la renta disponible sería: la renta personal inicial menos la cuota tributaria ya liquidada y menos la sanción aplicable a la fracción de base ocultada[18]:

$$y\text{-}t[(1\text{-}\lambda)y]\text{-}\theta\lambda y \tag{101}$$

La utilidad esperada sería:

$$E[u] = (1\text{-}p)\ U\{y\text{-}t[(1\text{-}\lambda)y]\} + p\{y\text{-}t[(1\text{-}\lambda)y]\text{-}y\theta\lambda\} \tag{102}$$

La condición de primer orden para la existencia de máximo exige que:

$$\frac{\delta E[u]}{\delta\lambda} = py\{t_1[(1-\lambda)y] - \theta\}U_1[\alpha] + (1-p)yt_1[(1-\lambda)y]U_1[\beta] = 0 \tag{103}$$

Despejamos el valor de "θ" en función del resto de parámetros:

$$\theta(\lambda,p,t_1,y) = \frac{(1-p)yt_1[(1-\lambda)y]U_1[\beta] + t_1[(1-\lambda)]py\ U_1[\alpha]}{pyU_1[\alpha]} \tag{104}$$

Evaluamos el valor óptimo del tipo sancionador que evite la evasión fiscal, "$\lambda = 0$":

$$\theta = \frac{(1-p)yt_1[y]U_1[y-ty] + t_1[y]py\ U_1[y-ty]}{pyU_1[y-ty]} \tag{105}$$

$$\theta^* = \frac{t_1[y]}{p} \tag{106}$$

La expresión anterior nos indica cuál será la sanción óptima, y de la misma podemos deducir cual será la probabilidad de detección óptima:

$$p^* = \frac{t_1[y]}{\theta} \tag{107}$$

---

[17] Vid: Visco, V., (1.978) Op. Cit., pp.: 285. Tambien Pyle, D.J., (1.989) Op. Cit., pp.: 164
[18] Vid. Allingham, M.G.; Sandmo, A., (1972). Op. Cit.

En el **CUADRO 20** recogemos que sanción óptima se debería imponer a los contribuyentes-evasores, para distintas probabilidades de detección y dados los tipos marginales del IRPF del último ejercicio fiscal.

CUADRO 20

	$p^* = 0.1$	$p^* = 0.25$	$p^* = 0.50$	$p^* = 0.75$	$p^* = 1$
$t_1 = 0.25$	2.50	1.00	0.50	0.33	0.25
$t_1 = 0.41$	4.10	1.64	0.82	0.54	0.41
$t_1 = 0.56$	5.60	2.24	1.12	0.74	0.56

Del análisis anterior se deduce, por tanto, como varían los valores óptimos de "θ", en función de la probabilidad de detección y del tipo impositivo.

El relajamiento de algunas de las hipótesis iniciales conduce a algunas conclusiones inmediatas. Así:

* si hubiera costes de detección para la Administración Tributaria, habría que aumentar de forma correspondiente el valor de θ^*;

* si hubiera dilación habría que introducir los oportunos "descuentos"; y así sucesivamente.

2. En situaciones en que sí es factible la litigación.

Pasamos a considerar a continuación qué sucede si relajamos la hipótesis que establece que todas las evasiones detectadas son efectivamente sancionadas. Si la probabilidad del establecimiento efectivo de una sanción a una evasión detectada resulta de la suma de: a) la probabilidad de detección, "p_1"; b) la probabilidad de que el recurso administrativo interpuesto por el contribuyente obtenga resolución judicial contraria al mismo y de ulteriores recursos con el mismo resultado, "p_3"; c) la probabilidad de que el sujeto pasivo fuerce una ejecución de una decisión firme en su contra, "p_4"; tendríamos entonces que:

$$p = p(p_1^* p_3^* p_4^*) \tag{108}$$

Donde "p" pasa a recoger no sólo la probabilidad de detección inspectora, sino también la probabilidad de obtener resolución judicial contraria a los intereses del recurrente y la probabilidad de que el sujeto pasivo fuerce la ejecución de decisiones firmes. En consecuencia, el valor último de "p" en este supuesto será siempre inferior al anterior en el que considerabamos únicamente la probabilidad de detección, ya que aquí se trata de un producto de tres factores todos ellos inferiores a la unidad. Esta característica se ve mejor a través del siguiente ejemplo:

Supongamos valores arbitrarios tales como: $p_1 = 0.4$; $p_3 = 0.8$; y $p_4 = 0.7$; el valor de "p" es el producto de esas tres probabilidades "p_1 x p_3 x $p_4 = 0,224$". En cualquier caso, tenemos que "$p < p_1$". En consecuencia, el valor de "θ^*_1" deberá ajustarse a tenor de este nuevo valor de "p",

$$\theta^*_1 = \frac{1}{p} - 1 = \frac{1}{0,224} - 1 \simeq 3,44$$

Con la relajación de esta hipótesis (detección de la evasión detectada equivalente a imposición y pago de la sanción) la utilidad esperada será:

$$E[u] = (1 - p_1)U\{y - t[(1-\lambda)y]\} + p_1 p_3 U\{y - t[(1-\lambda)y] - (\theta + \pi)\lambda y\} + p_1(1 - p_3)U\{y - t[(1-\lambda)y]\}$$

La condición de primer orden exige que:

$$\frac{\delta E[U]}{\delta y} = (1 - p_1)yU_1\{y - t[(1-\lambda)y]\}t_1[(1-\lambda)y] + p_1 p_3 U_1\{y - t[(1-\lambda)y] -$$

$$- (\theta + \pi)\lambda y\}\{t_1[(1-\lambda)y - (\theta+\pi)y] + p_1(1 - p_3)U_1\{y - t[(1-\lambda)y]\}t_1[(1-\lambda)y] y = 0$$

Despejamos el valor de la tasa sancionadora, "θ", de la expresión anterior y le evaluamos para "$\theta = 0$". De ese modo obtenemos que:

$$\theta(\lambda = 0, p_1, p_3, \pi, y, t_1) = \frac{t_1[y][(1 - p_1 + p_1 - p_1 p_3 + p_1 p_3] - \pi p_1 p_3}{p_1 p_3} \qquad (113)$$

$$\theta^*_1 = \frac{t_1[y] - p_1 p_3 \pi}{p_1 p_3} \qquad (114)$$

De la expresión anterior despejamos el valor de la probabilidad de detección óptima:

$$p^*_1 = \frac{t_1[y]}{p_3(\theta + \pi)} \qquad (115)$$

A continuación vamos a comparar estos valores óptimos obtenidos con los alcanzados en el caso de no considerar la posibilidad de litigar.

$$p^*_1 > p^* \leftrightarrow \qquad (116)$$

$$\frac{t_1[y]}{p_3(\theta + \pi)} > \frac{t_1[y]}{\theta} \Leftrightarrow \qquad (117)$$

$$\Leftrightarrow p_3(\theta + \pi) < \theta \qquad (118)$$

Condición que necesariamente se ha de cumplir para que el evasor descubierto decida recurrir[19]. Por lo que se demuestra como el nivel de detección óptimo será mayor cuando tengamos presente la posibilidad del contribuyente-evasor de recurrir la sanción impuesta por la ocultación de, toda o parte, su base imponible.

También se puede demostrar que:

$$\theta_1^* > \theta^* \qquad (119)$$

Comprobémoslo:

$$\frac{t_1[y] - p_1 p_3 \pi}{p_1 p_3} > \frac{t_1[y]}{p_1} \Leftrightarrow \qquad (120)$$

$$\frac{t_1[y] - p_3 t_1[y]}{p_1 p_3} > \pi \Leftrightarrow t_1[y](1 - p_3) > \pi p_1 p_3 \qquad (121)$$

$$p_1 p_3 \pi + p_1 p_3 \theta < t_1[y](1 - p_3) + t_1[y] p_3 \qquad (122)$$

$$p_1 p_3 (\pi + \theta) < t_1[y] \qquad (123)$$

Condición que necesariamente se ha de cumplir para que el contribuyente decida evadir, todos o parte, de sus ingresos[20]. De este modo se demuestra que la sanción óptima en el caso de considerar la posibilidad de litigar es mayor que en el caso de no existir esa posibilidad de litigar.

En el **CUADRO 21** recogemos que sanción óptima se debería imponer a los contribuyentes-evasores, para distintas probabilidades de detección y dados los tipos marginales del IRPF del último ejercicio fiscal.

---

[19]   Vid: pp.: 186.
[20]   Vid: pp.: 188.

CUADRO 21

	$p_1^* = 0.1$	$p_1^* = 0.25$	$p_1^* = 0.5$	$p_1^* = 0.75$	$p_1^* = 1$
$t_1 = 0.25$	6	2.2	0.95	0.53	0.33
$t_2 = 0.41$	10	3.8	1.75	1.07	0.73
$t_3 = 0.56$	13.75	5.3	2.5	1.57	1.1

Como sucedía en los casos en que no se contemplaba la posibilidad de litigar existe una relación de sustitución entre sanción óptima y probabilidad de detección óptima, de tal modo que a medida que aumentamos una de ellas podremos reducir la otra manteniendo constante el efecto disuasor en las conductas evasoras. Si comparamos los valores obtenidos en este caso con los obtenidos en el **CUADRO 18**, observamos como para iguales niveles de detección óptima la sanción óptima debe ser superior en el caso de que se considere la posibilidad de litigar. Así por ejemplo: si no se considera la posibilidad de litigar para una probabilidad de detección óptima de 0.1 la sanción óptima que le corresponde es de 2.25 para un tipo impositivo de 0.25, mientras que si consideramos la posibilidad de litigar esa sanción óptima es de 6, tres veces mayor.

F. Contrastación empírica.

1. Introducción.

El objetivo de esta parte de la investigación va a ser el demostrar empíricamente los resultados alcanzados en nuestro modelo teórico. Para lo cual, y puesto que la escasa amplitud del intervalo muestral disponible, por un lado, y la complejidad y dificultad en la cuantificación del "cuadro de posibles variables explicativas", por otro, nos impiden alcanzar resultados fiables por medio de modelos econométricos[21], utilizamos los instrumentos que nos suministra la economía experimental[22].

---

[21]   Vid: Lagares, M.J., (1992) "La aceptación del sistema tributario: el Impuesto de la Renta de las Personas Físicas", en *La Hacienda Pública en la Democracia*, Ariel, pp.: 127.

[22]   Para una revisión del empleo de experimentos en economía vid: Roth, A.E., (1.987) *Laboratory Experimentation in Economics: Six Points of View*, Cambridge University Press, New York.

En el marco de este experimento económico se recogerán los rasgos esenciales que caracterizan a los actuales sistemas tributarios modernos. Así, los individuos recibirán una renta y deberán pagar una cantidad de impuestos en función de cual sea la cuantía de la base imponible declarada. A su vez, existirá la posibilidad de ser inspeccionados, en cuyo caso se detectará la base ocultada y se les impondrá una sanción sobre la base fiscal ocultada. Los evasores descubiertos y sancionados tendrán la posibilidad de recurrir la imposición de esa sanción. Esta posibilidad de recurrir se introducirá en el experimento a partir de un momento determinado, lo que nos permitirá estudiar como la posibilidad de recurrir afecta al posible comportamiento evasor de los contribuyentes.

Los resultados de nuestro modelo teórico que intentamos verificar son los siguientes:

1ª En el caso de que exista la posibilidad de recurrir la posible sanción por la conducta evasora del contribuyente, el nivel de evasión será mayor que en el caso de no considerar la posibilidad de recurrir.

2ª En el caso de que los participantes tengan la posibilidad de elegir entre recurrir y no, decidirán recurrir siempre y cuando el coste esperado de perder el litigio sea menor que el tipo sancionador. Es decir,

$$p_3(\theta + n) < \theta$$

3ª Cuando el coste esperado de la evasión fiscal sea menor que el beneficio esperado, el contribuyente racional decidirá evadir toda su cuota líquida; y declarar toda su base imponible en caso contrario. Es decir, si

$$p_1\theta < t$$

ó

$$p_1 p_3(\theta + n) < t$$

el contribuyente racional decidirá evadir toda su cuota líquida. Pero si

$$p_1\theta \geq t$$

ó

$$p_1 p_3(\theta + n) \geq t$$

la conducta óptima del contribuyente racional será declarar toda su base imponible.

4ª Cuando aumenta el tipo impositivo aplicable a la base fiscal declarada sin alterarse, ceteris paribus, el valor del coste esperado, no se puede predecir a priori si el volumen de evasión aumentará o descenderá.

También examinamos qué parámetros tributarios tienen mayor fuerza disuasoria en la evasión fiscal: las sanciones o la probabilidad de detección. Y en el caso de que exista posibilidad de recurrir qué incidencia tienen en el nivel de cumplimiento fiscal la probabilidad de ganar el pleito y los costes que acarrea el dirimir la diferencia mediante juicio.

2. Diseño del experimento.

En el presente experimento van a participar 20 personas divididas en cuatro grupos de cinco. A las mismas se les dice que el experimento consta de varias sesiones, y cada una de ellas constará de un número indeterminado de períodos. Concretamente, en este experimento se realizan siete sesiones, cada una de ellas con cinco períodos, cuyos rasgos más definitorios se recogen en el **CUADRO 22**. Cada participante recibe inicialmente una renta de 10 fichas, y se les explica que al final del experimento todas sus fichas acumuladas se canjearán por dinero en efectivo a razón de 100 pesetas por ficha. Al principio de cada período cada individuo recibirá una cantidad adicional de renta en fichas, este número de fichas adicionales será asignado aleatoriamente, pudiendo ser 2, 4, 6, 8, ó 10 fichas; cantidad recibida que solo conocerá lo sabrá el individuo que la reciba. Una vez entregada esa cantidad adicional el individuo tendrá que decidir qué cantidad de esa renta recibida al principio de cada período declarar. La base imponible declarada está gravada a un 25%, por lo que de cada ficha declarada deberá pagar 0.25. Obviamente, no tendrá que pagar la cuota líquida correspondiente a la base no declarada. No obstante, se les advierte que existe la posibilidad de ser inspeccionados, en cuyo caso se descubrirá la base ocultada y se les impondrá una sanción múltiplo de la base ocultada. Así, después de que los participantes hayan declarado cuánta renta en fichas recibieron al principio de cada período, existe un 5% de probabilidad de que esa declaración sea inspeccionada. Si el sujeto inspeccionado hubiere ocultado parte de su base imponible deberá pagar la cuota líquida correspondiente a la base ocultada y una sanción que será múltiplo de la base fiscal ocultada. La selección de los inspeccionados se determina sacando una bola de un bombo, en el cual hay una bola enumerada para cada individuo y un número indeterminado de bolas sin enumerar, dependiendo estas últimas de la probabilidad de inspección. Después de cada sorteo, uno por período, la bola extraída se volverá a introducir en el bombo.

En aquellas sesiones donde sí es posible recurrir (5ª, 6ª y 7ª) se indica a los participantes que hayan sido comprobados y sancionados que tienen la posibilidad de recurrir. Si se gana ese pleito, no se tendrá que pagar ni la cuota líquida evadida ni la sanción correspondiente. Pero si se pierde, además de tener que pagar las dos cantidades anteriores se tendrán que abonar los costes del litigio, los cuales hemos supuesto que son proporcionales a la suma de la cuota evadida más su sanción. Cada sujeto comprobado y sancionado deberá decidir al final del período si recurre o no, indicándole inmediatamente cuál es el signo del recurso. El signo de la resolución será favorable cuando de una bolsa con 100 bolas, rojas y negras, se extrae una bola roja.

En la primera sesión, sesión base S_1, la probabilidad de ser inspeccionado (PI) es del cinco por ciento (20 bolas, 15 sin numerar y el resto numeradas del

1 al 5, un número por individuo, por lo que la probabilidad de inspección es 1 de 20), el tipo sancionador (TS) aplicable sobre la base ocultada es de dos y no existe posibilidad de recurrir (J).

CUADRO 22
DISEÑO DEL EXPERIMENTO

SESION	TI	PI	TS	J	PG	CL
S_1	0.25	0.050	2	NO	0	0
S_2	0.25	0.100	1	NO	0	0
S_3	0.25	0.025	4	NO	0	0
S_4	0.40	0.050	2	NO	0	0
S_5	0.25	0.050	2	SI	0.4	1.00
S_6	0.25	0.050	2	SI	0.2	0.25
S_7	0.25	0.050	2	SI	0.6	2.50

En la segunda sesión se examina el impacto sobre el nivel de evasión fiscal de un aumento en la probabilidad de inspección, acompañada de una reducción en el tipo sancionador, manteniendo, no obstante, constante la sanción esperada (PI*TS).

$$S_1 \to 0.05 * 2 = 0.1$$
$$S_2 \to 0.1 * 1 = 0.1$$

En la tercera sesión se examina el fenómeno contrario: aumento en el tipo sancionador aplicable junto a una reducción en la probabilidad de ser inspeccionado. Al igual que en el caso anterior manteniendo constante la sanción esperada.

$$S_2 \to 0.1 * 1 = 0.1$$
$$S_3 \to 0.025 * 4 = 0.1$$

En la cuarta sesión se estudia el efecto que sobre el nivel de evasión fiscal tiene un aumento del beneficio esperado. Es decir, un aumento en el tipo impositivo (TI) permaneciendo constante el resto de variables.

$$S_1, S_2, S_3 \to 0.25$$
$$S_4 \to 0.40$$

En la quinta sesión se introduce la posibilidad de acudir a juicio para aquellos sujetos que hayan sido comprobados y sancionados. En esta sesión la posibilidad de ganar el pleito (PG) es del 40 por ciento (60 bolas negras y 40 bolas rojas) y el coste del litigio (CL), en caso de perder, es una cantidad equivalente a la suma de la cuota líquida evadida más su sanción correspondiente. El resto de variables mantiene los valores de la primera sesión. De este modo se pretende demostrar empíricamente si, como predice nuestro modelo, la inclusión de la posibilidad de litigar en los modelos tradicionales de evasión fiscal tiene incentivos negativos respecto del nivel de cumplimiento fiscal.

En la sexta y séptima sesión se modifican la posibilidad de ganar el juicio y los costes del litigio que conlleva la pérdida del pleito. Así, en la sexta sesión aumentan ambas variables y en la sesión séptima disminuyen. En estas tres últimas sesiones la sanción esperada se mantiene constante[23]:

$$p_1 p_3 (\theta + \pi) = 0.09$$
$$S_5 \rightarrow 0.05 * 0.6(2 + 1) = 0.09$$
$$S_6 \rightarrow 0.05 * 0.8(2 + 0.25) = 0.09$$
$$S_7 \rightarrow 0.05 * 0.4(2 + 2.5) = 0.09$$

El objetivo de estas dos últimas sesiones es estudiar cuál de esas variables: probabilidad de ganar el pleito o costes de litigación, tiene una mayor incidencia en el comportamiento del contribuyente a la hora de decidir si evadir o no y en que cuantía.

Un hecho a destacar en el diseño del presente experimento es que en las instrucciones que se suministran a los participantes se utiliza una terminología neutral. Es decir, se prescinde en la medida de lo posible de toda referencia al fenómeno impositivo y de la evasión fiscal. Así, no se habla de impuestos, ni de inspecciones, ni de bases imponibles, ni de cuotas líquidas evadidas, ni de recursos, ni de juicios, ni de costes de litigación, etc. En su lugar se utilizan términos como estos: comprobaciones, fichas a declarar, lotería, plus adicional, etc. Con el empleo de esta terminología neutral se trata de evitar que el comportamiento de los individuos ante cambios en las distintas variables se deba más a la utilización de palabras como evasión, impuesto, o recurso, que a los incentivos y desincentivos a los que se enfrentan por el experimento en sí.

Los 20 sujetos que han participado en el presente experimento eran estudiantes de Doctorado de la Universidad Carlos III de Madrid[24]. Ninguno de ellos había tenido experiencia previa alguna con la economía experimental.

---

[23]   Recordar que:
  - P_1 es la probabilidad de detección.
  - P_3 es la probabilidad de perder el litigio.
  - π costes de litigio.
  - θ tipo sancionador.

[24]   De los veinte, ocho eran mujeres y doce hombres. Había nueve economistas, cuatro abogados, cinco estadísticos, una ingeniero industrial, y un informático.

Estas 20 personas se dividieron en cuatro grupos de cinco personas, lo que permitió repetir (replicar) el experimento cuatro veces. El tiempo que duró cada experimento fue de una hora aproximadamente. Los sujetos participantes tenían las instrucciones en todo instante y tenían plena libertad para preguntar cualquier duda que se les planteará. Los resultados obtenidos se trataron con diversos paquetes informáticos, inicialmente con LOTUS123, STATGRAPHICS, y posteriormente con SAS[25].

3. Resultados.

Los datos sobre el nivel de cumplimiento fiscal medio están recogidos en el **CUADRO 23**. Estos índices se obtienen de dividir la base declarada por cada individuo entre la renta real entregada al principio de cada período, se hace la media para los cinco individuos y teniendo en cuenta que el experimento se repite cuatro veces se obtiene el índice para el período en cuestión. El nivel de cumplimiento para la sesión se halla haciendo la media de los cinco períodos de que consta cada sesión.

En nuestra primera hipótesis se establecía que el nivel de evasión sería mayor en aquellos casos donde fuera posible recurrir la sanción impuesta por la conducta evasora. Si nos fijamos en los datos recogidos en el **CUADRO 23**, en el **CUADRO 24**, y en sus correspondientes representaciones gráficas (**GRAFICO 22, 23, 24, y 25**), observamos cómo la predicción de nuestro modelo es plenamente confirmada. El nivel de evasión fiscal es menor en los casos donde no es posible recurrir, con un 50% de evasión, que en aquellos donde sí se puede recurrir, con un 62%. Existiendo por tanto una diferencia de doce puntos porcentuales entre ambos estados. Por lo tanto, y siempre según nuestro experimento, de cada 100 pesetas de base imponible de las 62 pesetas que decida ocultar, 12 van a venir explicadas por la posibilidad de interponer recurso contra la imposición de la sanción.

En el **GRAFICO 24** podemos ver cómo el nivel de cumplimiento fiscal (evasión fiscal) para las sesiones en que no es posible recurrir es mayor (menor), para todos los períodos, que en aquellas en las que se puede recurrir.

---

[25] Las instrucciones que se entregaron a los participantes puden verse en *GAMAZO, J.C.*, (1.993) *Consideración de los costes de litigación en el análisis económico de la evasión fiscal*, Valladolid.

CUADRO 23
NIVEL DE CUMPLIMIENTO FISCAL MEDIO (N.C.M.) POR PERIODO.

	S_1	S_2	S_3	S_4	S_5	S_6	S_7
Periodo	N.C.M.	N.C.M.	N.C.M.	N.C.M.	N.C.M.	N.C.M.	N.C.M.
P I	0,4866	0,5578	0,394	0,3565	0,3845	0,2833	0,45
P II	0,5865	0,51	0,4612	0,4508	0,4275	0,3245	0,4512
P III	0,4877	0,54	0,4468	0,5379	0,3749	0,3329	0,4162
P IV	0,5131	0,56	0,5351	0,4522	0,4682	0,317	0,3487
P V	0,5249	0,58	0,4983	0,5257	0,542	0,268	0,2586
TOTAL	0,5197	0,5495	0,4670	0,4646	0,4394	0,3051	0,3849

CUADRO 24
NIVEL DE CUMPLIMIENTO FISCAL MEDIO (N.C.M.) EN LOS PERIODOS CON POSIBILIDAD DE RECURRIR (CR) Y SIN POSIBILIDAD (SR).

	SIN POSIBILIDAD DE RECURRIR	CON POSIBILIDAD DE RECURRIR
PERIODO	N.C.M.	N.C.M.
P I	0.4487	0.3726
P II	0.5021	0.4011
P III	0.5031	0.3922
P IV	0.5151	0.3796
P V	0.5322	0.3562
TOTAL	0.5000	0.3822

GRÁFICO 22
NIVEL DE CUMPLIMIENTO FISCAL EN LAS CUATRO PRIMERAS SESIONES

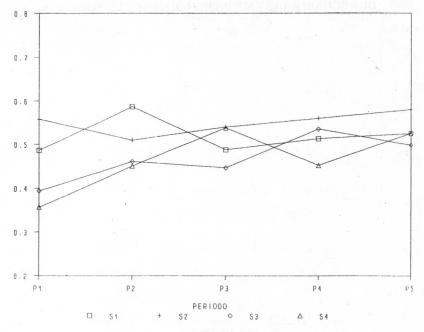

GRÁFICO 23
NIVEL DE CUMPLIMIENTO FISCAL EN LAS TRES ULTIMAS SESIONES.

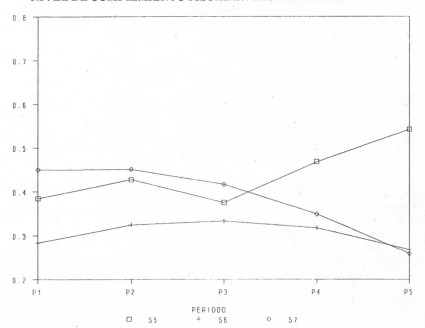

GRÁFICO 24

**NIVEL DE CUMPLIMIENTO FISCAL EN LAS SESIONES CON POSIBILIDAD
DE RECURRIR (CR) Y SIN POSIBILIDAD DE RECURRIR (SR).**

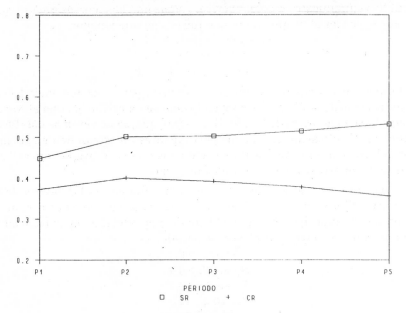

GRÁFICO 25

NIVEL DE CUMPLIMIENTO FISCAL MEDIO EN LAS DISTINTAS SESIONES.

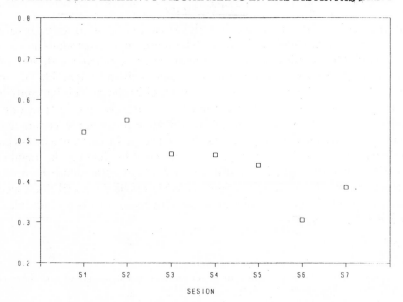

Respecto de la segunda hipótesis, comprobamos como de 20 casos en los que los participantes tuvieron que decidir si recurrir o no, tan solo en uno se optó por no recurrir y en los 19 casos restantes se decidió recurrir. Lo cual era previsible según nuestro modelo teórico, ya que en todas las sesiones el coste esperado de perder el litigio era menor que el tipo sancionador:

$$S_5 \rightarrow 0.6(2+1) = 1.8 < 2$$
$$S_6 \rightarrow 0.8(2+0.25) = 1.8 < 2$$
$$S_7 \rightarrow 0.4(2+2.5) = 1.8 < 2$$

El único caso donde no se cumple lo previsto por nuestro modelo teórico es en un período de la última sesión, en la cual se ha producido una elevación considerable de los costes de litigio. Hecho éste que, como veremos más tarde, va a tener su explicación en que los participantes muestran una elasticidad mayor del nivel de evasión fiscal respecto a los costes de litigio, que entre el nivel de evasión fiscal y la probabilidad de ganar.

En lo referente a la tercera hipótesis, si nos fijamos en los valores de los parámetros tributarios, el nivel de evasión fiscal tenía que estar cercano al 100% en todas las sesiones, ya que el beneficio potencial de la evasión en todas las sesiones es mayor que el coste esperado. Así:

$$S_1 \rightarrow 0.25 > 0.1$$
$$S_2 \rightarrow 0.25 > 0.1$$
$$S_3 \rightarrow 0.25 > 0.1$$
$$S_4 \rightarrow 0.4 > 0.1$$
$$S_5 \rightarrow 0.25 > 0.09$$
$$S_6 \rightarrow 0.25 > 0.09$$
$$S_7 \rightarrow 0.25 > 0.09$$

Sin embargo, el índice de evasión global está cercano al 45% ¿Invalida este hecho nuestro modelo? ¿Quizás se deba a que nuestro modelo no recoge todas las variables significativas?. Seguramente la explicación de esa deficiencia no estriba tanto en la invalidez del modelo, ni en la necesidad de acudir a explicaciones de carácter psíquico, ni en el hecho de que los contribuyentes no siempre se comporten de acuerdo a lo previsto por la teoría de la utilidad esperada[26]; como a que en nuestro modelo no se han recogido todas las variables económicas significativas. No se recoge la vertiente de los gastos públicos, ni la oferta de trabajo, ni otras posibles formas de incumplimiento tributario, etc. Otra razón que puede explicar este cumplimiento tributario por encima de los niveles previstos por la teoría de la utilidad esperada es que los contribuyentes normalmente sobrevaloran las probabilidades de detección de la base ocultada[27].

---

[26] Vid: Machina, M.J., (1987) "Choice under uncertainty: problems solved and unsolved", *Journal of Economic Perspectives*, vol. 1, nº 1, pp.: 121-154.

[27] Vid: Alm, J.; et. al., (1.992) "Why do people pay taxes?", *Journal of Public Economics*, vol. 48, pp.: 21-38.

En lo que atañe a la cuarta hipótesis, observamos cómo el nivel de cumplimiento fiscal (evasión) en S_4 es menor (mayor) que en S_1, S_2 y S_3. Si nos fijamos detenidamente en el **CUADRO 23** y en el **GRAFICO 22** se observa un comportamiento errático del nivel de cumplimiento fiscal a lo largo de los distintos períodos de la cuarta sesión. Teniendo el índice más bajo en el primer y cuarto período, y uno de los más altos en los períodos tercero y quinto. Y es que, tal como preveía nuestro modelo teórico, la evolución de la conducta del contribuyente ante variaciones en los tipos impositivos es imprevisible.

Por último, en lo concerniente a qué variables tienen mayor influencia en el comportamiento evasor, vemos cómo aumentos en la probabilidad de inspección producen mayores incrementos en los niveles de cumplimiento fiscal que aumentos en las sanciones, manteniéndose en todo caso constante la sanción esperada. Por su parte, aumentos en los costes de litigio desincentivan la evasión fiscal en mayor medida que aumentos en la probabilidad de perder el litigio, manteniéndose constante también la sanción esperada.

Tal como quedó diseñado nuestro experimento se puede apreciar que el nivel de base imponible declarada puede expresarse a través del siguiente modelo econométrico:

$$BD = \beta_0 + \beta_1 RR + \beta_2 TI + \beta_3 PI + \beta_4 TS + \beta_5 J + \beta_6 PG + \beta_7 CL$$

Donde:

- BD $\Rightarrow$ base imponible declarada.
- β_0 $\Rightarrow$ constante.
- β_1, β_2, β_3, β_4, β_5, β_6, β_7 $\Rightarrow$ coeficientes.
- RR $\Rightarrow$ nivel de renta real.
- TI $\Rightarrow$ tipo impositivo.
- PI $\Rightarrow$ probabilidad de inspección.
- TS $\Rightarrow$ tipo sancionador.
- J $\Rightarrow$ es una variable dummy que toma valor "0" si no se puede recurrir, y valor "1" cuando si se puede recurrir.
- PG $\Rightarrow$ probabilidad de ganar el pleito.
- CL $\Rightarrow$ costes del litigio.

Dado que la variable dependiente, Base Declarada, no puede tomar valores negativos y que toma en bastantes ocasiones valores iguales a cero, emplearemos el Método Tobit de Máxima Verisimilitud para estimar nuestro modelo[28].

---

[28]   Para una aplicación del modelo Tobit al estudio de la evasión fiscal vid: Raymond, J.L.; Valdes, T., (1.985) "Aplicación de modelos de elección discreta para la detección del fraude fiscal en la imposición sobre la renta", *Papeles de Economia Española*, nº 23, pp.: 372-381.

Variable	Coef.	Std Error	T-Stat	Signif
CONSTANTE	116.68344	8.03594	14.52020	0.00000000
RR	0.45810	0.00991	46.24109	0.00000000
TI	-149.78357	29.49383	-5.07847	0.00000038
PI	18.89996	3.45426	5.47149	0.00000004
TS	119.99847	141.80148	0.84624	0.39741734
J	-46.89995	12.81451	-3.65991	0.00025230
PG	-189.75002	22.26537	-8.52220	0.00000000
CL	219.00005	20.32794	10.77335	0.00000000

Si nos fijamos en los "t-estadísticos" vemos como todas las variables son significativas, ($|t| > 2$), salvo el tipo sancionador que es poco significativo. El hecho de que el tipo sancionador no sea significativo, según nuestro modelo, no nos tiene que llevar al rechazo automático del modelo, más bien a tratar de buscar una explicación lógica de este evento. Quizás una explicación pueda ser que ante probabilidades de inspección muy reducidas, incrementos en las sanciones irán acompañados de reducción en los niveles de evasión únicamente cuando los contribuyentes sean extremadamente aversos al riesgo. En caso contrario, cuando los contribuyentes no presenten tal aversión al riesgo, aumentos de las sanciones pueden no tener los efectos deseados sobre la evasión fiscal cuando los niveles de inspección sean muy reducidos.

Las relaciones entre las distintas variables independientes con la dependiente son las previstas. Así:

1.- Relación positiva entre nivel de renta real y base imponible declarada.

2.- Relación negativa entre tipo impositivo y base imponible declarada.

3.- Relación positiva entre probabilidad de detección y base imponible declarada.

4.- Relación positiva entre sanción y base imponible declarada.

5.- Relación negativa entre posibilidad de litigar y base imponible declarada.

6.- Relación negativa entre probabilidad de ganar el litigio y base imponible declarada.

7.- Relación positiva entre costes de litigar y base imponible declarada.

4. Conclusiones

Los resultados obtenidos por el experimento nos confirman la mayoría de las predicciones que establecimos en la descripción del modelo sobre el comportamiento del contribuyente. Así, la principal hipótesis que queríamos demostrar: "la posibilidad de recurrir la sanción impuesta por la conducta evasora incentiva comportamientos evasores", queda ampliamente corroborada en nuestro experimento. No obstante, y como sucede con todo trabajo empírico, estos resultados deben ser tratados con extremada cautela.

CONCLUSIONES

1. - Del estudio que se ha realizado sobre el estado de la investigación en el análisis económico de la evasión fiscal se concluye que la mayor parte de los autores que han abordado este tema lo han hecho con la finalidad primordial de intentar aumentar la capacidad explicativa del modelo seminal de Allingham & Sandmo. Intento este que no ha hecho sino añadir ambigüedadades e indeterminaciones no deseadas.

Ante este hecho se defiende la plena vigencia del modelo de Allingham & Sandmo, sin que ello implique, obviamente, el no reconocer la valía e importancia de aportaciones posteriores en este campo de investigación.

2. - En este trabajo ha puesto de manifiesto que un aspecto de la cuestión ausente en el modelo básico de evasión fiscal, y en todas sus modificaciones posteriores, es la adecuada inserción en el mismo del sistema jurídico.

En todos los trabajos previos sobre evasión fiscal se equipara detección con imposición y pago de la sanción, sin abordar el estudio de las consecuencias que sobre el nivel de evasión tiene el proceso administrativo y jurisdiccional que surge, o puede surgir, tras la detección. En la investigación que se ha realizado se ha considerado este aspecto novedoso en el análisis económico de la evasión fiscal consiguiendo, a diferencia de lo que ocurre con el resto de trabajos, aumentar la capacidad explicativa del modelo básico sin que ello conlleve un aumento de las ambigüedades e indetermicaciones entre las relaciones que ligan a las distintas variables con la base impositiva declarada.

3. - De un estudio comparado de las condiciones de entrada en la evasión fiscal cuando no hay posibilidad de litigar $[p_1\theta < t]$ y cuando si hay posibilidad de litigar $[p_1 p_3 (\theta + \pi) < t]$, se ha constatado que el coste esperado de la evasión fiscal en esté último caso es menor que en el primero. Por lo que, para un beneficio potencial constante, "t", el contribuyente racional decidirá evadir una mayor fracción de su cuota cuando tenga la posibilidad de recurrir que cuando no exista esa posibilidad.

4. - Con la contrastación empírica de nuestro modelo se demuestra que el nivel de evasión fiscal es mayor en aquellos casos donde los contribuyentes tienen la posibilidad de recurrir la sanción impuesta por la Administración Tributaria por su conducta evasora, frente a aquellos otros en los que no es posi-

ble el recurrir esas sanciones. Por otra parte, se comprueba también que el tipo de relación entre las distintas variables con la base imponible declarada coincide con el obtenido en nuestro modelo teórico.

5. - La contrastación empírica de nuestro modelo ha probado que potenciales incrementos en los costes de litigar desincentivan la evasión fiscal en mayor medida que lo hacen potenciales incrementos en la probabilidad de perder el litigio.

Por tanto, desde esta perspectiva, resulta cuando menos cuestionable que se subsidien los costes de litigación a las partes involucradas. El reducir los costes de litigar a través de subsidios estatales produce el efecto directo de aumentar el número de litigios planteados. En base a lo cual, se aboga por la supresión de todo tipo de subsidio público que permita a los evasores descubiertos por los órganos inspectores el recurrir las sanciones impuestas. Más bien defendemos lo contrario: el establecimiento de tasas judiciales que corran a cargo de la parte perdedora en este tipo de litigios.

6. - El nivel de detección óptimo y la cuantía de la sanción óptima son superiores en nuestro modelo que en el modelo básico. Ello es debido a los incentivos "perversos" que el sistema jurídico produce en las conductas de los contribuyentes.

Por tanto, de acuerdo con nuestro modelo el valor esperado de las sanciones debería incrementarse, bien mediante un aumento de las sanciones, o bien mediante un aumento de la probabilidad de detección.

7. - Nuestro trabajo pone de manifiesto que la existencia de la dilación en las resoluciones de los conflictos en este ámbito tributario afecta a la decisión de las partes, pues se reduce el valor actual de la sanción del evasor-recurrente. La dilación va a suponer, en suma, un beneficio adicional para el evasor que va a inducir a este a interponer recurso una vez que la evasión fuese detectada. La toma en consideración de la dilación exige, para contrarrestar sus efectos negativos, el establecimiento de los oportunos intereses de demora y/o la generalización de la penalización por litigación temeraria. Un aumento, por tanto, de la sanción óptima que contrarreste el efecto de descuento de que la dilación proporciona al litigador temerario. La sanción óptima que se establece para luchar contra la evasión fiscal, y con ella toda política de disuasión óptima, ha de variar como consecuencia del fenómeno de la dilación.

8. - En ciertos supuestos sería beneficioso para las partes de un recurso sobre evasión fiscal el poder llegar a una solución negociada en lugar de seguir adelante con un pleito. Según nuestro trabajo esto será así en la mayoría de los casos donde acusador y acusado concuerden sobre el resultado previsible del eventual juicio, si para las partes los costes del pleito son mayores que los de llegar a un acuerdo, y si las partes presentan aversión al riesgo a la hora de decidir entre juicio y acuerdo. Sin embargo, en nuestro ordenamiento existe una prohibición legal de llegar a acuerdos extrajudiciales sobre los derechos de la Hacienda Pública. Prohibición que impide en muchas ocasiones que se alcancen situaciones de optimalidad paretiana, motivo por el cual proponemos una reforma legislativa que posibilite las conciliaciones extrajudiciales.

9. - Finalmente, señalar como nuestro modelo nos ha permitido fundamentar teóricamente aspectos relativos a la evasión fiscal que se intuían al dotarles de una cierta garantía de veracidad de la que antes no gozaban, revelándonos asimismo otros nuevos no detectados previamente por ningún otro tipo de análisis. Todo ello, a su vez, ha posibilitado el formular un conjunto de propuestas de reforma de la política de disuasión óptima de la evasión fiscal que no hubiesen podido fundamentarse teóricamente sin la aplicación del análisis económico a este ámbito del ordenamiento jurídico.

BIBLIOGRAFIA

ALBI, E., (1.990) "Elusión y evasión fiscales: la investigación económica", *Hacienda Pública Española*, vol. 115, n⁰ 1, pp.: 251-265.

ALLINGHAM, M.G.; SANDMO, A., (1.972) "Income tax evasion: a theoretical analysis", *Journal of Public Economics*, n⁰ 1, pp.: 323-338.

ALM, J., (1.985) "The welfare cost of the underground economy", *Economic Inquiry*, vol. 23, pp.: 243-263.

ALM, J., (1.988) "Compliance costs and the tax avoidance-tax evasion decision", *Public Finance Quarterly*, vol. 16, n⁰ 1, pp.: 31-66.

ALM, J., (1.992) "A perspective on the experimental analysis of taxpayer reporting", *Accouting Review*, vol. 66, n⁰ 3, pp.: 577-593.

ALM, J.; BAHL, R.; MURRAY, N.M., (1.990) "Tax structure and tax compliance", *Review of Economic and Statistics*, vol. 72, n⁰ 4, pp.: 603-613.

ALM, J.; BECK, W., (1.990) "Tax amnesties and tax revenues", *Public Finance Quarterly*, vol. 18, n⁰ 4, pp.: 433-453.

ALM, J.; McCALLIN, N.J., (1990) "Tax avoidance and tax evasion as a joint portfolio choice", *Public Finance*, vol. 45, n⁰ 2, pp.: 193-200.

ALM, J.; McCLELLAND, G.H.; SCHULZE, W.D., (1992) "Why do people pay taxes?" *Journal of Public Economics*, vol. 48, pp.: 21-38.

ALM, J.; McKEE, M.; BECK, W., (1.990) "Amazing grace: tax amnesties and compliance", *National Tax Journal*, vol. 43, n⁰ 1, pp.: 23-37.

ALM, J; JACKSON, B.R.; McKEE, M, (1.992) "Deterrence and beyond: toward a kinder, gentler IRS", en *Tax compliance and tax law enforcement*, ed. J. Slemrod, University of Michigan Press.

ALVIRA, F.; GARCIA, J., (1.975) "Actitudes de los españoles ante el gasto público y sentimiento del contribuyente", *Hacienda Pública Española*, vol. 34, pp.: 101-146.

ALVIRA, F.; GARCIA, J., (1.977) "Los españoles y el sistema fiscal", *Hacienda Pública Española*, vol. 44, pp.: 235-245.

ALVIRA, F.; GARCIA, J., (1.987) "Los españoles y la fiscalidad: la perdida de la ilusión financiera", *Papeles de Economia Española*, n⁰ 30/31, pp.: 90-105.

ANDERSEN, P., (1.977) "Tax evasion and labor supply", *Scandinavian Journal of Economics*, vol. 79, n⁰ 3, pp.: 375-383.

ANDERSON, R.W., (1.976) *The economics of crime*, Macmillan, Londres.

ANDERSON, M.; ET. AL. (1.990) "Internal Revenue Service access to tax accrual workpaper: a laboratory investigation", *Accouting Review*, vol. 65, n⁰ 4, pp.: 857-874.

ANDREONI, A., (1.991) "The desiarability of a permanent tax amnesties", *Journal of Public Economics*, vol. 45, n⁰ 2, pp.: 143-161.

ANGELINI, J.P., (1.987) "Federal Tax Amnesty: some policy considerations", *Tax Notes*, Agosto, pp.: 907-918.

APARICIO, J.; ET. AL., (1.991) *Delitos e Infracciones Tributarias: teoría y practica*, Lex Nova, Valladolid.

ARIAS, J., (1.990) *Procedimientos tributarios*, Marcial Pons, Madrid.

ARGIMON, I., (1.990) "Impuesto progresivo y evasión: un modelo", *Revista Española de Economía*, vol. 7, n⁰ 2, pp.: 229-234.

ARGIMON, I., (1989) "Técnicas de medición de la evasión fiscal", *Económia Pública*, vol. 5, n⁰ 4, pp.: 43-58.

ARROW, K.J., (1970) *Essays in the theory of risk-bearing,* North-Holland, Amsterdam.

ATKINSON, A.B.; STERN, N., (1.974) "Pigou, taxation and public goods", *Review of Economic Studies,* vol. 41, pp.: 119-128.

AUBERGER, P., (1984) *L`allergie fiscale,* Colman-Levy, Paris.

BAJO, M., (1.987) "Delitos contra la Hacienda Pública", *Gaceta Fiscal,* vol. 42, pp.: 131-143.

BALDRY, J.C., (1.979) "Tax evasion and labour supply", *Economics Letters,* vol. 3, pp.: 53-56.

BALDRY, J.C., (1.984) "The enforcement of income tax laws: efficiency implications", *Economic Record,* vol. 60, pp.: 156-159.

BALDRY, J.C., (1.986) "Tax evasion is not a gamble: a report on two experiments", *Economics Letters,* vol. 22, pp.: 333-335.

BALDRY, J.C., (1.987) "Income tax evasion and the tax shedule: some experimental results", *Public Finance,* vol. 42, nº 3, pp.: 357-383.

BARONE, E., (1912) "Studi di Economia Financiera: Teoria General dell'Imposta", Giornale degli Economiste, vol. 14.

BARTHELEMY, P., (1.989) " The macroeconomic estimates of the hidden economy: a critical analysis", *Review of Income and Wealth,* vol. 34, pp.: 183-208.

BAWLY, D., (1.982) *The subterraneam economy,* McGraw-Hill, Nueva York.

BAYAR, A., (1.987) "The erosion of the different tax bases", *Public Finance,* vol. 42, nº 3, pp.: 341-356.

BECK, P.; JUNG, W., (1.989) "Taxpayer`s reporting decicions and auditing under information asymmetry", *Accouting Review,* July, pp.: 468-487.

BECKER, G.S., (1.968) "Crime and punishment: an economic approach", *Journal of Political Economy,* vol. 76, nº 2, pp.: 169-217.

BECKER, W; BUCHNER, H.J.; SLEEKING, S., (1.987) "The impact of Public transfer expenditures on tax evasion: an experimental approach", *Journal of Public Economics,* vol. 34, pp.: 243-252.

BENJAMINI, Y.; MAITAL, S., (1985) "Optimal tax evasion and optimal tax evasion policy: behavior aspects", en *The economics of the shadow economy,* ed. W. Gaertner & A. Wenig, Springer-Verlag, Berlin.

BINGHAM, T., (1.980) *Tax evasion: the law and the practice,* Alexander Harden Financial Services, Londres.

BLOCK, M.K.; HEINEKE, J.M., (1.975) "A labor theoretic analysis of criminal choice", *American Economic Review,* vol. 65, nº 3, pp.: 314-325.

BOIDMAN, N., (1.983) "Tax evasion, the present state of non compliance", *Bulletin for International Fiscal Documentation,* vol. 37, pp.: 451-479.

BORDEL, K.C.; SOBEL, J., (1987) "A theory of auditing and plunder", *Review of Economic Studies,* vol. 54, pp.: 525-540.

BRACEWELL-MILNES, B., (1.979) *Tax avoidance and evasion: the individual and society,* Panopticum Press, Londres.

BRACEWELL-MILNES, B., (1.991) "Tax avoidance and tax competition", *Intertax,* vol. 6/7, pp.: 298-299.

BRENANN, G; BUCHANAN, J.M., (1.977) "Towards a tax constitution for Leviathan", *Journal of Public Economics,* vol. 8, nº 3, pp.: 255-274.

BRENANN, G; BUCHANAN, J.M., (1.980) *The power to tax,* Cambridge University Press.

BROWN, C.V., ET. AL., (1.984) "Tax evasion and avoidance of earned income: some survey evidence", *Fiscal Studies,* vol. 5, nº 3, pp.: 1-22.

BUTLER, C., (1.988) "Avoidance, evasion or illusion", *Australian Tax Forum,* vol. 5, nº 2, pp.: 257-264.

CADIET, L.; ET. AL., (1.986) *Regards sur la fraude fiscal,* Economica, Paris.

CAGAN, P., (1.958) "The damand for currency relative to total money supply", *Journal of Political Economy,* vol. 66, pp.: 303-329.

CASAS, J., (1.991) "Sobre la relevancia de la Economía Constitucional", en *Estudios en homenaje al profesor C.G. Otero Díaz*, Universidad de Santiago de Compostela.

CENTRO INTERAMERICANO DE ADMINISTRADORES TRIBUTARIOS., (1.982) *XVI Asamblea General: la evasión de impuestos*, CIAT, Asunción.

CHANG, O.H.; NICHOLS, D.R., (1.987) "Taxpayer attitudes towards tax audit risk", *Journal of Economic Psychology*, vol. 8, pp.: 299-309.

CHEVALTHUARI, S.I., (1.990) "Tax avoidance, tax evasion and the underground economy-the CATA experience", *Bulletin for International Fiscal Documentation*, vol. 44, nº 12, pp.: 594-599.

CHRISTIANSEN, V., (1.980) "Two coments on tax evasion", *Journal of Public Economics*, vol. 13, pp.: 389-393.

CHOCANO, A., (1989) "Actitudes y comportamientos fiscales en Suecia", *Papel de Trabajo del IEF*.

CHOCANO, A; TRUYOLS, M.A., (1.992) "Tres factores explicativos del fraude fiscal: predisposición, habilidad y oportunidad", *Papel de Trabajo del IEF*.

CHU, C.Y., (1.990) "A model of income tax evasion with venal tax officials: the case of Taiwan", *Public Finance*, vol. 45, nº 3, pp.: 392-408.

CHU, C.Y., (1.990) "Plea bargaining with the IRS", *Journal of Public Economics*, vol. 41, pp.: 319-333.

CITRIN, J., (1.979) "Do people want something for nothing: public opinion on taxes and government spending", *National Tax Journal*, vol. 32, nº 2, pp.: 113-129.

CLARK, P.J.; MATONEI, J., (1.984) "Tax evasion: an empirical study of taxpayer`s behaviour", *Journal of Irish Business and Administrative Research*, vol. 6, pp.: 73 -83.

CLOTFELTER, C.T., (1.983) "Tax evasion and tax rates: an analysis of individual returns", *Review of Economics and Statistics*, vol. 65, nº 3, pp.: 363-373.

COMIN, F., (1991) "Raíces históricas del fraude fiscal en España", *Hacienda Pública Española*, vol. 1, pp.: 191-205.

COMISION DEL FRAUDE FISCAL, (1.988) *Evaluación del Fraude en el Impuesto sobre la Renta de las Personas Físicas. Ejercicio 1.979-1.986*, Instituto de Estudios Fiscales, Madrid.

CORCHON, L.C., (1.990) "A note on tax evasion", *Papel de Trabajo del Instituto Valenciano de Investigaciones Económicas*.

COWELL, J.F., (1.981) "Taxation and labour supply with risky activities", *Economica*, vol. 48, pp.: 365-379.

COWELL, F.A., (1.985a) "·The economic analysis of tax evasion", *Bulletin of Economic Research*, vol. 37, nº 3, pp.: 163-193.

COWELL, F.A., (1.985b) "Tax evasion with labour income", *Journal of Public Economics*, vol. 26, pp.: 19-34.

COWELL, F.A., (1.990a) *Cheating the government, the economics of evasion*, MIT Press, Cambridge.

COWELL, F.A., (1.990b) "Tax sheltering and the cost of evasion", *Oxford Economic Papers*, vol. 42, nº 1, pp.: 231-243.

COWELL, F.A.; GORDON, J.P.F., (1.988) "Unwillingness to pay: tax evasion and public good provision", *Journal of Public Economics*, vol. 36, nº 3, pp.: 305-321.

COX, D., (1984) "Raising revenue in the underground economy", *National Tax Journal*, vol. 37, pp.: 283-289.

CRANE, S.E.; NOUZARD, F., (1.985) "Time value of money and income tax evasion under risk averse behavior: theoretical analysis and empirical evidence", *Public Finance*, vol. 40, nº 3, pp.: 381-394.

CRANE, S.E.; NOUZARD, F., (1.986) "Inflation and tax evasion: an empirical analysis", *Review of Economics and Statistics*, vol. 68, nº 2, pp.: 217-223.

CRANE, S.E.; NOUZARD, F., (1.990) "Tax rates and tax evasion from California amnesty data", *National Tax Journal*, vol. 43, nº 2, pp.: 189-199.

CREMER, H.; GAHVARI, F., (1.993) "Tax evasion and optimal commodity taxation", *Journal of public Economics*, vol. 50, pp.: 261-275.

CREMER, H.; MARCHAND, M.; PESTIEAU, P., (1.990) "Evading, auditing and taxing: the equity-compliance trade-off", *Journal of Public Economics*, vol. 43, nº 1, pp.: 67-92.

CROSS, R.; SHAW, G.K., (1.981) "The tax evasion-avoidance choice: a suggested approach", *National Tax Journal*, vol. 34, nº 4, pp.: 489-491.

CROSS, R.; SHAW, G.K., (1.982) "On the economics of tax aversion", *Public Finance*, vol. 37, nº 1, pp.: 36-49.

DEAN, P.N.; KEENAN, A.; KERNEY, F., (1.980) "Taxpayers's attitudes to income tax evasion: an empirical study", *British Tax Review*, vol. 1, pp.: 28-44.

DIAZ, C.; DELGADO, M.I., (1.992) "El coste de cumplimiento en el IRPF", *Cuadernos de Actualidad de Hacienda Pública Española*, vol. 7, pp.: 181-185.

DIAZ, C.; HERRERA, C., (1.990) "El fraude en el Impuesto sobre el Valor Añadido", *Cuadernos de Actualidad de Hacienda Pública Española*, vol. 7, pp.: 3-7.

DIAZ, D., (1.992) "Amnistías y fraude fiscal en España", *Papel de Trabajo del IEF*.

DIAZ, F., (1.993) "Balance del primer año de gestión de la La Agencia Tributaria", *Cuadernos de Actualidad de Hacienda Pública Española*, vol. 6, pp.: 81-92.

DIAZ, F.; MARTINEZ, I., (1.991) "La Agencia Estatal de la Administración Tributaria: un avance en la modernización de las Administraciones Públicas", *Cuadernos de Actualidad de Hacienda Pública Española*, vol. 1, pp.: 1-9.

DIRECCION GENERAL DE INSPECCION FINANCIERA Y TRIBUTARIA, (Desde 1.988 a 1.991) *Memoria de la Dirección General de Inspección Financiera y Tributaria 1.988 (1.989-1.991)*, Ministerio de Economía y Hacienda.

DIRECCION GENERAL DE TRIBUTOS, (1.990) *Memoria 1.990*, Ministerio de Economía y Hacienda.

DUBIN, J.A.; GRAETZ, M.J.; WILDE, L.L., (1.987) "Are we a nation of tax cheaters? New econometric evidence of tax compliance", *American Economic Review*, vol. 77, nº 2, pp.: 240-245.

DUBIN, J.A.; WILDE, L.L., (1.988) "An empirical analysis of federal income tax auditing and compliance", *National Tax Journal*, vol. 41, nº 1, pp.: 61-74.

FALKINGER, J., (1.988) "Tax evasion and equity: a theoretical analysis", *Public Finance*, vol. 43, nº 3, pp.: 388-395.

FALKINGER, J., (1.991) "On optimal public good provision with tax evasion", *Journal of Public Economics*, vol. 45, nº 1, pp.: 127-133.

FALKINGER, J.; WALTHER, H., (1.991) "Reward versus penalties: on a new policy against tax evasion", *Public Finance Quarterly*, vol. 19, nº 1, pp.: 67-79.

FELDMAN. J.; KAY, J.A., (1.981) "Tax avoidance" en *The economic approach to law*, ed. P. Burrows & C.G. Veljonovski, Butterworths, Londres.

FISHBURN, G., (1.979) "On how to keep taxpayers honest (or almost so)", *Economic Record*, vol. 55, nº 150, pp.: 267-270.

FISHBURN, G., (1.981) "Tax evasion and inflation", *Australian Economic Papers*, vol. 20, nº 37, pp.: 325-332.

FISHER, V.L., (1.985) "Recent innovations in state tax compliance programs", *National Tax Journal*, vol. 38, nº 3, pp.: 365-371.

FISHER, R.C.; GOODEERIS, J.H., (1.989) "Participation in tax amnesties: the individual income tax", *National Tax Journal*, vol. 42, nº 1, pp.: 15-28.

FLUET,C., (1.987) "Fraude fiscale et offre de travail au noir", *L'Actuallité Economique. Revue D`Analyse Economique*, vol. 63, pp.: 226-242.

FRANK, M., (1.976) "Fraude des revenues soumis a l`imput des personnes phisices et perte d`imput qui en resulte pour le tresor. Etude methodologique", *Public Finance*, vol. 31, pp.: 1-30.

FRANK, M.; DEKEY-MERDDERS, D., (1.977) "A tax discrepancy coefficient resulting from tax evasion or tax expenditures", *Journal of Public Economics*, vol. 8, pp.: 67-78.

FRIEDLAND, N., (1.982) "A note on tax evasion as a function of the quality of information about the magnitude and crediblity of threatened fines: some preliminary research", *Journal of Applied Social Psychology*, vol. 12, pp.: 54-59.

FRIEDLAND, N.; MAITAL, S; RUTENBERG, A., (1.978) " A simulation study of tax evasion", *Journal of Public Economics*, vol. 10, pp.: 107-116.

FUENTES, E., (1.990) "La imposición de los años noventa", *Revista Española de Economía*, vol. 5, pp.: 9-19.

GAERTNER, W.; WENIG, A., (1.985) *The economics of the shadow economy*, Springer-Verlag, Berlin.

GAGO, A., (1991) "El fraude fiscal en Eapaña: aportaciones del proyecto de ley del nuevo IRPF", *Revista de Derecho Financiero y Hacienda Pública Española*, vol. 61, pp.: 751-779.

GAMAZO, J.C., (1993) *Consideración de los costes de litigación en el Análisis económico de la evasión fiscal*. Valladolid.

GAMAZO, J.C.; PASTOR, S., (1992) "Nuevas facetas en el análisis económico de la evasión fiscal", *Mimeo*.

GARCIA, J., (1.975) "Critica popular al sistema tributario español", *Hacienda Pública Española*, vol. 32, pp.: 55-99.

GARCIA, J.; MARGALLO, M.G., (1.971) "La evasión fiscal en España: un estudio piloto para su análisis sociológico", *Hacienda Pública Española*, vol. 8, pp.: 17-34.

GARCIA, J.; RAYMOND, J.L; VALDES, T., (1.986) "La detección del fraude en la imposición sobre la renta: un analisis microeconométrico", *Cuadernos Económicos del ICE*, n° 34, pp.: 45-63.

GEEROMS, H.; WILMOTS, H., (1.985) "An empirical model of tax evasion and tax avoidance", *Public Finance*, vol. 40, n° 2, pp.: 190-209.

GOODE, R., (1.981) "Some economic aspects of tax administration", *International Monetary Fund Staff Papers*, vol. 28, pp.: 249-274.

GORDON, R.K., (1.988) "Income tax compliance and sanctions in developing countries: an outline of issues", *Bulletin International Fiscal Documentation*, vol. 42, n° 1, pp.: 3-12.

GORDON, J.P.F., (1.989) "Individual morality and reputation costs as deterrents to tax evasion", *European Economic Review*, vol. 33, n° 4, pp.: 797-805.

GORDON, J.P.F., (1.990) "Evading taxes by selling for cash", *Oxford Economic Papers*, vol. 42, n° 1, pp.: 244-255.

GOTTIEB, D., (1.985) "Tax evasion and the prisioner`s dilemma" *Mathematical Social Sciences*, vol. 10, pp.: 81-89.

GRAETZ, M.J.; WILDE, L.L., (1.985) "The economics of tax compliance: fact and fantasy", *National Tax Journal*, vol. 38, n° 3, pp.: 355-363.

GRAETZ, M.J.; REINGANUM, J.F.; WILDE, L.L., (1.986) "The tax compliance game: toward an interactive theory of law enforcement", *Journal of Law, Economics and Organization*, vol. 2, n° 1, pp.: 1-32.

GRAFE, F., (1.989) "Un modelo para una política de inspección fiscal", *Economía Pública*,

GRASMICK, H.G.; SCOTT, W.J., (1.982) "Tax evasion mechanisms of social-control: a comparision with grand and petty theft", *Journal of Economic Psychology*, vol. 2, pp.: 213-230.

GREENBERG, J., (1.984) "Avoiding tax avoidance: a (repetead) game theoretic approach", *Journal of Economic Theory*, vol. 32, pp.: 1-13.

GROENLAND, E.A.G.; VELDHOVEN G.M., (1.983) "Tax evasion behavior: a psychological framework", *Journal of Economic Psychology*, vol. 3, pp.: 129-144.

GROVES, H.M., (1.985) "Empirical studies of income tax compliance", *National Tax Journal*, vol. 2, pp.: 291-301.

GUIDO, F., (1.987) *El contribuyente ante la inspección de Hacienda*, Lex Nova, Valladolid.

GUTMANN, P.M., (1.977) "The subterraneam economy", *Financial Analysts Journal*, vol. 33, pp.: 24-27.

HANSSON, I., (1.982) "The underground economy in a a high tax country: the case of Sweden", en *The underground economy in the United States and abroad*, ed. V. Tanzy, Lexington books, Massachusets.

HARFORD, J.D.; HARRINGTON, W., (1991) "A reconsideration of enforcement leverage when penalties are restricted", *Journal of Public Economics*, vol. 45, pp.: 391-399.

HARRINGTON, W.; ET. AL., (1.988) "Enforcement leverage when penalties are restricted", *Journal of Public Economics*, vol. 37, nº 1, pp.: 29-53.

HASSELDINE, J., (1.989) "Increasing voluntary compliance: the case of tax amnesties", *Australian Tax Forum*, vol. 6, nº 4, pp.: 509-523.

HEINEKE, J.M., (1.978) *Economics models of criminal behavior*, North-Holland, Amsterdam.

HERNANDEZ, E.V., (1.989) "El fraude fiscal en el IRPF en España", *Papeles de Economía Española*, vol. 41, pp.: 48-49.

HERSCHEL, F.J., (1978) "Tax evasion and its measurement in developing countries", *Public Finance*, vol. 33, nº 3, pp.: 232-268.

HITE, P.A., (1.990) "An experimental investigation of the effect of tax shelters on taxpayer noncompliance", *Public Finance*, vol. 45, nº 1, pp.: 90-108.

INTERNAL REVENUE SERVICE, (1.988) *Income tax compliance research: gross tax gap estimates and proyections for 1.973-1.992*, Publication 7.285. Washington D.C.

INTERNATIONAL BAR ASSOCIATION, (1.982) *Tax avoidance, tax evasion*, Sweet and Maxwell, Londres.

ISACHSEN, A.J.; STROM, S., (1.980) "The hidden economy: the labour market and tax evasion", *Scandinavian Journal of Economics*, vol. 82, pp.: 304-311.

ISACHSEN, A.J.; KLOWLAND, J.T.; STROM, S., (1.982) "The hidden economy in Norway" en *The underground economy in the United States and abroad*, ed. V. Tanzy, Lexington books, Massachusets.

JACKSON, I., (1.986) "Amnesty and creative tax administration", *National Tax Journal*, vol. 49, nº 1, pp.: 317-323.

KANE, E.J.; VALENTINI, J.J., (1.975) "Tax avoidance by savings-and-loan associations before and after the tax reform act of 1.969", *Journal of Monetary Economics*, vol. 1, pp.: 41-63.

KAPLAN, R.L., (1.989) "Perspectives on international tax compliance and enforcement: transfer pricing in the U.S.", *Australian Tax Forum*, vol. 6, nº 4, pp.: 423-454.

KAPLAN, S.E.; RECKERS, M.J., (1.985) "A study of tax evasion judments", *National Tax Journal*, vol. 38, nº 1, pp.: 97-102.

KAPLOW, L., (1.989) "Optimal taxation with costly enforcement and evasion", *Journal of Public Economics*, vol. 43, nº 2, pp.: 221-236.

KAY, J.A., (1.979) "The anatomy of tax avoidance", *British Tax Review*, vol. 6, pp.: 354-365.

KEMP, M.C.; NG, Y.K., (1.979) "On the importance of being honest", *Economic Record*, vol. 55, pp.: 41-46.

KESSELMAN, J.R., (1.989) "Income tax evasion: an intersectorial analysis", *Journal of Public Economics*, vol. 38, nº 2, pp.: 137-182.

KLEPPER, S.; NAGIN, D., (1.989) "The anatomy of tax evasion", *Journal of Law, Economy and Organization*, vol. 5, nº 1, pp.: 1-24.

KLOVLAND, J.I., (1.980) "Tax evasion and the demand for currency in Norway and Sweeden: is there a hidden relationship?", *Scandinavian Journal of Economics*, vol. 86, pp.: 423-439.

KOLM, S.C., (1.973) "A note on optimum tax evasion", *Journal of Public Economics*, vol. 2, pp.: 265-270.

KONG, R., (1.988) "Cooperative approaches among tax administrations to prevent and counteract international tax evasion and avoidance: Trinidad and Tobago", *Bulletin International Fiscal Documentation*, vol. 42, nº 12, pp.: 526-530.

KOSKELA, E., (1.983a) "A note on progression, penalty schemes and tax evasion", *Journal of Public Economics*, vol. 22, pp.: 127-133.

KOSKELA, E., (1983b) "On the shape of tax schedule, the probability of detection, and the penalty schemes as deterrents to tax evasion", *Public Finance*, vol. 38, pp.: 70-80.

KREUTZER, D.; LEE, D.R., (1.986) "On taxation and understated monopoly profits", *National Tax Journal*, vol. 39, pp.: 241-243.

KREUTZER, D.; LEE, D.R., (1.988) "Tax evasion and monopoly output decisions: a reply", *National Tax Journal*, vol. 41, nº 4, pp.: 583-584.

LACASA, J.H; PASO J.M., (1.990) *Procedimientos de la Inspección de Tributos,* CISS, Valencia.

LAGARES, M.J., (1.974) "Hacia una teoría económica de la evasión tributaria", *Hacienda Pública Española,* vol. 28, pp.: 37-54.

LAGARES, M.J., (1.989), "Metodología utilizada en la estimación del fraude fiscal", *Papeles de Economía Española,* vol.40/41, pp.: 85-88.

LAGARES, M.J., (1.991) "Fraude fiscal y aceptación social del sistema tributario", *Moneda y Credito,* nº 192, pp.: 127-157.

LAGARES, M.J., (1.992) "La aceptación del sistema tributario: el IRPF" en *La Hacienda Pública en la democracia,* Ariel, Barcelona.

LAI, Ch.; CHANG W.Y., (1.988) "Tax evasion and tax collections: an aggregate demand - aggregate supply analysis", *Public Finance,* vol. 43, nº 1, pp.: 138-146.

LANDSBERGER, M.; MEILIJSON, I., (1.982) "Incentive generating state dependent penalty system: the case of income tax evasion", *Journal of Public Economics,* vol. 19, pp.: 333-352.

LANDSKRONER, Y.; ET. AL., (1.990) "Tax evasion and portfolio decisions", *Public Finances,* vol. 45, nº 3, pp.: 409-422.

LEONARD, H.B.; ZECKHAUSER, R.J., (1.987) "Amesty, enforcement, and tax policy", en *Tax Policy and the Economy,* ed. L. Summers, Cambridge, pp.: 55-85.

LERMAN, A.H., (1.986) "Tax amnesty: the federal perspective", *National Tax Journal,* vol. 39, pp.: 325-332.

LEWIS, A., (1.979) "An empirical assessment of tax mentality", *Public Finance,* vol. 34, nº 2, pp.: 245-257.

LEWIS, A., (1.982) *The psychology of taxation,* Martin Robertson, Oxford.

LINDSEY, L.B., (1.987) "Individual taxpayer response to tax cuts: 1.824-1.984 with implications the revenue maximizing tax rules", *Journal of Public Economics,* vol. 33, nº 2, pp.: 173-206.

LONG, J.E.; GWARTNEY, J.D., (1.986) "Income tax avoidance: evidence from individual tax returns", *National Tax Journal,* vol. 40, nº 4, pp.: 517-532.

LONG, S.B., (1.981) "The extent of criminal tax violations", *Tax Notes,* June 8, pp.: 1325-1326.

MACHINA, M.J., (1.991) "Choice under uncertainty: problems solved and unsolved", *Journal of Economics Perspectives,* vol. 1, nº 1, pp.: 121-154.

MADEO, S.A.; ET. AL., (1.987) "Modeling judments of taxpayer compliance", *Accounting Review,* vol. 62, nº 2, pp.: 323-342.

MALIK, A.S.; SCHWAB, R.M., (1.991) "The economics of tax amnesties", *Journal of Public Economics,* vol. 46, nº 1, pp.: 29-49.

MANN, A.J.; SMITH, R., (1.987) "Tax attitudes and tax evasion in Puerto Rico: a survey of upper income professionals", *Jouurnal Economic Development,* vol. 13, nº 1, pp.: 121-141.

MANN, B.S., (1991) "A note on risk aversion and preferences", *Economic Inquiry,* vol. 29, pp.: 115-118.

MARCHESE, C.; CASSONE, A., (1.992) "Tax amnesty as price-discriminating behaviour by monopolistic government" *Papel de Trabajo del IEF.*

MARCHON, M.N., (1979) "Tax avoidance, progressivity, and work effort", *Public Finance,* vol. 34, nº 3, pp.: 452-460.

MARELLY, M., (1.984) "On indirect tax evasion", *Journal of Public Economics,* vol. 25, pp.: 181-196.

MARELLY, M.; MARTINA,R., (1988) "Tax evasion and strategic behaviour of the firms", *Journal of Public Economics,* vol. 37, nº 1, pp.: 55-69.

MARTINEZ, J.C., (1984) *La fraude fiscale,* Presses Universitaires de France, Paris 1984.

MARTINEZ, S., (1.989) *El Delito Fiscal,* RIALP, Madrid.

MASON, R.; CALVIN, L.D., (1.978) "A study of addmited income tax evasion", *Law and Society Review,* vol. 13, pp.: 73-89.

MASON, R.; CALVIN, L. D., (1985) "Public confidence and admitted tax evasion", *National Tax Journal*, vol. 37, nº 3, pp.: 489-498.

MATHEWS, R., (1.984) "Anatomía de la elusión y evasión fiscal", *Hacienda Pública Española*, vol. 91, pp.: 334-340.

MAYSHAR, J., (1.986) "Taxation with costly administration", *Papel de Trabajo*, University of Wisconsin.

McCALEB, T.S., (1976) "Tax evasion and the differential taxation of labor and capital income", *Public Finance*, vol. 31, nº 2, pp.: 287-293.

MEHTA, S., (1990) *Evasion of state taxes in India*, Criterion, New Delhi.

MILLER, R., (1.979) *Evidence of attitudes to evasion from a sample survey*, Institute of Economics Affairs, London.

MIKESELL, J. L., (1986) "Amnesties for state tax evaders: the nature of and response to recent programs", *National Tax Journal*, vol. 39, nº 4, pp.: 507-525.

MOOKHERJEE, D., (1.989) "The economics of enforcement", *Mimeo*, Standford University.

MOOKHERJEE, D.; P`NG, I., (1.989) "Optimal auditing, Insurance and redistribution", *Quarterly Journal of Economics*, vol. 54, pp.: 399-416.

MORK, K.A., (1.975) "Income tax evasion: some empirical evidence", *Public Finance*, vol. 30, nº 1, pp.: 70-76.

MUSGRAVE, R.P.; MUSGRAVE, P.B., (1983) *Hacienda Pública teórica y aplicada*, Instituto de Estudios Fiscales, Madrid.

NAGIN, D. S., (1990) "Policy options for combatting tax noncompliance", *Journal of Policy Analysis and Management*, vol. 9, nº 1, pp.: 7-22.

NAYAK, P.B., (1.978) "Optimal income tax evasion and regressive taxes", *Public Finance*, vol. 33, nº 3, pp.: 358-366.

NEUMANN, (Von) J.; MORGENSTERN, O., (1.947) *Theory of games and economic behavior*, Princeton University Press, Princeton.

O'FLAHERTY, B., (1990) "The option value of tax delinquency: theory", *Journal of Urban Economics*, vol. 28, nº 3, pp.: 287-317.

O`HIGGINS, M., (1.986) "Agregate measures of tax evasion: an assessment", *British Tax Review*, pp.: 286-302.

OLIVELLA, P., (1.989) "Un estudio de la evasion desde la perspectiva de las relaciones principal-agente", *Papel de Trabajo del IEF*.

OLIVELLA, P., (1.992) "Las amnistias fiscales: descripción y análisis económico", *Papel de Trabajo del IEF*..

PANAGARIYA, A.; NARAYANA, A.V.L., (1.988) "Excise tax evasion: a welfare cum crime theoretic analysis", *Public Finance*, vol. 43, nº 2, pp.: 248-260.

PANAGARIYA, A.; NARAYANA, A.V.L. (1989) "Excise tax evasion: reply to Tower", *Public Finance*, vol. 43, nº 2, pp.: 510-512.

PANDIT, V., (1.977) "Aggregate demand under condictions of tax evasion", *Public Finance*, vol. 32, pp.: 333-342.

PASTOR, S., (1989) *Sistema juridico y economia. Una introducción al analisis económico del derecho*, Tecnos, Madrid.

PASTOR, S., (1991) *¡Ah de la justicia! Politica judicial y economia*, Civitas, Madrid.

PAULSEN, J.W.; ADAMS, R.D., (1987) "Optimal taxation of a monopoly", *National Tax Journal*, vol. 40, nº 1, pp.: 121-125.

PEACOCK, A.; SHAW, G.K., (1982) "Tax evasion and tax revenue loss", *Public Finance*, vol. 37, nº 2, pp.: 269-278.

PENCAVEL, J.H., (1.979) "A note on income tax evasion, labour supply and nonlinear tax schedules", *Journal of Public Economics*, vol. 12, pp.: 115-124.

PEREZ, F., (1.972) *Infracciones y sanciones tributarias*, IEF, Madrid.

PERSSON, M.; WISSEN,P., (1984) "Redistributional asspects of tax evasion", *Scandinavian Journal of Economics*, nº 86, pp.: 131-149.

PESTIAU, P.; POSSEN, U.M., (1991) "Tax evasion and occupational choice", *Journal of Public Economics*, vol. 45, nº 1, pp.: 107-127.

PHELPS, E., (1973) "Taxation of wage income for economic justice", *Quarterly Journal of Economics*, vol. 87, nº 3, pp.: 331-354.

PLOTT, CH.R., (1.987) "Dimensions of parallelism: some policy applications of experimental methods", en *Laboratoy experimentation in economics: six points of view*, ed. A.E. Roth, Cambridge University Press, New York.

POLINSKI, A.M.; SHAVELL, S., (1.979) "The optimal trade-off between the probability and magnitude of fines", *American Economic Review*, vol. 69, pp.: 880-891.

POLINSKI, A.M.; SHAVELL, S., (1.984) "The optimal use of fines and punishment", *Journal of Public Economics*, vol. 24, pp.: 88-99.

POTERBA, J.M., (1987) "Tax evasion and capital gains taxation", *American Economic Review*, vol. 77, nº 2, pp.: 217-240.

POSTMAN, L., (1.947) "The history and present status of the law of effect", *Psychological Bulletin*, vol. 44, pp.: 489-563.

PRATT, J.W., (1964) "Risk aversion in the small and in the large", *Econometrica*, vol. 32, pp.: 122-136.

PREBBLE, M., (1990) "Tax compliance and the use of tax information", *Australian Tax Forum*, vol. 7, nº 2, pp.: 207-216.

PYLE, D.J., (1.984) *The economics of crime and law enforcement*, Mcmillan, Londres.

PYLE, D.J., (1989) *Tax evasion and the black economy*, Macmillan, Houndmills.

PYLE, D.J., (1.991) "The economics of taxpayer compliance", *Journal of Economics Surveys*, vol. 5, nº 2, pp.: 168-198.

QUEROL, M.T., (1.991) *Cómo es y cómo actúa la Inspección de Hacienda*, Deusto, Bilbao.

QUIANLI, M., (1987) "Management of the 'stupid melon seed dealer' and its evasion of taxes and other tax problems", *Chinesse Economic Studies*, vol. 21, nº 1, pp.: 76-83.

RAYMOND, J.L., (1.987) "Tipos impositivos y evasión fiscal en España: un análisis empírico", *Papeles de Economía Española*, vol. 30/31, pp.: 154-169.

RAYMOND, J.L.; VALDES, T., (1985) "Aplicación de modelos de elección discreta para la detección del fraude fiscal en la imposición sobre la renta", *Papeles de Economía Española*, nº 23, pp.: 372-381.

REHELO,S., (1986) "Optimizacao do controlo da evasao fiscal: o caso do impusto sobre o lucro das empresas", *Economia*, vol. 10, nº 3, pp.: 415-445.

REINGANUM, J.F.; WILDE, L.L., (1.985) "Income tax compliance in a principal-agent framework", *Journal of Public Economics*, vol. 26, pp.: 1-16.

REINGANUM, J. F.; WILDE, L.L., (1986) "Equilibrium verification and reporting policies in a model of tax compliance", *International Economy Review*, vol. 27, nº 3, pp.: 739-760.

REY, M., (1.965) "Estimating tax evasion: the example of the italian general sales tax", *Public Finance*, vol.20, pp.: 366-386.

RICHUPAN, S., (1.984) "La evasión tributaria y su medición", *Finanzas y Desarrollo*, vol. 21, nº 4, pp.: 38-40.

RICKARD, J.A.; RUSSELL, A.M.; HOWROYD, T.D., (1982) "A tax evasion model with allowance for retroactive penalties", *Economic Record*, vol. 58, nº 163, pp.: 379-385.

RICKETS, M., (1984) "On the simple macroeconomics of tax evasion: an elaboration of the Peacock-Shaw approach", *Public Finance*, vol. 39, nº 3, pp.: 420-424.

ROBBEN, H.S.J.; ET AL., (1990), "Decision frames, opportunity and tax evasion: an experimental approach", *Journal of Economic Behavior and Organization*, vol. 14, nº 3, pp.: 353-361.

ROBBEN, H.S.J.; ET. AL., (1990), "Decision frame opportunity as determinants of tax cheating: an international experimental study", *Journal of Economic Psychology*, vol. 11, nº 3, pp.: 341-364.

ROSEN, H., (1985) *Manual de Hacienda Pública*, Ariel.

ROTH, A.E., (1.987) *Laboratory experimentation in economics: six points of view*, Cambridge University Press, New York.

RUIZ DEL PORTAL, J., (1.988) "Dos comentarios en torno al impuesto lineal sobre la renta y su potencial de evasión", *Revista Española de Economía*, vol. 1/2, pp.: 169-180.

RUSSELL, A.M., (1.989) "A model of tax evasion incorporating income variation and retroactive penalties", *Australian Economic Papers*, vol. 26, nº 49, pp.: 254-264.

SAKES, M., (1987) "Conventions on the avoidance of double taxation: Czechoslovakia", *Bulletin for Internacional Fiscal Documentation.*, vol. 41, nº 4, pp.: 181-185.

SALINAS, F.J., (1.991) *Economía Política del Federalismo Fiscal Español*, IEF, Madrid.

SANCHEZ, I., (1.987) "Principal-Agent models of income tax compliance", *Papel de Trabajo*, University of Rochester.

SANCHEZ, I., (1990) "Evasión fiscal, regulación y mecanismos óptimos de inspección", *Cuadernos Económicos de ICE*, vol. 45, nº 2, pp.: 121-143.

SANDMO, A., (1.981) "Income tax evasion, labour supply and the equity-efficiency tradeoff", *Journal of Public Economics*, vol. 16, pp.: 265-288.

SCHMOLDERS, G., (1.965) *Lo irracional en la Hacienda Pública*, Derecho Financiero, Madrid.

SCHWARTZ, R.D. ; ORLEANS, S., (1967) "On legal sanctions", *Chicago Law Review*, vol. 34, pp.: 274-300.

SCHWEIZER, U., (1983) "Welfare analysis of excise tax evasion", *Journal of Institutional and Theoretical Economics*, nº 140, pp.: 247-258.

SCOTCHMER, S., (1.986) "Equity and tax enforcement policy", *American Economic Review*, vol. , pp.: 129-136.

SCOTCHMER, S., (1.987) "Audit classes and tax enforcement policy", *American Economic Review*, vol. 77, nº 2, pp.:229-233.

SCOTCHMER, S.; SLEMROD J., (1989) "Randomness in tax enforcement", *Journal of Public economics*, vol 38, nº 1, pp.: 17-32.

SEADE, J.K., (1977) "On the shape of optimal tax schedules", *Journal of Public Economics*, vol. 7, nº 2, pp.: 203-235.

SERVIA, ɪ.R., (1.990) *Income tax compliance research: net tax gap and remittance gap estimates*, U.S. Departament of the Tresaury, Washington D.C.

SECRETARIA DE ESTADO DE HACIENDA, (Desde 1.984 a 1.991) *Memoria de la Administración Tributaria 1.984 (1.985-1.991)*, Ministerio de Economía y Hacienda.

SECRETARIA DE ESTADO DE HACIENDA, (1.990) *Informe sobre la reforma de la imposición personal sobre la renta y el patrimonio*, Ministerio de Economía y Hacienda.

SECRETARIA DE ESTADO DE HACIENDA, (1.992) *Objetivos para 1.992 de los servicios centrales de la Agencia Especial de Administración Tributaria*, Ministerio de Economía y Hacienda.

SHESHINSKY, E., (1972) "The optimal linear income tax", *Review of Economic Studies*, vol 39, nº 3, pp.: 297-302.

SHILCH, E., (1985) "The shadow economy and morals: a note", en *The economics of the shadow economy*, eds. W.Gaertner & A. Wenig, springer-Verlag, Berlin.

SINGH,B., (1973) "Making honesty the best policy", *Journal of Public Economics*, vol. 2, nº 3, pp.: 257-263.

SKINNER, B.F., (1.953) *Science and human behavior*, McMillan, New York.

SKINNER,J.; SLEMROD,J., (1985) "An economic perspective on tax evasion" *National Tax Journal*, vol. 38, nº 3, pp.: 345-353.

SLEMROD, J., (1985) "An empirical test for tax evasion" *Review of Economics and Statistics*, vol. 67, pp.: 232-238.

SLEMROD,J., (1989) "Are estimated tax elasticities really just tax evasion elasticities? The case of chavitable contributions", *Review of Economics and Statistics*, vol. 71, nº 3, pp.: 517-522.

SLEMROD, J.; SORUM, N., (1.984) "The compliance cost of the U.S. individual income tax system", *National Tax Journal,* vol. 37, nº 4, pp.: 461-474.

SONG, Y.; YARBROUGH, T.E., (1.978) "Tax ethics and taxpayer attitudes: a survey", *Public Administration Review,* vol. 38, pp.: 442-452.

SPICER, M.W., (1.975) "New approaches to the problem of tax evasion", *British Tax Review,* pp.: 152-154.

SPICER,M.W., (1986) "Civilization at a discount: the problem of tax evasion", *National Tax Journal,* vol. 39, nº 1, pp.: 13-19.

SPICER,M.W., (1987) "The effect of tax evasion on tax rates under Leviathan", *National Tax Journal,* vol. 40, nº 4, pp.: 625-628.

SPICER,M.W., (1990) "On the desirability of tax evasion: conventional versus constitutional economic perspectives" *Public Finance,* nº 1, pp.: 118-127.

SPICER,M.W.; BECKER, L.A., (1980) "Fiscal inequity and tax evasion: an experimental approach" *National Tax Journal,* vol. 33, nº 2, pp.: 171-175.

SPICER,M.W.; HERO, R.E., (1.985) "Tax evasion and heuristics. A research note.", *Journal of Public Economics,* vol. 26, pp.: 263-267.

SPICER, M.W.; LUNDSTEDT, S.B., (1976) "Understanding tax evasion", *Public Finanace,* vol. 31, nº 2, pp.: 295-304.

SPICER, M.W; THOMAS, J.E., (1982) "Audit probabilities and the tax evasion decision: an experimental approach", *Journal of Economic Psychology,* vol. 2, pp.: 241-245.

SPIRO, P.S., (1987) "The elusive effect of fiscal deficits on interest rates: comment", *International Monetary Fond Stall Papper,* vol. 34, nº 2, pp.: 401-407.

SPIRO, G.G., (1983) "The aggregation of risk aversion", *Mathematical social sciences,* vol. 5, pp.: 55-59.

SPROULE, R.A., (1985) "Tax evasion and Labor supply under imperfect information about individual parameters of the tax system", *Public Finance,* vol. 40, nº 3, pp.: 441-456.

SPROULE,R.A.; KOMUS,D.; TSANJ, E.,(1980) "Optimal tax evasion: risk neutral behavior under a negative income tax", *Public Finance,* vol. 35, nº 2, pp.: 309-317.

SRINIVASAN, T.N., (1973) "Tax evasion : a model", *Journal of Public Economics,* nº 2, pp.: 339-346.

STELLA, P., (1.989) "Do tax amnesties work?, *Finance and Development,* vol. 26, nº 4, pp.: 38-40.

STELLA, P., (1.991) "An economic analysis of tax amnesties", *Journal of Public Economics,* vol. 46, nº 3, pp.: 383-400.

STIGLER, G.J., (1.970) "The optimum enforcement of laws", *Journal of Political Economy,* vol. 78, pp.: 526-536.

STIGLITZ, J.E., (1.982) "Utilitarianism and horizontal equity: the case for random taxation", *Journal of Public Economics,* vol. 18, nº 1, pp.: 1-33.

STIGLITZ, J.E., (1.985) "The general theory of tax avoidance", *National tax Journal,* vol. 3, nº 3, pp.: 325-337.

STIGLITZ, J.E., (1.986) *Economía del Sector Público,* Norton, New York.

STOPFORTH, D., (1.986) "An amnesty for evaders?", *Taxation,* vol. 21, pp.: 356-367.

TANZI, V., (1.982) *The underground economy in the United States and abroad,* Lexington Books, Massachusets.

TOWER, E., (1989) "Excise tax evasion: comment on Panariya and Narayana", *Public Finance,* vol. 44, nº 3, pp.: 506-509.

TVERSKY, A.; KAHNEMAN, D., (1.974) "Judgment under uncertainty: heuristics and biases", *Science,* vol. 27, pp.: 1.124-1.131.

USHER,D., (1986) "Tax evasion and the marginal cost of public funds", *Economy Inquiry,* vol. 24, nº 4, pp.: 563-586.

VALDES, T., (1982) *Los metodos del análisis discriminante como herramienta al servicio de la inspección fiscal,* IEF, Madrid.

VIRMANI, A., (1989) "Indirect tax evasion and production efficiency", *Journal of Public Economics*, vol. 39, nº 2, pp.: 223-237.

VISCO, V., (1978) "Reforma tributaria y evasión fiscal", *Hacienda Pública Española*, nº 56, pp.: 282-295.

VOGEL, J., (1.974) "Taxation and public opinion in Sweden: an interpretation of recent survey data", *National Tax Journal*, vol. 27, nº 4, pp.: 499-515.

WALLSCHUTZKY, I.G., (1.984) "Possible causes of tax evasion", *Journal of Economic Psychology*, vol. 5, pp.: 371-384.

WANG, L.F.S., (1990) "Tax evasion and monopoly output decisions with endogenous probability of detection", *Public Finance Quarterly*, vol. 18, nº 4, pp.: 480-487.

WANG, L.F.S.; CONANT, J.L., (1988) "Corporate tax evasion and output decisions of the uncertain monopolist", *National Tax Journal*, vol. 41, nº 4, pp.: 579-582.

WARNERYD, K.E.; WALERUD, B., (1982) "Taxes and economic behavior: some interview data on tax evasion in Sweden", *Journal of Economic Psychology*, vol. 2, pp.: 187-211.

WATSON, H., (1.985) "Tax evasion and labor markets", *Journal of Public Economics*, vol. 27, pp.: 231-246.

WAUD, R.N., (1986) "Tax aversion and the Laffer curve", *Scotish Journal of Political Economy*, vol. 33, nº 3, pp.: 213-227.

WEBBER,C.; WILDAUSKY, A., (1.986) *A History of taxation and expenditures in the western world*, New York: Simon and Schuster.

WEBLEY, P., (1.987) "Audit probabilities and tax evasion in a business simulation", *Economics Letters*, vol. 25, pp.: 267-270.

WEBLEY, P.; HALSTEAD, S., (1.986) "Tax evasion on the micro: significant simulations or expedient experiments?", *Journal of Interdisciplinary Economics*, vol. 1, pp.: 87-100.

WEISS,L., (1976) "The desirability of cheating incentives and randomness in the optimal income tax", *Journal of Political Economy*, vol. 84, pp.: 1343-1352.

WITTE,A. D. ; WOODBURY., (1985) "The effect of tax laws and tax administration on tax compliance: the case of the U.S. individual income tax", *National Tax Journal*, vol. 38, nº 1, pp.: 1-13.

WHEELER, J., (1988) "International: problems and paradoxes - the elusive tax incentive", *Bulletin for International Fiscal Documentation*, vol. 42, nº 7, pp.: 319-323.

YAMADA, M., (1.990) "An analysis of optimal taxation with tax evasion", *Public Finance*, vol. 45, nº 3, pp.: 470-490.

YANIV, G., (1988) "Withholding and non-withheld tax evasion", *Journal of Public Economics*, vol. 35, nº 2, pp.: 183-204.

YANIV, G., (1.990a) "On the interpretation of the income effect in tax evasion models", *Public Finance*, vol. 45, nº 2, pp.: 335-339.

YANIV, G., (1990b) "Tax evasion under differential taxation: the economics of income source misreporting", *Journal of Public Economics*, vol. 43, nº 3, pp.: 327-337.

YITZHAKI, S., (1974) "A note on income tax evasion: a theoretical analysis", *Journal of Public Economics*, vol. 3, pp.: 201-202.

YITZHAKI, S., (1987) "On the excess burden of tax evasion", *Public Finance Quarterly*, vol. 15, nº 2, pp.: 123-137.

YITZHAKI, S., (1989) "On the shadow price of a tax inspection", *Public Finance*, vol. 44, nº 3, pp.: 492-505.

YITZHAKI, S; YAKNEEN., (1.989) "On the shadow price of tax inspector", *Public Finance*, vol. 3, pp.: 492-506.

ZAMECK (Von), W., (1989) "Tax evasion and tax revenue loss: another elaboration of the Peack-Shaw approach", *Public Finance*, vol. 44, nº 2, pp.: 308-315.

ZORNOZA, J.J., (1.992) *El sistema de infracciones y sanciones tributarias. Los principios constitucionales del derecho sancionador*, Civitas, Madrid.

INDICE

PROLOGO 7

INTRODUCCION
A. Justificación del tema 9
B. Delimitación del tema 13
C. Objetivos de la obra 20
D. Estructura 24

CAPITULO I ANTECEDENTES Y ESTADO ACTUAL DE LA INVESTIGACION SOBRE EL ANALISIS ECONOMICO DE LA EVASION FISCAL
A. Introducción 29
B. Distintos enfoques económicos del análisis de la evasión fiscal 30
    1. Aproximación tradicional 31
    2. Aproximación a la evasión desde la perspectiva del coste 37
    3. La evasión fiscal como una decisión de cartera 38
    4. La evasión fiscal desde la perspectiva de la teoría de juegos y teoría de la agencia.. 39
    5. Análisis de la evasión fiscal desde la perspectiva de la economía política constitucional 43
    6. Análisis de la evasión fiscal desde una perspectiva macroeconómica 44
C. Contrastaciones empíricas 46
    1. Introducción 46
    2. Encuestas sobre las actitudes de los contribuyentes 47
    3. Economía experimental 51
    4. Modelos econométricos 55
D. Principales variables en el estudio de la evasión fiscal 70
    1. La evasión fiscal y el nivel de renta 70
    2. La evasión fiscal y los tipos impositivos 73
    3. Sanción esperada y evasión fiscal 76
    4. Incidencia de las distintas estructuras impositivas en la evasión fiscal 83
    5. Gasto publico y evasión fiscal 86
    6. Evasión fiscal dentro de un modelo más general: consideración del mercado de trabajo 89
    7. Examen conjunto de la evasión y elusión fiscal 93
    8. Influencia de las amnistías fiscales en la evasión fiscal 97
    9. La evasión fiscal y el nivel de inflación 102
E. Análisis de la evasión fiscal en la imposición indirecta y en mercados no competitivos 103
    1. La evasión fiscal en la imposición indirecta 103
    2. La evasión fiscal en mercados no competitivos 104
F. Métodos de estimación de la evasión fiscal 105
G. Planteamientos no estrictamente económicos de la evasión fiscal 108

CAPITULO II MODELO BASICO DE COMPORTAMIENTO DEL CONTRIBUYENTE
A. Introducción 113
B. Modelización de la conducta del contribuyente 116
C. Análisis de estática comparativa 121
   1. Efectos de la modificación de la renta real 121
   2. Relación entre renta real y fracción de base imponible declarada 124
   3. Variación del tipo impositivo: efecto renta y efecto sustitución 126
   4. Modificación del tipo sancionador 129
   5. Modificación de la probabilidad de detección 130
D. Relajación de las hipótesis en el modelo básico 132
   1. Introducción 132
   2. Tipo sancionador aplicable sobre la cuota líquida evadida 133
   3. De un tipo impositivo constante a una función impositiva lineal 137
   4. Consideración de la renta real como una variable endógena: incorporación del
   mercado de trabajo 140
   5. Consideración de costes no pecuniarios 144
   6. Incorporación en el modelo de la variable tiempo 146
   7. Un modelo alternativo: contribuyente maximizador de su renta disponible 149
   8. Consideración de la probabilidad de detección como una variable endógena 154
      a. Probabilidad de detección endógena en el modelo básico 155
      b. Probabilidad de detección endógena en el modelo alternativo 157

CAPITULO III.- JUDICIALIZACION DE LA EVASION FISCAL: CONSIDERACION
CONJUNTA DE LA EVASION FISCAL Y DE LA LITIGACION
A. Introducción 161
B. Teoría de la litigación: ¿por qué recurren los contribuyentes? 163
   1. Modelo básico de litigación 164
      a. Relación entre la cuantía de la sanción y la posibilidad de recurrir 165
      b. Relación entre el optimismo de las partes y la posibilidad de recurrir 165
      c. Relación entre los costes de litigación y la posibilidad de recurrir 166
      d. Conclusiones 167
   2. Relajación de los supuestos de partida 168
      a. Existencia de costes positivos para llegar a un acuerdo 169
      b. Costes de litigar y de llegar a un acuerdo positivos y distintos para las partes 172
      c. El evasor presente aversión al riesgo 174
      d. Existencia de dilación en la resolución de los conflictos 175
C. Inclusión en el modelo básico de los costes de litigación 181
   1. Utilidad esperada cuando el contribuyente decida recurrir 184
   2. ¿Cuándo decidirá recurrir el evasor-descubierto? 184
   3. Utilidad esperada en el caso de ser o no descubierto 186
D. Análisis de estática comparativa 188
   1. Modificación del nivel de renta real 189
   2. Efectos de la variación del nivel de renta real sobre la fracción de base imponible
   declarada 189
   3. Modificación del tipo sancionadoR 190
   4. Variación del coste de litigación 190
   5. Modificación de la probabilidad de perder el litigio 191

6. Variación de la probabilidad de detección 192
7. Modificación del tipo impositivo 193
8. Conclusiones 193
E. Determinación de la probabilidad de detección y sanción óptimas 194
1. En situaciones en que la litigación no es factible 194
2. En situaciones en que si es factible la litigación 199
F. Contrastación empírica 202
1. Introducción 202
2. Diseño del experimento 204
3. Resultados 207
4. Conclusiones 214

CONCLUSIONES 215

BIBLIOGRAFIA 219

INDICE 231